全国职业院校学前教育专业教材

学前儿童健康教育

张首文 文岩／主编
谷长伟 李凤 白秋红／副主编

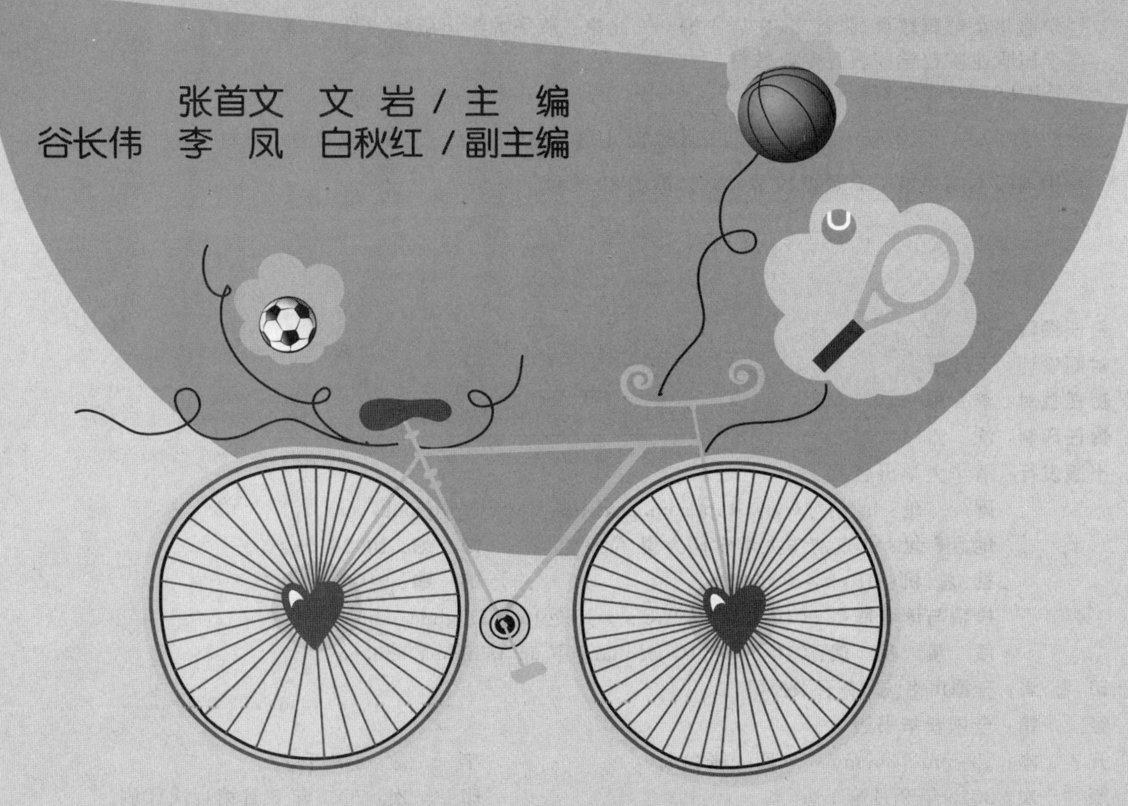

清华大学出版社
北京

内容简介

本书以《幼儿园教育指导纲要(试行)》、《幼儿园教师专业标准》、《3～6 岁儿童学习与发展指南》等文件为指导，吸收借鉴当前学前儿童健康教育理论研究与实践的最新成果，紧密联系当前学前健康教育实际和热点问题，结合学前儿童健康教育学科的特点和学前儿童的生长及认知特点编写。本书简化了理论性知识，通过大量的幼儿园健康教育活动案例加强实践教学环节，强化实践能力的培养。本书体例新颖、形式活泼，理论联系实践，既便于在教师指导下学习，又有利于学生自学。本书共七章，阐述了学前儿童健康教育基本理论；学前儿童健康教育活动设计与实施、学前儿童身体保健和生活自理能力教育；对当前社会关注的儿童安全教育、体育锻炼、心理健康教育等热点问题进行了重点介绍；最后探讨了如何科学评价学前儿童健康教育活动，体现了实践性及可操作性等特点。

本书可作为职业院校学前教育专业以及幼儿师范院校的教学用书，也可作为幼儿教师继续教育的参考资料。

图书在版编目（CIP）数据

学前儿童健康教育/张首文，文岩主编．--北京：清华大学出版社，2015（2023.8重印）
全国职业院校学前教育专业教材
ISBN 978-7-302-37794-8

Ⅰ. ①学… Ⅱ. ①张… ②文… Ⅲ. ①学前儿童－健康教育－高等职业教育－教材 Ⅳ. ①G613.3

中国版本图书馆 CIP 数据核字(2014)第 198030 号

责任编辑：张　弛
封面设计：于晓丽
责任校对：李　梅
责任印制：沈　露
出版发行：清华大学出版社
网　　址：http://www.tup.com.cn，http://www.wqbook.com
地　　址：北京清华大学学研大厦 A 座　　**邮　　编：**100084
社 总 机：010-83470000　　**邮　　购：**010-62786544
投稿与读者服务：010-62776969，c-service@tup.tsinghua.edu.cn
质 量 反 馈：010-62772015，zhiliang@tup.tsinghua.edu.cn
印 装 者：三河市铭诚印务有限公司
经　　销：全国新华书店
开　　本：185mm×260mm　　**印　张：**16.5　　**字　　数：**376 千字
版　　次：2015 年 2 月第 1 版　　**印　　次：**2023 年 8 月第12次印刷
定　　价：49.00 元

产品编号：060300-02

前　言

为满足学前教育专业对“儿童健康教育”课程的需要，本书根据学前教育专业的新理念及高职学前专业应用型人才培养的新要求编写。本书简化了理论性知识，加强了实践教学环节，强化实践能力的培养。本书编写体例新颖，结构清晰、形式活泼，内容贴近实际，理论联系实践，体现了应用性和实践性的特色，既便于在教师指导下学习，又有利于学生自学。

本书立足于培养学生的综合能力，激发学生的学习兴趣，采用“做中学、做中教”的教学方式，体现“以学生为中心”的教学理念，灵活采用各种教学方法，重点突出案例教学法、情境教学法，激发学生的学习动机，切实提高教学效果。书中特别增加了实践模块，鼓励学生深入幼儿园或案例室，观察、记录、评价儿童的健康行为，达到培养学生综合职业能力的目的。

在知识方面，按照幼儿身心发展的客观规律，本课程主要探索幼儿园在健康领域的各种教育活动类型的目标要求、教育内容、设计与实施要点和评价方法。编写围绕便于教师的“教”和学生的“学”两个方面，理论结合案例教学，操作性强，文字简明易懂，深入浅出，编排形式生动活泼，在每一章的开始都列有本章的学习要点，达到提纲挈领、突出重点的目的。

在实践方面，利用团队教师实践经验丰富的优势，大多数章节均采用案例教学，采用体验式、探究式教学等形式进行教学与考试，使学生理解理论、学会应用。突出学前教育专业的特点与特色，结合实际案例分析，对系统的理论知识进行应用，以体现知识点的价值和意义。培养学生分析问题和解决问题的能力，使其形成良好的学习习惯，具备继续学习儿童健康领域最新知识和技能的能力。注重解决问题过程的分析、解决问题方法的学习，在教师指导下帮助学生形成良好的学习习惯，具备继续学习的能力。

参与本书编写的教师，均长期从事儿童健康教育课程的教学工作，对《学前儿童健康教育》的内容领会透彻，在教学中勇于探索和实践，摸索出一些行之有效的教学方法和经验。本书主编经常深入幼儿园一线调查研究，并担任幼儿园教师的培训工作，在与幼儿园一线工作人员交流中获取了许多宝贵的第一手资料和真实案例，为本书的编写提供了丰富的素材，使教材具有很强的针对性和实用性。

本书具体编写分工如下：第一、六章由首都师范大学学前教育学院张首文编写；第二章由北京市石景山区幼儿园安亚玲编写；第三章由北京教育科学研究院早期教育研究所孙璐编写；第四、五章由首都师范大学学前教育学院张首文、文岩、李凤、谷长伟编写；第七章由北京市通州区教师研修中心白秋红编写。此外，北京市昌平区工业幼儿园李迎春提供了大量案例及图片；北京市第八中学包栗、张贝贝做了大量辅助工作。本书的编写还得到了北京市六一幼儿院等单位的大力支持，谨此一并致谢。

由于编者水平有限，本书难免存在一些不足之处，恳请广大师生和专家、读者不吝赐教。

编　者

2014 年 9 月

目　录

第一章 学前儿童健康教育概述

1. 学前儿童健康教育的内涵。
2. 影响学前儿童健康的因素。
3. 学前儿童健康教育的目的和任务。
4. 学前儿童健康教育的内容和目标。

《幼儿园教育指导纲要(试行)》(以下简称《纲要》)指出:"幼儿园必须把保护幼儿生命和促进幼儿健康放在工作的首位。树立正确的健康观念,在重视幼儿身体健康的同时,要高度重视幼儿的心理健康"。学前儿童阶段是儿童身体发育和机能发展极为迅速的时期,也是形成安全感和乐观态度的重要阶段。良好的身体、愉快的情绪、强健的体质、协调的动作、良好的生活习惯和基本生活能力是幼儿身心健康的重要标志,也是其他领域学习与发展的基础。因此,学前儿童健康教育在学前教育体系中具有任何其他教育活动不可替代的重要意义。学前儿童健康教育作为儿童全面发展教育中不可缺少的一个部分,是促进儿童在感知、情感、个性及社会性等方面协调发展的重要途径之一。

第一节 健康概述

【小故事】

健康、成功、财富

从前有三位老人,一个叫健康、一个叫财富、一个叫成功,他们都很有爱心,心胸无比宽阔,每天都在某个角落散布他们的爱心。一名妇女归家时,发现三位蓄着花白胡子的老者坐在自家门口。她不认识他们,便对他们说:"我不知道你们是什么人,但各位也许饿了,请进来吃些东西吧。"三位老者问道:"男主人在家吗?"她回答:"不在,他出去了。"老者们答道:"那我们不能进去。"

傍晚时分,丈夫回来了,也发现了门口的老者。妻子向他讲述了所发生的事。丈夫说:"快请他们到屋里坐。"妻子请三位老者进屋。但他们说:"我们不一起进屋。"其中一位老者指着身旁的两位解释:"这位的名字是财富,那位叫成功,而我的名字是健康。"接着,他又说:“现在你们进屋去讨论一下,看你们愿意我们当中的哪一个进去。”于是,丈夫和妻子进屋里商量。丈夫说:“我们让财富进来吧,这样我们就可以黄金满屋啦!”妻子却不同意:“亲爱的,我们还是请成功进来更妙!”他们的女儿在一旁倾听。她建议:“请健康进来不好吗?这样我们一家人身体健康,就可以幸福地享受生活、享受人生了!”

丈夫对妻子说:“我们听女儿的吧。去请健康进屋做客。”妻子出去问三位老者:“敢问哪位是健康?请进来做客。”健康起身向她家走去,另外两人也站起身来,紧随其后。妻子吃惊地问财富和成功:“我只邀请了健康。为什么两位也随同而来?”两位老者道:“健康走到什么地方,我们就会陪伴他到什么地方,因为我们根本离不开他。如果你没请他进来,我们两个不论是谁进来,很快就会失去活力和生命。所以,我们在哪里都会和他在一起的。”

思考:阅读完上述材料,对你有什么启示?你对健康的理解是什么呢?分组讨论并分享。

一、什么是健康

健康是医学哲学中最基本的概念之一,在不同的历史发展时期,人们对健康有不同的认识。

【延伸阅读】

世界卫生组织提出衡量健康与否的标准

1. 精力充沛,能从容不迫地应付日常生活和工作;
2. 处世乐观,态度积极,乐于承担任务,不挑剔;
3. 善于休息,睡眠良好;
4. 应变能力强,能适应各种环境的变化;
5. 对一般感冒和传染病有一定的抵抗力;
6. 体重适当,体态匀称,头、臂、臀比例协调;
7. 眼睛明亮,反应敏捷,眼睑不发炎;
8. 牙齿清洁,无缺损,无疼痛,牙龈颜色正常,无出血;
9. 头发光洁,无头屑;
10. 肌肉、皮肤有弹性,走路轻松。

资料来源:中国慢性疾病预防与控制 2007 年 8 月.

20 世纪 80 年代中期,世界卫生组织(WHO)对健康概念做出了新的定义:健康是身体、心理和社会适应三个方面全部良好的一种状态,而不仅仅是没有疾病。1989 年又将健康的概念调整为:“健康应包括生理健康、心理健康、社会适应良好和道德健康。”

《3~6 岁儿童学习与发展指南》(以下简称《指南》)认为健康是指人在身体、心理和社会适应方面的良好状态。

二、什么是学前儿童健康

学前儿童健康是指学前儿童身体各个器官、各个组织发育正常,没有身体缺点(如近

视、扁平足、龋齿、姿势性脊柱弯曲异常、沙眼等），能较好地抵抗各种疾病；性格开朗，情绪乐观，对环境有较快的适应能力。①

身体健康是指学前儿童各个器官与系统发育正常，具有一定的抵御疾病的能力。身体健康是学前儿童健康的基础。②

心理健康是指学前儿童人格发展正常，具有强烈的求知欲，情绪稳定，无任何心理障碍。良好的心理状态是保证身体健康的必要条件。

社会适应良好是指学前儿童自我意识发展正常，乐于交往，具有初步的规则意识和互助、合作、分享的品质，对环境具有较好的适应能力。

《纲要》中指出："在重视幼儿身体健康的同时，要高度重视幼儿的心理健康。"所以在促进学前儿童健康的过程中，既要重视其身体健康，又要重视其心理健康和适应能力的培养。一个人只有身体、心理和社会适应等方面都健全，才是健康的人。因此，学前儿童在幼儿园期间，幼儿园必须加强对学前儿童的健康服务和保育，对其进行精心的照顾和养育，培养学前儿童的独立生活能力和自我保护能力，预防身心疾病的发生，同时关注幼儿的情绪和需要，促进其身心和谐健康发展。

三、学前儿童健康的特征

学前儿童的健康一方面需要成人的关心和教育；另一方面也需要学前儿童自身的努力。学前儿童健康具有以下特征。

（1）学前儿童健康主要包含身心两层面的健康。尽管随着时代的发展，人们为健康注入了越来越丰富的内涵，涵盖生理、心理、道德等众多层面，但是对于道德发展水平十分有限的学前儿童而言，身体的健康和心理的健康是不可割裂开来的，而且身心健康是判断学前儿童健康状况的主要标志，二者密切相关。

（2）学前儿童健康首先是指其身体器官组织的构造正常，各个生理系统功能良好，能有效抵抗各种疾病。同时学前儿童发育不一致，存在个体差异，同一儿童在不同时期的发育也不一致，但总体发展水平必须保持在儿童正常发育水平范围内，与同年龄儿童发展水平相近。倘若某个儿童的生长发育存在偏差，应及时检查并分析其本质原因，及早采取弥补措施。

（3）学前儿童心理健康的重要前提是智力发展正常。这是因为正常的智力水平是儿童生活、学习、交往的基本条件。学前期是儿童智力发展极为迅速的时期，若有其他原因导致早期脑受损，将严重阻碍其智力发展，进而影响学前儿童的心理健康。

（4）学前儿童心理健康的重要标志是情绪反应适度、社会适应良好，主要表现在能较快地适应幼儿园的新环境上，自我调节情绪的能力在不断增强。

总体来看，无论是学前儿童的身体发育还是心理的发展都应呈持续上升趋势，倘若某

① 张慧和．幼儿园课程实施指导丛书——健康[M]．南京：南京师范大学出版社，1997.

② 高庆全．学前儿童健康教育[M]．北京：高等教育出版社，2012.

一阶段的身心状况呈现下降趋势或较长时间停滞不前都应视为不健康。[①]

四、影响学前儿童健康的因素

健康是诸多相互交叉、渗透、影响和制约的因素交互作用的结果，学前儿童的身体、心理和社会适应的健全状态有赖于他们所处的良好的自然环境和社会环境，也有赖于其自身状况，还与其作用于环境的方式以及环境对其反作用有关。要将影响学前儿童健康的诸多因素截然分割开来是困难的。20 世纪 70 年代，布拉姆将影响健康的因素归纳为环境因素(包括自然和社会环境)、生物学因素、生活方式以及卫生保健设施四个类别。

(一) 环境因素[②]

环境是人类为主体的外部世界，是人类赖以生存和发展的基本条件。环境因素是影响学前儿童的重要因素，它包括自然环境和社会环境。

1. 自然环境因素

自然环境因素包括化学因素、物理学因素和生物学因素等。自然环境中空气、阳光、水源、气候及食物等都是人类赖以生存的条件。良好的自然环境能为学前儿童提供各类物质条件，维持和促进其正常的生命活动和健康的发展，也为他们提供了各种精神条件，使他们清醒愉悦、积极向上。如充足的阳光不仅可以使儿童的心情愉悦，促进血液循环，同时紫外线的照射有助于维生素 D 的产生，预防学前儿童的佝偻病。然而由于人类活动，使得各种化学、物理学、生物学的因素影响了大气、水及土壤环境，这些影响破坏了大自然的平衡，造成了各种环境污染，从而影响了人体健康。比如学前儿童生活环境中超过卫生标准的铅、汞、铬、锰等元素都会导致急性或慢性中毒；长期高强度的噪声刺激会使学前儿童大脑皮层及神经系统功能紊乱，产生头晕、嗜睡或乏力等症状；学前儿童免疫力低下，经由饮水、饮食、呼吸、皮肤接触等途径，可感染各种致病性细菌、病毒及其他各类致病微生物。

2. 社会环境因素

学前儿童与社会其他人群一样，都生活在具有复杂关系的社会文化体系之中，政治制度、社会经济关系、伦理道德、宗教、风俗、文化变迁、社会人际关系、家庭、社区等因素都会直接或间接影响学前儿童的健康。学前儿童时期，家庭、社区和幼儿园对他们影响较大。

(二) 生物学因素

生物学因素主要包括遗传、病原微生物及机体自身差异等。在影响学前儿童健康的生物学因素中，遗传是重要的因素之一，对于儿童人群，可以根据某一年龄段的发育状况预测发育的平均速率。日本学者武田纯教授发现了导致 15 岁以下儿童轻度肥胖的遗传因子

---

① 顾荣芳．学前儿童健康教育论[M]．南京：江苏教育出版社，2011.

② 朱家雄．学前儿童卫生学[M]．上海：华东师范大学出版社，2006.

SHP。[①] 双生子研究表明，同卵双生子的精神分裂症发病一致率为69.0%，而异卵双生子的发病一致率为17.5%。现代医学研究发现，目前已知的因遗传因素直接引起的人类遗传缺陷或疾病有3000多种，占人类各种疾病的1/5以上，如高血压、糖尿病等。由病原微生物引起的霍乱、伤寒、脊髓灰质炎等疾病，幼儿机体抵抗力不足，更容易受影响。机体自身的年龄、性别等生物学特征也对人的健康维护有着重要的影响，不同环境下，不同个体的健康状态存在明显的个体差异。

（三）生活方式

生活方式是个复杂的综合概念。博特认为，健康行为取决于人们选择这些生活方式的行动过程。著名教育专家巴斯德(Bates)、温德尔(Winder)认为，生活方式根植于个人的人体观、态度以及信念中，动之于行为。生活方式是一定历史时期和社会条件下，各民族、阶级和社会群体的生活模式，包括衣、食、住、行、娱乐、社会交往等方面。当今不良生活方式已经成为现代社会中影响人们健康最为主要的因素。据美国1977年的调查资料显示，在健康危害因素中，人的生活方式与行为占48.9%，而环境、生物学因素和保健设施则分别占17.6%、23.2%和10.3%。中国学者在1981年所做的同类研究中，人的生活方式与行为占37.3%，而其他三项分别占19.7%、32.1%、10.9%。

学前儿童阶段是人逐渐形成自己生活方式的起始阶段，接受并形成良好的生活方式与行为将对其一生健康有益。学前儿童应养成良好的卫生习惯，生活应有规律，坚持体育锻炼，平衡膳食并按时进餐，睡眠时间不少于每天11小时，户外活动时间每天不少于2小时，能定期接受健康检查，配合医务保健人员做好各项保健工作，能在日常生活中保持稳定和乐观的情绪等良好的生活方式。

【延伸阅读】

谁是最容易亚健康的人？

1. 精神负担过重的人；
2. 脑力劳动繁重者；
3. 有体力劳动负担的人；
4. 人际关系紧张，造成心理负担重的人；
5. 长期从事简单、机械化工作的人（缺少外界的沟通和刺激）；
6. 压力过大的人；
7. 生活无规律的人；
8. 饮食不平衡、吸烟酗酒的人。

（四）卫生保健设施

学前儿童卫生保健设施为学前儿童提供了卫生保健服务，保健设施的完善程度和服务

---

① 顾荣芳，薛菁华．幼儿园健康教育[M]．北京：人民教育出版社，2004．

质量直接影响着学前儿童的健康状况。我国儿童保健社会服务已经基本形成较为系统的网络体系。第一级由省、市、自治区妇幼保健院、儿童医院、儿童保健所构成，第二级为区儿童保健院、街道卫生院儿保组和红十字卫生站等组成，农村则为县儿童保健院、所、站，乡、镇卫生院及村卫生室组成。托幼机构是对学前儿童实施保育和教育的机构，承担着对学前儿童提供保健服务的任务，比如提供符合营养要求的食物，供给安全用水、开展预防接种和预防常见疾病等。

第二节　学前儿童健康教育内涵、目的和任务

一、什么是健康教育

1988 年第 13 届世界健康大会提出关于健康教育的定义：健康教育是一门研究以传播保健知识和技术、影响个体和群体行为、消除危险因素、预防疾病、促进健康的科学。

健康教育和一般教育一样，关系到人们知识、态度和行为的改变，是健康知识与健康行为之间的一座桥梁，健康教育工作的着眼点是人们和他们的行为，诱导并鼓励人们养成并保持有益于健康的生活，合理并明智地利用已有的保健措施，并自觉地实行改善个人和集体健康状况或环境的活动。

尽管对健康教育的定义提法各异，但是归纳起来有以下几个共同点：健康教育是以教育为中心的过程，是一种自愿学习而非强制；健康教育所关注的对象是人，它促使每个人获得与之相关的能力和责任感，以便对自我的健康作出抉择；健康教育的焦点在于促进健康知识与个人实际行为之间的联系与统一；健康教育重视个人行为的改变以及影响个人行为形成、改变的各种因素。

二、学前儿童健康教育的概念和意义

（一）什么是学前儿童健康教育

学前儿童健康教育是健康教育的基础，它根据学前儿童身心发展的特点，提高学前儿童的健康认识，改善学前儿童的健康态度，培养学前儿童的健康行为，是保持和促进学前儿童健康的系统的教育活动。

（二）学前儿童健康教育的意义

1. 学前儿童健康教育是儿童身心发展的需要

学龄时期是人身心发展的关键时期，对学前儿童进行健康教育非常必要。促进儿童身心发展是学前儿童健康教育的最直接目的，0～6 岁的儿童身体各器官、系统的发育和功能

尚未完善，组织比较柔嫩，生长发育处于十分迅速和旺盛的时期，而各方面的能力较差，如自我保护意识、抵抗疾病能力较弱。因此，需要成人给予他们精心的照顾和爱护。例如，应根据不同阶段学前儿童消化系统的特点提供科学合理的营养和膳食。同时，成人需要积极地为学前儿童创设良好的生活环境，利用一切有利因素促进学前儿童正常的生长发育，增进和维护学前儿童的身心健康。例如，为学前儿童建立合理的生活制度，有规律地生活；开展适宜的体育活动和身体锻炼，让儿童接受教育的同时也能积极主动地参与力所能及的健康活动。

2. 学前儿童健康教育是国家、社会发展的需要

"强国必先强种，强种必先强身，要强身先要注意幼年的儿童"。学前儿童的身心健康关系着国家和民族的未来，因此学前儿童的健康是提高人口素质、民族素质的重要保证。只有个体的身心健康，才能促进整个社会的健康发展，才能建设强大的国家。关注学前儿童的健康教育是国家和社会发展的需要。

3. 学前儿童健康教育是学前儿童全面发展教育不可或缺的组成部分

学前儿童身心健康是其全面和谐发展的基本条件。学前儿童健康教育在促进其身体健康发育及智力发育的同时，对学前儿童社会性发展也有着积极的影响，如学会关心公共环境卫生、讲究秩序等。丰富多彩的健康教育活动满足了学前儿童活泼好动的心理需要，同时也改变了学前儿童的不良习惯、学会与同伴和谐相处，这些都有利于学前儿童身心和谐全面的发展。

三、学前儿童健康教育的目的和任务

学前儿童健康教育是学前教育的一个重要组成部分，是健康教育的基础，其目的是提高学前儿童对健康知识的认识水平，改善学前儿童的健康态度，培养学前儿童有益于个人、社会的健康行为和习惯。

通过传授有关的健康知识，使学前儿童粗知一些有利于身心健康的知识，从而影响其行为习惯，加强自我保健能力。儿童不健康的行为和习惯通常建立在不正确的认识的基础上。例如，有的儿童没有掌握正确的刷牙方法，只会横着刷牙；有些儿童不懂得怎样与人交往，在集体生活中不能很好地被别人接受。

改善学前儿童的健康态度是学前儿童健康教育的一个重要方面。态度是个体对人、对事物所持的一种具有持久性和一致性的行为倾向，它能够对行为起直接的干预作用，儿童对待健康问题的正确态度是促进其健康知识转化为行为和习惯的动力，一旦形成就不容易改变，并对他们的行为起着直接持久的影响，甚至影响其一生的卫生行为和习惯。

学前儿童健康教育将学前儿童健康行为的养成视为核心目标，学前儿童的身心健康归根结底取决于学前儿童的健康行为和习惯，著名教育家陈鹤琴先生说过：人类动作

十之八九是习惯，而这种习惯大部分是在幼年时形成的，并揭示了良好习惯对人一生的影响，学前儿童的行为可塑性大，接受能力强，是养成良好习惯的最佳时机。因此，在学前时期适时适度地进行健康教育，对于健康行为的形成与确立能够起到事半功倍的效果。

健康知识的传播应着眼于儿童的内化程度，培养健康态度着眼于儿童的情感体验，形成健康行为要着眼于儿童的自觉主动，健康教育要调动儿童参与的积极性，遵循儿童的身心发展规律。

第三节 学前儿童健康教育的目标与内容

一、学前儿童健康教育的目标

《纲要》明确要求：幼儿园必须把保护幼儿的生命和促进幼儿的健康放在工作的首位。教师应该明确学前儿童健康教育的目标，通过多种途径和方法实现促进学前儿童健康发展。学前儿童健康教育目标是幼儿园健康教育活动的出发点和归宿，是科学开展学前儿童健康教育活动的关键，是确定学前儿童阶段目标和具体活动目标的依据。一般认为，学前儿童健康教育目标包括三个层面：总目标、分类目标、年龄阶段目标和活动目标。具体到幼儿园实施层面来说，可以进一步细化为总目标（健康领域目标或课程目标）、学年目标、学期目标、月目标、周目标、具体教育活动目标。

（一）学前儿童健康教育目标确立的依据

1. 遵循学前儿童身心发展的特点和规律

学前儿童是教育的对象，教育是诱导儿童发展的外部重要条件，教育是有目的、有计划地对儿童施以自觉影响的过程，为此，教育的针对性、可接受性和超前诱导性是儿童发展不可或缺的因素。儿童身心发展水平及特点，展示了儿童作为教育对象接受教育的现有基础和对发展的需求。因此，学前儿童身体、心理和各种能力的发展规律，各年龄特点和儿童现有的能力发展水平，是确定学前儿童健康教育目标的根本依据。只有充分把握学前儿童身心发展的现状及发展趋势，才能切实促进学前儿童的身心健康。因此，学前儿童健康教育的目标首先依赖于学前儿童群体发展的一般规律，只有立足于学前儿童健康发展的适宜目标才有实践与实现的可能。

儿童发展具有差异性，就是同一年龄阶段的儿童，其身心发展存在一定的差异，身心发展状况也存在不一致性，即使是同一儿童，其不同时期的生长发育情况也是不一致的，因此活动目标的制订必须深入学习学前儿童健康教育理论，并进行实践研究，以期更好地制订科学适宜的健康教育活动目标。

2. 根据学前教育和健康教育的目标要求

1996 年原国家教委颁布的《幼儿园工作规程》第五条规定了我国幼儿园保育和教育的目标。

【延伸阅读】

幼儿园保育和教育的主要目标

促进幼儿身体正常发育和机能的协调发展，增强体质，培养良好的生活习惯、卫生习惯和参加体育活动的兴趣。

发展幼儿智力，培养正确运用感官和运用语言交往的基本能力，增进对环境的认识，培养有益的兴趣和求知欲望，培养初步的动手能力。

启发幼儿爱家乡、爱祖国、爱集体、爱劳动、爱科学的情感，培养诚实、自信、好问、友爱、勇敢、爱护公物、克服困难、讲礼貌、守纪律等良好的品德行为和习惯，以及活泼、开朗的性格。

培养幼儿初步的感受美和表现美的情趣和能力。

资料来源：全国保育员技术等级岗位考核培训教材[M]. 北京：北京师范大学出版社，2000.

21 世纪初教育部颁布了《纲要》从五大领域对幼儿园教育目标进行了详细阐述，其中包括了幼儿园健康教育的目标。

学前教育和健康教育的总目标是制订学前儿童健康教育目标的直接依据，学前儿童健康教育的目标应有助于学前教育和健康教育的总目标的整体实现，学前儿童健康教育可以说是学前教育和健康教育的具体内容。

3. 结合社会发展的需要

当人们认识到生存环境与自身息息相关时，健康教育的目标就会表现为既关注主体自身的身心和谐又关注主体与环境的关系和谐。因此，社会发展与需要是确定学前儿童健康教育目标的重要依据。儿童是在现实生活和现实社会中成长的，他们要适应现实社会。社会环境对人的思想、行为具有潜移默化的影响，学前儿童的接受能力（尤其是模仿能力）较强，所以学前儿童接触过的事物，诸如生活环境的危险物品、不良刺激，以及电视、图书等大众传播媒介中的内容，都会潜移默化地影响学前儿童的身心。所以，学前儿童健康教育要积极适应现代社会发展需要，适时调整健康教育的目标，以促进学前儿童身体、心理素质的和谐发展。

（二）学前儿童健康教育的总目标

学前儿童健康教育总目标既是学前儿童健康教育的根本目的，也是学前儿童健康教育的终极目标，也是制订具体健康教育活动的重要依据。原国家教委颁布的《纲要》明确提出了四条幼儿园健康领域的总目标。

(1) 身体健康,在集体生活中情绪安定、愉快;

(2) 生活、卫生习惯良好,有基本的生活自理能力;

(3) 知道必要的安全保健常识,学习保护自己;

(4) 喜欢参加体育活动,动作协调、灵活。

为深入贯彻《国家中长期教育改革和发展规划纲要(2010—2020年)》和《国务院关于当前发展学前教育的若干意见》(国发〔2010〕41号),指导幼儿园和家庭实施科学的保育和教育,促进幼儿身心全面和谐发展,教育部2012年发布《指南》,其中对健康领域的目标从以下三个方面进行了阐述,如表1-1所示。

表1-1 《指南》健康领域目标

身心状况	动作发展	生活习惯与生活能力
目标1:具有健康的体态 目标2:情绪安定愉快 目标3:具有一定的适应能力	目标1:具有一定的平衡能力,动作协调、灵敏 目标2:具有一定的力量和耐力 目标3:手的动作灵活协调	目标1:具有良好的生活与卫生习惯 目标2:具有基本的生活自理能力 目标3:具有基本的安全知识和自我保护能力

资料来源:教育部网站 http://www.moe.gov.cn/publicfiles/business/htmlfiles/moe/s3327/201210/xxgk_143254.html.

上述关于学前儿童健康教育的总目标是制订健康教育活动最直接的依据。从上述各个时期关于学前儿童健康教育的目标表述来看,各个时期都能考虑到幼儿健康发展的多个方面,都非常重视学前儿童的身体发展,对心理发展的重视程度也在逐步增加。特别是近些年颁布的《纲要》与《指南》更体现出一脉相承的价值观,具体体现在以下几个方面。

1. 身心和谐发展

无论是《纲要》中将"身体健康,在集体生活中情绪安定、愉快"作为第一目标,还是在《指南》中将"身心状况"单独提出来并列在第一的位置,都可以看出学前儿童健康既要重视身体健康,也要关注心理健康,这是正确健康观念的重要体现。学前儿童的身体健康主要外显为发育健全、具备基本的生活自理能力等生理特征;儿童的心理健康则以情绪稳定、适应集体生活等相对内隐的因素为主要特征。然而,学前儿童的身体健康与心理健康是密不可分的,身体健康是心理健康的基础与载体,心理健康是身体健康的条件和保证。只有全面考虑到身体健康与心理健康才能保证儿童身心和谐发展。

2. 保护与锻炼并重

学前儿童身体的各个器官、系统处于不断发育的过程中,其机体易受损伤、易感染疾病。因此,学前儿童健康目标的达成需要成人提供一定的帮助,但更要重视让学前儿童自己掌握必要的保健、安全知识以提高自我服务、自我保护的能力。同时,也应强调在体育锻炼中逐步提高学前儿童的体能,促进其体质发展。自我保护能力的提高为学前儿童顺利开展体育锻炼提供了有利条件,而儿童体质的增强又可提高其进行自我保护的技能,二者相辅相成,互相促进。

3. 注重健康行为的形成

《纲要》和《指南》既关注儿童健康行为表现，也注重儿童的积极态度。探讨学前儿童健康行为建立、改变和巩固的一般规律是学前儿童健康教育研究的重点。虽然提高儿童的健康意识、改善儿童的健康态度、培养儿童的健康行为都是学前儿童健康教育的目标，但应意识到学前儿童的健康认识、态度的转变是为其形成健康行为进行铺垫，是行为养成的前提，健康行为的养成应视为学前儿童健康教育的核心目标，探讨学前儿童健康行为、改变和巩固的一般规律应作为学前儿童健康教育研究的重中之重。

（三）学前儿童健康教育分类目标

学前儿童健康教育的总目标是确定其他层面目标的依据。分类目标则是在总目标的引领下，将学前儿童健康所涉及的身体、心理和社会适应三个方面进行相对的划分与归类，然后据此确定相应的目标。分类目标的确定有利于提高健康教育活动开展的系统性与连续性。根据健康教育的性质和特点，可以将健康领域划分为身体保健与生活自理教育、安全教育、体育锻炼、心理健康教育。

1. 身体保健与生活自理教育

（1）认识身体的主要器官，并了解其主要功能，掌握保护身体主要器官的基本方法。

（2）养成良好的作息、睡眠、排泄、盥洗、整理等卫生习惯。

（3）初步的卫生常识，掌握预防常见疾病的简单知识，提高生活自理能力及自我保护能力。

（4）认识常见食物的名称，知道不同食物有不同的营养，愿意吃健康的食物，并养成良好的饮食习惯。

2. 安全教育

（1）学习认识交通标志，了解基本的交通规则，养成遵守交通规则的良好习惯。

（2）了解应对意外事故（火灾、地震、雷击、台风、洪水等）的常识，知道要及时避开危险场所。

（3）了解玩电、玩火等的危害性，懂得水、火、电、刀具及常用药物的使用常识和注意事项。

（4）外出时注意安全，掌握简单的自救与求救技能。

3. 体育锻炼

（1）喜欢参加体育锻炼，对体育活动有兴趣。

（2）掌握走、跑、跳等各类体育活动的基本锻炼方法、规则，提高身体的协调性、灵活性。

（3）能够在寒冷与炎热的天气中坚持体育锻炼，提高身体的抵抗能力。

（4）在体育活动时学习自我保护的安全技能。

4. 心理健康教育

（1）愿意参加集体活动，在集体生活中情绪安定、愉快。

（2）有初步的自我概念与自我认同，形成积极乐观的态度。

(3) 能够用正确、适宜的方式表达、调节自己的情绪。

(4) 学习感知、理解他人的情感,掌握初步的社会交往技能。

(四) 学前儿童健康教育各年龄阶段目标

各年龄段儿童的身心发展各有其典型特征,健康教育目标的制订应充分考虑不同年龄阶段儿童的年龄特征。幼儿园健康教育的年龄阶段目标既有区别又有联系,由简单到复杂,由易到难,呈螺旋式上升趋势,低年龄段目标的实现是高年龄目标实现的基础,高年龄阶段目标是低年龄阶段目标的延伸和发展。年龄阶段目标为具体活动目标的制订指明了方向,在教育实践中,还应该能够根据幼儿的发展水平随时加以调整。因此,年龄阶段目标是对总目标的细化,又是制订具体活动目标的直接依据。

1. 幼儿园小班[①]儿童健康教育目标

(1) 了解盥洗的顺序,初步掌握洗手、刷牙的基本方法;学习穿脱衣服;会使用手帕或纸巾;坐、站、行、睡的姿势正确;能及时排便;有良好的作息习惯。

(2) 进餐时保持愉快的情绪,愿意独立进餐;认识最常见的食物,爱吃各种食物,主动饮水。

(3) 了解身体的外形结构,认识并学习保护五官;能积极配合疾病预防与治疗。

(4) 知道过马路、乘坐交通工具、玩大型运动器械时要注意安全,了解日常生活中的安全常识。

(5) 知道自己的性别。

(6) 喜欢并愿意参加体育活动;能自然地走、跑、跳、爬、投掷;学习听口令和信号并作出相应动作;玩滑梯、转椅等大型体育活动器械时能注意安全;能合作收拾小型体育器材。

【延伸阅读】

《指南》健康领域具体目标——小班

1. 身高和体重适宜;在提醒下能自然坐直、站直。

2. 情绪比较稳定,很少因小事哭闹不止;有比较强烈的情绪反应时,能在成人的安抚下逐渐平静下来。

3. 能在较热或较冷的户外环境中活动。

4. 换新环境时情绪能较快稳定,睡眠、饮食基本正常;在帮助下能较快适应集体生活。

5. 能沿地面直线或在较窄的低矮物体上走一段距离;能双脚灵活交替上下楼梯;能身体平稳地双脚连续向前跳;分散跑时能躲避他人的碰撞;能双手向上抛球;能双手抓杠悬空吊起10秒左右;能单手将沙包向前投掷2米左右;能单脚连续向前跳2米左右;能快跑15米左右;能行走1千米左右(途中可适当停歇)。

6. 能用笔涂涂画画;能熟练地用勺子吃饭;能用剪刀沿直线剪,边线基本吻合。

7. 在提醒下,能按时睡觉和起床,并能坚持午睡;喜欢参加体育活动;在引导下不偏食、挑食。喜欢吃瓜果、蔬菜等新鲜食品;愿意饮用白开水,不贪喝饮料;不用脏手揉眼睛,

---

① 顾荣芳.学前儿童健康教育论[M].南京:江苏教育出版社,2011.

连续看电视等不超过15分钟；在提醒下，每天早晚刷牙、饭前便后洗手。

8. 在帮助下能穿脱衣服或鞋袜；能将玩具和图书放回原处。

9. 不吃陌生人给的东西，不跟陌生人走；在提醒下能注意安全，不做危险的事；在公共场所走失时，能向警察或有关人员说出自己和家长的名字、电话号码等简单信息。

案例来源：教育部网站《3～6岁儿童学习与发展指南》.

【案例1-1】

小树穿棉衣(小班)

活动目标

(1) 逐步学会按次序穿脱衣服和鞋袜。

(2) 能在教师的鼓励和帮助下，坚持做完一件事，获得成功。

(3) 活动准备：供幼儿早教整理棉背心或棉外套的空间，放置衣物的架子或柜子、挂钩等。

活动过程

(1) 教师：北风呼呼吹，天气特别冷，树宝宝快穿上棉衣吧！

(2) 鼓励幼儿自取棉背心或棉大衣，尝试自己穿上。

(3) 教师用游戏化的口吻说：先给树干披上衣服，树枝再从洞洞钻出来……鼓励幼儿把胳膊当作树枝从袖口伸出。

(4) 穿完棉衣，玩"小树长高"的游戏，教师观察幼儿的衣服是否穿好、塞好了。

(5) 小树暖和了，互相抱一抱，再一起去户外游戏。

活动建议

(1) 关注幼儿穿脱衣服的原有经验，对有困难的幼儿给予适度帮助，同时鼓励他们逐步学会自己穿脱衣服。

(2) 与家长联系，使幼儿在家也有机会自己穿脱衣服，体验自己做事的快乐。

案例来源：幼儿园快乐与发展课程编写组．幼儿园快乐与发展课程教师指导用书——小班[M]．北京：北京师范大学出版社，2009.

【案例1-2】

小马跑跑(小班)

活动目标

(1) 在跑的游戏中，能平稳地控制自己的身体。

(2) 学会和教师、同伴一起游戏。

活动准备

(1) 户外宽阔的场地。

(2) 教师自制玩具马缰绳。

活动过程

(1) 教师当马妈妈，幼儿自愿选择当"牵马人"或"小马"。

(2) 结合场地特点，"小马"确定跑的路线，激发"小马"跑的愿望，如玩具屋当磨房，石子路当小河，台阶当山坡等。

(3)“牵马人”拉着“小马”按确定的路线开始跑。“小马”之间还可以比一比谁跑得快。“马妈妈”提示“小马”跑时注意安全。

(4)“牵马人”和“小马”跑一圈回来后,“马妈妈”和他们对话,请他们说一说在路上的情况。

(5)鼓励“小马”确定新的奔跑路线,“马妈妈”可以和“小马”一起按新路线奔跑。

(6)根据情况以游戏的方式休息、调整。如问:“小马跑累了怎么办?”引导“小马”一起做放松运动,捶捶腿、跳一跳等。

活动建议

关注幼儿控制能力和体力的个体差异,可以建议能力强的幼儿选择较远的距离、能力差的幼儿选择近一些的距离。

案例来源:幼儿园快乐与发展课程编写组.幼儿园快乐与发展课程教师指导用书——小班[M].北京:北京师范大学出版社,2009.

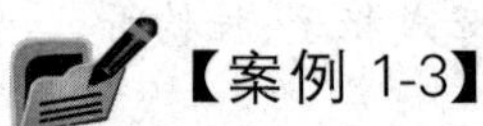【案例 1-3】

叠上衣(小班)

活动目标

(1)养成良好的睡眠习惯,逐步学会按次序穿脱衣服。

(2)会自己选择活动,做自己能做的事情,如穿脱衣服,收放玩具等,感受独立做事的快乐和满足,对自己有信心。

活动过程

(1)教师一边说儿歌一边向幼儿示范叠上衣的过程。

(2)鼓励幼儿边说儿歌边叠上衣。

活动建议

(1)先观察、了解幼儿叠衣服的已有经验,再决定是否需要进行这个活动。

(2)可以和幼儿一起讨论叠衣服的其他方法,并改编儿歌。

附:儿歌

放平小衣服,
关好两扇门,两只胳膊抱娃娃,(向衣服内侧折叠两衣袖)
向我鞠个躬。(以衣服的中腰线为界,向自己所在的方向折)

案例来源:幼儿园快乐与发展课程编写组.幼儿园快乐与发展课程教师指导用书——小班[M].北京:北京师范大学出版社,2009.

2. 幼儿园中班儿童健康教育目标

(1)初步学会穿脱衣服、整理衣服;学习整理活动用具,能保持玩具清洁;有初步的生活自理能力。

(2)结合品尝经验,形成良好的饮食习惯。

(3)进一步认识身体的主要器官,逐步形成接受疾病预防与治疗的积极态度和行为;在成人帮助下学习处理常见外伤的最简单的方法,知道快乐有益于健康。

(4)知道有关安全标志,能够在成人提醒下遵守交通规则;不接触危险物品;遇到危险

时能告诉成人，有初步的自我保护意识。

（5）愿与父母分床而眠。

（6）喜欢并积极地参加体育活动；能听信号按节奏协调地走和跑；能按要求跳、投掷、抛接，能左右手拍球；能随着音乐节奏做徒手操和轻器械操；能注意活动中的安全与合作，爱护公物，能及时收拾小型体育器材。

【延伸阅读】

《指南》健康领域具体目标——中班

1. 身高和体重适宜；在提醒下能保持正确的站、坐和行走姿势。

2. 经常保持愉快的情绪，不高兴时能较快缓解；有比较强烈的情绪反应时，能在成人提醒下逐渐平静下来；愿意把自己的情绪告诉亲近的人，一起分享快乐或求得安慰。

3. 能在较热或较冷的户外环境中连续活动半小时左右；换新环境时较少出现身体不适；能较快适应人际环境中发生的变化，如换了新老师能较快适应。

4. 能在较窄的低矮物体上平稳地走一段距离；能以匍匐、膝盖悬空等多种方式钻爬；能助跑跨跳过一定距离，或助跑跨跳过一定高度的物体；能与他人玩追逐、躲闪跑的游戏；能连续自抛自接球。

5. 能双手抓杠悬空吊起15秒左右；能单手将沙包向前投掷4米左右；能单脚连续向前跳5米左右；能快跑20米左右；能连续行走1.5千米左右(途中可适当停歇)。

6. 能沿边线较直地画出简单图形，或能边线基本对齐地折纸；会用筷子吃饭；能沿轮廓线剪出由直线构成的简单图形，边线吻合。

7. 每天按时睡觉和起床，并能坚持午睡；喜欢参加体育活动；不偏食、挑食，不暴饮暴食。喜欢吃瓜果、蔬菜等新鲜食品；常喝白开水，不贪喝饮料；知道保护眼睛，不在光线过强或过暗的地方看书，连续看电视等不超过20分钟；每天早晚刷牙、饭前便后洗手，方法基本正确。

8. 能自己穿脱衣服、鞋袜、系纽扣；能整理自己的物品。

9. 知道在公共场合不远离成人的视线单独活动；认识常见的安全标志，能遵守安全规则；运动时能主动躲避危险；知道简单的求助方式。

资料来源：《3～6岁儿童学习与发展指南》.

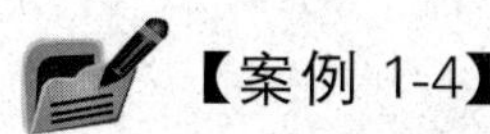【案例 1-4】

好玩的布袋(中班)

活动目标

（1）喜欢参加体育活动，体验多种运动器材游戏的乐趣。

（2）能主动探索多种运动器材的多种玩法。

（3）能在游戏中发展小肌肉，动作较灵活、协调。

活动准备

布袋，有小坡儿的场地、录音机和音乐磁带。

活动过程

（1）身体准备活动。教师带领幼儿随着音乐做身体准备活动。

(2) 身穿布袋做游戏。

① 老爷爷走路。幼儿每人一个布袋,双脚站在布袋中,双手提住布袋口,随音乐慢慢移动步伐。

② 圆滚滚的小布丁。请幼儿双脚站进袋子里扮小布丁蛋糕,平躺在干净安全的缓坡高处,并滚下缓坡儿,体验游戏乐趣。

③ 跳跳球。幼儿双脚站在布袋中,双手提住布袋口,随着音乐的节奏原地跳或向其他方向移动跳跃。

④ 毛毛虫的舞蹈。幼儿扮毛毛虫在布袋里随着音乐轻松舞蹈,扭动身体、向前弯腰、向前蠕动爬行等。

(3) 和布袋一起游戏。幼儿脱下布袋分成四组,站成四路纵队,每个幼儿将布袋纵向铺在地面上形成四条布袋小路,幼儿依次爬过或滚过小路,反复进行。

(4) 幼儿随着音乐踏步前行,将手中的布袋依次整齐地摆放在本组的最前方,教师小结。

活动建议

(1) 若寻找布袋有困难也可以用装米的袋子来游戏。

(2) 教师要控制好每个小游戏的时间,特别是跳跳球游戏的时间不宜过长。

案例来源:幼儿园快乐与发展课程编写组．幼儿园快乐与发展课程教师指导用书——中班[M]. 北京:北京师范大学出版社,2009.

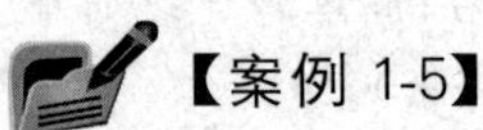

【案例 1-5】

我勇敢(中班)

活动目标

能积极配合成人接受疾病的预防和治疗。

活动准备

与保教教师商量好需要讲的内容。

活动过程

(1) 我在医院的感受

教师提问:小朋友,你们去过医院吗? 医院是干什么的地方? 在医院有什么感觉? 引导幼儿说出自己对医院的了解。

(2) 他们在干什么

① 教师请幼儿看大屏幕上的幻灯片。

② 教师提问:图片上的小朋友都在医院里做什么事情? 他们的表现如何?

教师鼓励幼儿说出疾病预防和治疗的简单方法。

(3) 保健老师说一说

① 请幼儿说一说我们的保健老师平时给了小朋友什么样的帮助?

② 请保健老师给小朋友讲讲常见疾病的预防。

(4) 我们真勇敢

请小朋友发表自己的感想,说一说今后我们在打防御针和看病时会怎样做。教师鼓励幼儿做一个勇敢的孩子。

活动建议

(1) 在活动后,教师组织幼儿到医务室进行体检,鼓励幼儿做勇敢的孩子。

(2) 将图书投放在班级阅读区中，鼓励幼儿在日常进行讲述活动。

案例来源：幼儿园快乐与发展课程编写组．幼儿园快乐与发展课程教师指导用书——中班[M]．北京：北京师范大学出版社，2009.

【案例 1-6】

好玩的轮胎(中班)

活动目标

(1) 能在游戏中发展小肌肉，动作灵活、协调。

(2) 能主动探索多种运动器材的多种玩法。

(3) 喜欢参加体育活动，体验多种运动器材游戏的乐趣。

活动准备

轮胎若干(幼儿能钻过中间的孔)，小皮球、娃娃、绳子等，录音机和磁带。

活动过程

1. 热身活动

教师带领幼儿随着欢快的音乐四散在场地上进行热身游戏，充分活动身体各个部位。

2. 大家一起玩轮胎

(1) 互相滚动轮胎

将幼儿分成 A、B 两组分别站在场地的两端面对面站好，先请 A 组幼儿每人手扶一个轮胎在脚前，当教师发出口令后，A 组幼儿边跑边用双手滚动轮胎向 B 组对应的幼儿跑去，到达后，把轮胎交给 B 组幼儿，B 组幼儿以同样的方式返回，如此反复进行。

(2) 钻山洞

幼儿依然为 A、B 两组面对面站好，先请 A 组幼儿每人双手立扶一个轮胎在脚前，使多个轮胎组成一条山洞。当教师发出口令后，B 组幼儿从排头开始依次钻过轮胎山洞，B 组幼儿钻完后，两组互换，如此反复进行。

(3) 爬过轮胎路

教师带领幼儿将所有轮胎平铺在地面上形成两条弯曲的小路，幼儿分成两组依次爬过小路，返回起点后反复进行。

(4) 投五环

请几名幼儿在场地中间用轮胎摆出五环标志，其他幼儿分两次用沙包投向五环中间，比比哪组投进去的沙包多。

3. 幼儿自由玩轮胎

幼儿两两一起或组成小组玩轮胎。

(1) 投掷移动靶

玩法：一名幼儿滚动轮胎，另一名幼儿看到轮胎滚出时，马上对准轮胎投沙包，互换游戏，比比谁投掷命中率高。

(2) 攀越轮胎山

玩法：幼儿将多个轮胎搭建成轮胎山，幼儿反复攀越。

(3) 跳跃轮胎

玩法：轮胎平放在地面上，幼儿单脚或双脚在轮胎上跳或由空心跳出等多种跳法。

(4) 过轮胎路

玩法：多个轮胎平放在地面上，幼儿从轮胎上走过，爬过或滚过等。

教师鼓励幼儿自己想出更多的轮胎玩法，提示幼儿要注意安全。

4. 放松整理

教师带领幼儿一起收拾场地，放松身体活动，小结。

活动建议

(1) 教师控制好每组游戏的时间，若幼儿很有兴趣，可以在每日户外体育活动时间进行。

(2) 轮胎的玩法很多，教师可以引导幼儿创新出更多的玩法。

案例来源：幼儿园快乐与发展课程编写组．幼儿园快乐与发展课程教师指导用书——中班[M]．北京：北京师范大学出版社，2009.

3. 幼儿园大班儿童健康教育目标

(1) 保持个人卫生，关心周围环境的卫生；进一步提高独立生活能力，初步形成良好的学习习惯。

(2) 初步理解不同的食物有不同的营养，身体需要各种营养；会使用筷子；进一步养成独立进餐的习惯。

(3) 进一步认识身体的主要器官及重要功能，并懂得简单的保护方法；了解有关预防龋齿及换牙的知识；注意用眼卫生。

(4) 获得应付意外事故(如火灾、雷击、地震、台风等)的常识，具有粗浅的求生技能。

(5) 知道男女厕所，初步理解性角色意识。

(6) 喜欢锻炼身体并感到体育活动的有趣；能轻松自如地走、跑、跳、攀登、翻滚；会肩上挥臂投掷轻物并投准目标，能抛接高球；能熟练地听各种口令和信号并做出相应的动作；能随着音乐节奏有精神地做徒手操和轻器械操，动作有力、到位；能注意安全，自觉遵守体育活动规则，合作谦让，体验到克服困难取得胜利的愉悦；能独立收拾各种小型器材。

【延伸阅读】

《指南》健康领域具体目标——大班

1. 身高和体重适宜；经常保持正确的站、坐和行走姿势。

2. 经常保持愉快的情绪。知道引起自己某种情绪的原因，并努力缓解；表达情绪的方式比较适度，不乱发脾气；能随着活动的需要转换情绪。

3. 能在较热或较冷的户外环境中连续活动半小时以上；天气变化时较少感冒，能适应车、船等交通工具造成的轻微颠簸；能较快融入新的人际关系环境。如换了新的幼儿园或班级能较快适应。

4. 能在斜坡、荡桥和有一定间隔的物体上较平稳地行走；能以手脚并用的方式安全地爬攀登架、网等；能连续跳绳；能躲避他人滚过来的球或扔过来的沙包；能连续拍球。

5. 能根据冷热增减衣服；会自己系鞋带；能按类别整理好自己的物品。

6. 能根据需要画出图形，线条基本平滑；能熟练使用筷子；能沿轮廓线剪出由曲线构成的简单图形，边线吻合且平滑；能使用简单的劳动工具或用具。

7. 养成每天按时睡觉和起床的习惯；能主动参加体育活动；吃东西时细嚼慢咽；主动饮用白开水，不贪喝饮料；主动保护眼睛。不在光线过强或过暗的地方看书，连续看电视等不超过30分钟；每天早晚主动刷牙，饭前便后主动洗手，方法正确。

8. 能双手抓杠，悬空吊起20秒左右；能单手将沙包向前投掷5米左右；能单脚连续向前跳8米左右；能快跑25米左右；能连续行走1.5千米以上(途中可适当停歇)。

9. 未经大人允许不给陌生人开门；能自觉遵守基本的安全规则和交通规则；运动时能注意安全，不给他人造成危险；知道一些基本的防灾知识。

资料来源：《3～6岁儿童学习与发展指南》.

【案例1-7】

左右分队走(大班)

活动目标

(1) 通过游戏的方式，学习简单的队列变换。

(2) 在活动中体验规则的重要性。

活动准备

1. 经验准备

(1) 会踏步走，能够达到动作与口令一致。

(2) 较准确地区分左右，能一二循环报数。

2. 物质准备

宽阔的场地，注满不同颜色的水的瓶子。

活动过程

(1) 准备活动：模仿各种动物的动作活动全身关节。

(2) 练习原地踏步走，要求动作有力，节奏与口令一致，上下肢动作协调。

(3) 幼儿走成一列纵队，并且一至二循环报数。

(4) 队列练习。

① 向小朋友介绍前方左右两侧的红色和绿色瓶子，分别代表红队和绿队。

② 通过一至二报数的方式区分红、绿队(例如1为红，2为绿)。

③ 齐步走至两队瓶子处，绕过瓶子向后走至出发线处。

(5) 红队、绿队可以站成两个纵队，蹲立在出发线处，听到开始信号后各队同时向终点快速蹲走。排尾先到终点的队获胜。

教师可以依据幼儿的兴趣或需要变换队形重复练习。

案例来源：幼儿园快乐与发展课程编写组．幼儿园快乐与发展课程教师指导用书——大班[M]. 北京：北京师范大学出版社，2009.

【案例1-8】

乐乐换牙(大班)

活动目标

(1) 知道换牙是一种正常的生理现象，不用害怕。

(2) 能围绕换牙话题进行讨论，并大胆、清楚地表达自己的见解。

(3) 了解换牙时应注意的卫生,并学会保护新长出的牙齿。

活动准备

(1) 活动前了解本班幼儿换牙的情况,部分幼儿已开始换牙。

(2) 乳牙图片、恒牙模型;汉字:换牙、乳牙、恒牙;记号笔、手工纸每人一份。

(3) 事先与卫生老师联系好。

活动过程

1. 回忆经验:通过讲故事,引起兴趣

乐乐的牙齿怎么了?好好的牙齿怎么会掉下来呢?谁来说说换牙是怎么回事?

小结:我们生下来以后慢慢长出来的一口牙齿叫乳牙,乳牙比较小,也不够坚硬,当我们到了五六岁的时候,乳牙就会脱落,开始长出新牙,这些新长出的牙叫恒牙。恒牙比较大而且很坚硬,比乳牙还要多,对人的身体很重要。恒牙掉了就不会再长出新牙。乳牙脱落又长出恒牙的过程就叫换牙。

2. 经验交流:结合自身经验,掌握换牙的卫生知识

(1) 请班上个别牙齿松动的或者已换新牙的小朋友分别让大家看看。

你们想不想知道换牙的时候是什么感觉?谁想问问他们?

(2) 提问:

① 如果你的牙齿活动了,能不能用手摇摇让它快一点掉下来?为什么?

② 有的小朋友喜欢用舌头去舔刚长出来的牙齿,这样做对吗?为什么?

③ 有些小朋友的乳牙还没掉,新牙就在旁边长出来了,这时该怎么办?

④ 有些小朋友的牙齿掉了很长时间了,还没有长出新牙,怎么办呢?

⑤ 你们还有什么换牙的问题要问吗?

小结:原来我们在换牙时用不着害怕,活动的牙齿不要用手去摇,也不要用舌头舔刚长出的新牙,换牙时出现的问题可以请爸爸、妈妈帮忙,也可以到医院请医生帮忙。

3. 提问:如何保护新牙

(1) 当我们换牙齿的时候,应该怎样保护新牙齿呢?

(2) 交流幼儿的护齿方法。

4. 经验提升

(1) 说说除了这些方法,还有其他保护牙齿的方法吗?

(2) 请保健老师小结。

平时换牙时,如果你还有什么问题,可以问问大家,也可以问问卫生老师。

附:小故事《乐乐换牙》

有个小朋友叫乐乐,是幼儿园大班的小朋友。一天中午,幼儿园吃糖醋排骨,可好吃了,小朋友吃得真高兴。这时,乐乐突然两只手捂着嘴"哎哟、哎哟"地叫,这是怎么回事呢?原来乐乐有颗牙活动了,快要掉了,刚才吃排骨的时候不小心碰到那颗牙,可疼了。

案例来源:3edu 教育网——教育第三方. http://www.3edu.net.

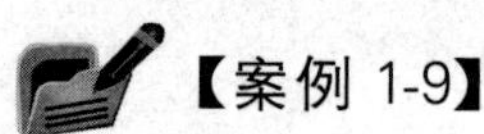

【案例 1-9】

会说话的交通标志(大班)

活动目标

(1) 认识常见交通标志符号并能理解它们的作用。

(2) 初步理解规则与生活、活动的关系。

(3) 懂得遵守交通规则，珍爱生命。

活动准备

1. 经验准备

(1) 看见过常见的交通标志。

(2) 有玩摇摇车、小三轮车以及小自行车的经验。

(3) 会进行简单的制作。

2. 物质准备

(1) 汽车方向盘以及各种游戏小车。

(2) 制作时所需的各种工具、材料。

(3) 在户外场地画出“马路”，起名“平安大道”。

活动过程

(1) 引导幼儿观看多媒体课件，观察交通标志，理解其含义。

参考提问

① 谁认识这些标志牌？它告诉我们在马路上应该怎样做呢？

② 马路上为什么要有这么多好像会说话的交通标志呢？

③ 如果没有这些交通标志，马路上会发生什么事？

(2) 教师引导幼儿为“平安大道”制作需要的交通标志。

过一会儿，我们还要到外边玩“平安大道”的游戏，“平安大道”上交通标志够用了吗？我们需要哪些交通标志？

(3) 在幼儿制作过程中，教师鼓励幼儿正确使用各种工具、材料。

(4) 教师引导幼儿把制作好的交通标志摆放到“平安大道”上，在布置的过程中，引导幼儿巩固对交通标志的认识。检查交通标志摆放得是否正确。

(5) 教师提示幼儿在玩“平安大道”游戏中注意交通标志的提示，注意骑车人、行车人的安全。

(6) 在户外玩“平安大道”游戏回到活动室后，教师引导幼儿说说刚才玩游戏的时候小朋友有没有按交通标志行车或走路，有没有发生“交通事故”。

活动建议

(1) 根据班级其他活动，可以把“会说话的标志”延伸到幼儿日常生活中，和幼儿共同制订班级规则等。对认真遵守规则的幼儿要进行表扬和鼓励，并进行强化。

(2) 在棋类区，教师和幼儿一起讨论、制作交通规则棋，还可以把这个思路迁移到保护环境棋、生活常规棋、上课纪律棋等。

案例来源：幼儿园快乐与发展课程编写组．幼儿园快乐与发展课程教师指导用书——大班[M]．北京：北京师范大学出版社，2009.

（五）各个教育活动设计的具体目标

学前儿童健康教育的总目标、分类目标和年龄阶段目标都必须转化为具体活动的目标，才能落实到学前儿童的身心发展过程中。因此学前儿童健康教育活动目标的制订尤为关键。教育活动目标在内容上一般包含认知、情感态度和能力三个方面，但并不意味着每一个活动都需要包含这三方面的目标。

下面列举两例学前儿童健康教育活动，并将目标的确定予以说明。

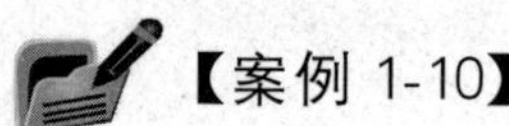【案例 1-10】

中班健康活动《小兔的牙齿》

活动目标

(1) 知道有些食物会腐蚀牙齿，要少吃。

(2) 掌握正确的刷牙方法，养成早晚刷牙的好习惯。

(3) 了解保护牙齿的重要性，树立保护牙齿的意识。

目标分析

保护牙齿是幼儿园身体保健方面非常重要的一项内容，也与中班这一阶段幼儿的生活紧密相关。在活动目标制订中，既包括关于部分食物对牙齿具有腐蚀作用的知识学习，也包含正确刷牙的能力练习，同时在整个活动中使幼儿建立起保护牙齿的意识，形成良好的健康态度。

【案例 1-11】

大班体育活动《解放军真勇敢》

活动目标

(1) 练习从高处往下跳、跨跳、钻爬等多种基本动作，提高幼儿动作的灵敏性与协调性。

(2) 尝试小椅子的多种玩法，体验一物多玩的乐趣。

(3) 培养幼儿大胆创新、不怕苦难的意志品质。

目标分析

大班幼儿的大肌肉动作相比中小班幼儿有了很大进步，身体的控制能力也逐步增强，这个阶段他们喜爱比较有挑战性的任务。结合椅子这一幼儿最为熟悉的生活用具之一，开展一物多玩的探索性游戏，可以极大地激发幼儿的参与兴趣。在目标制订中，既涉及了运动技能的提高，也考虑到幼儿游戏经验的丰富与拓展，同时关注到幼儿的社会性发展。

在制订具体的教育活动目标时应注意以下几个问题。

1. 目标制订要具体

各个教育活动设计的目标是整个教育活动的统领，因此要具体、具有可操作性，如此才能保证整个活动围绕目标进行。

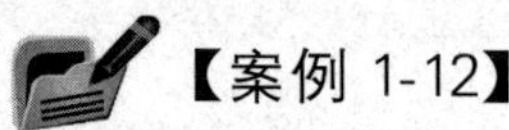【案例 1-12】

小班健康活动《我会自己穿衣服》

活动目标

(1) 愿意做力所能及的事情，体验自己的事情自己做的乐趣。

(2) 愿意参与集体活动,体验游戏的乐趣。

目标分析

该活动目标过于笼统,核心目标不突出,实施活动时可能导致偏离主题。"愿意做力所能及的事情,体验自己的事情自己做的乐趣"这一目标几乎可以适用于所有生活自理方面的活动。会导致教师在组织教学的过程中难以操作,如将目标改为"学习穿衣服的方法,愿意做力所能及的事情"就更具操作性。

2. 目标指向应统一

教育活动包含了教师的"教"与幼儿的"学"两方面的互动,在表述活动目标时,可以从教师主体出发确定目标,即目标反映教师对活动促进幼儿身心各方面发展的方向和程度的预期,是教育性目标,常以"引导(培养、激发、帮助)……"方式表述。如小班健康活动《我的小手真干净》活动目标之一是"引导幼儿学会正确的洗手方法,养成主动洗手的卫生习惯"。也可以从幼儿主体的角度制订目标,指出幼儿经过活动后应达到的水平和能力,是发展性目标,一般用"体验(掌握、感受、练习)……"方式表述。如中班健康活动《小士兵》的活动目标之一是"练习肩上投掷的动作,提高幼儿上肢肌肉力量与动作的协调性。"

无论从哪个角度出发确定目标都是可行的,但要注意在一个教育活动中目标的表述方式应统一,不应既出现教育目标,又出现学习目标。

【案例 1-13】

小班健康活动《我的小手真干净》

活动目标

(1) 知道饭前、便后和手脏时要洗手。

(2) 培养幼儿学习正确的洗手方法,养成主动洗手的卫生习惯。

目标分析

目标的第一条"知道……"是从幼儿角度表述的,是发展性目标;而第二条"培养……"是从教师角度来表述的,是教育性目标。在该活动中,出现了目标表述的不一致,建议统一目标表述的角度。

3. 不能用活动过程代替活动目标

许多教育目标表述的是关于行为方面的目标,因此在表述目标时常常会混淆情况,将教育过程误以为活动目标。

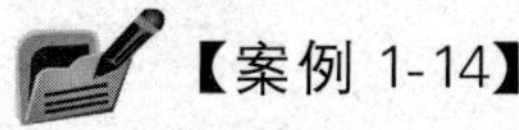【案例 1-14】

中班健康活动《保护牙齿》

活动目标

(1) 观察浸醋的蛋壳与没浸醋蛋壳的区别,知道酸性物质会腐蚀牙齿。

(2) 了解保护牙齿的方法,养成早晚刷牙的好习惯。

目标分析

第一条目标“观察浸醋的蛋壳与没浸醋蛋壳的区别，知道酸性物质会腐蚀牙齿”。从这个目标表述中，可以看出教师将活动的过程作为活动的目标，让幼儿观察浸醋的蛋壳与没浸醋蛋壳的区别只是这节教育活动中的某一个环节，是达成活动目标的途径与方法，整个教育活动的目标显然不限于此。

（六）幼儿园健康教育具体活动目标的表述方式

幼儿园健康教育具体活动目标需要通过一定的表述方式加以展示，常见的有两种表述方式，行为目标和生成性目标。

行为目标就是具体的可操作的教育教学目标，它是指向教育教学过程结束后儿童所发生的行为变化。泰勒认为，行为目标有助于选择学习经验和指导教学，教育实践中，行为目标使教师更加清楚教学任务，更容易准确判断目标是否达成。行为目标的表述一般有：“知道……”，“理解……”，“学会(学习)……”，“认识”，“用自己的话来……”，“区分……”，“对……进行分类”等，比如“知道多喝水对身体有利”、“分辨常见的水果和蔬菜”，然而对于行为目标也存在不同看法，有人认为预期的行为改变是不可能的或难以达到的。

【案例 1-15】

中班活动《我的小脚》

活动目标

1. 知道脚的主要结构和功能，引发幼儿探索身体奥秘的兴趣。
2. 学会保护自己的双脚，有良好的用脚习惯。

目标分析

生成性目标是指在教育情境中随着教育过程的展开而自然生成的教育教学目标，它是教育情境的产物和问题解决的结果。生成性目标的本质是过程性，儿童可以对自己感兴趣的问题进行深入的探究，“体验……”，“尝试……”，“感受……”是生成性目标较为典型的表达方式之一。但生成性目标在实践中是较难确定的，因为有时无论教师还是幼儿都不知道学习时什么是最好的或是最合适的。①

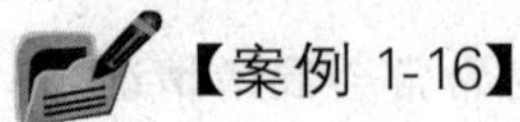
【案例 1-16】

中班活动《多变的绳子》

活动目标

尝试绳子的各种玩法，体验活动的乐趣。

① 顾荣芳，薛菁华. 幼儿园健康教育[M]. 北京：人民教育出版社，2004.

【案例 1-17】

中班活动《运西瓜》

活动目标

(1) 乐意参加体育活动；

(2) 练习双手持球钻过山洞；

(3) 大胆尝试与同伴合作，增强自信心。

二、学前儿童健康教育的内容

(一) 学前儿童健康教育的内容分类

学前儿童健康教育的主要内容可以分为以下几个方面：学前儿童身体保健和生活自理教育、学前儿童体育锻炼、学前儿童安全教育、学前儿童心理健康教育等。

1. 身体保健和生活自理教育

(1) 学前儿童身体生长发育教育

① 认识自己的身体及保护常识：认识眼睛、口(牙齿、舌)、鼻子、耳朵、手脚等外部器官，以及脑、心脏等内部器官名称。不用脏手揉眼睛，学习刷牙，知道换牙知识，不抠鼻孔等；探索身体的奥秘；学习保护身体、维护健康的方法、常识与技能。

② 疾病防治常识教育：了解预防接种的作用及注意事项；了解吃药、打针的作用。

③ 生长发育常识教育：观察身体由小到大的变化；体验身体功能逐渐完善的感受；接受健康的早期性启蒙教育。

(2) 生活卫生习惯

① 生活自理习惯：自己盥洗、穿脱、整理衣服鞋袜，吃饭，收拾、整理玩具和用具等生活自理能力和习惯。

② 良好作息时间习惯：按时睡眠，定时定量饮食及大小便，盥洗，每天参加体育锻炼和户外活动等有规律的生活习惯，一日生活有规律性。

③ 清洁卫生习惯：讲究个人卫生，养成勤洗手、勤洗头、勤洗澡和勤换衣服、勤剪指甲等卫生习惯。

④ 学习卫生习惯：良好的阅读、绘画、写字习惯，坐、站、行和睡姿正确，注意用眼卫生等。

2. 体育锻炼

(1) 基本动作与游戏：走、跑、跳跃、投掷、钻、爬等基本动作与游戏。

(2) 基本体操和队形队列：幼儿基本体操；队列队形。

(3) 器械活动与游戏：大中型固定性运动器械与游戏；中小型可移动运动器械；手持小型运动器械与游戏。

(4) 利用自然和社会环境的活动与游戏：打雪仗、堆雪人；滑冰；玩水等。

(5) 民族民间体育活动与游戏：荡秋千、打陀螺、滚铁环、踩高跷、抖空竹、跳竹竿等。

3. 安全教育

(1) 日常生活中安全常识与规则的了解及遵守,如过马路,乘坐交通工具、体育活动时能注意安全。

(2) 认识有关的安全标志,遵守交通规则。

(3) 知道初步的自救和向成人求救的方法等。

(4) 保护身体、爱护五官,不将异物塞入鼻孔等。

4. 心理健康教育

这里所讲的心理健康教育指心理健康与社会适应教育和性教育。

(1) 培养学前儿童健全的个性和良好的情绪,学会友好地与人交往,为他们提供学习经验,学习表达和调节自己情绪的方法。

(2) 及时合理地梳理不良情绪,保持积极愉快的情绪,让学前儿童学会感知和理解他人情感、懂得分享和合作。乐于帮助他人,热爱集体。

(3) 性教育:性认同和性角色;性知识科学简介;纠正玩弄生殖器和大腿摩擦等不良习惯。

(4) 学前儿童心理障碍和行为异常的预防。

(二) 选择学前儿童健康教育内容需注意的问题

1. 教育内容与目标保持一致

学前儿童健康教育内容的选择应该根据教育目标,教育目标要以教育内容为依据才能得到落实。[①] 例如,为发展中班幼儿的腿部力量,教师制订并提出了"学习双脚连续跳跃,提高动作的协调性,乐意参与体育活动"的目标,在教育内容的选择上,就应该紧密围绕目标,可以选择《袋鼠跳》等体育游戏内容(如图 1-1 所示)。

图 1-1 "袋鼠跳"游戏

① 张慧和,顾荣芳. 健康[M]. 南京:南京师范大学出版社,2004.

2. 教育内容与学前儿童的身心发展及生活经验相关联

儿童身体各器官各组织的发育还不成熟，功能还不完善，心理处于发展阶段，思维水平较低。因此，教育内容的选择应考虑儿童身心发展状况以及儿童现有的生活经验。例如，小班幼儿刚入园时因情绪紧张，常会出现咬指甲（如图 1-2 所示）、咬异物、吮吸手指的现象，这就需要教师选择有关内容向幼儿进行教育，比如可以选用《难受的大拇指》等内容。大班的幼儿已经开始换牙，在换牙过程中，他们会遇到各种情况，教师可以设计《宝宝换牙》进行健康教育活动，幼儿容易理解，教育效果也较好。总之，教师应该根据学前儿童的年龄特点和个体差异，选择适宜的教育内容。

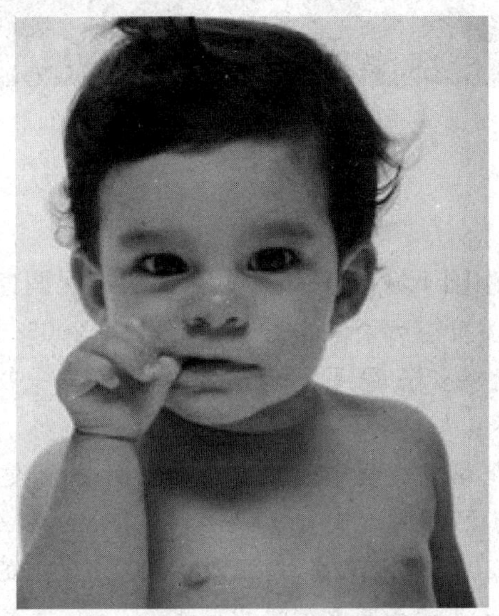

图 1-2　幼儿吮吸手指

3. 教育内容要与学前儿童的接受能力相吻合

教育内容的难易要考虑学前儿童的现有认知水平。例如，向幼儿进行营养教育最重要的一点是要让幼儿懂得平衡膳食才有利于健康。然而我们不能简单地向幼儿介绍平衡膳食的理论知识，只能通过介绍各种各样的食物，让幼儿逐步了解每一种食物的营养价值，让幼儿感受只有不偏食、不挑食才能有利于健康。比如，《萝卜青菜——我最爱》等。

4. 教育内容要与时俱进

学前教育不能局限于狭小的教室里，幼儿生活的大自然、大社会都可以作为学前教育的活动场所、范围和内容。教育内容应该来源于生活，服务于生活。幼儿教育专家陈鹤琴提出“活教育”理论，强调“大自然、大社会、都是活教材……”在学前儿童健康教育内容的选择上，应体现时代性，与时俱进，与学前儿童所处的日常生活紧密结合。比如用幼儿熟悉的“喜羊羊与灰太狼”故事进行体育健康教育活动（如图 1-3所示）。

图 1-3 《喜羊羊与灰太狼》

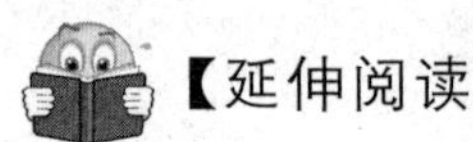【延伸阅读】

中国十城市 0～6 岁儿童健康状况调查

国务院妇女儿童工作委员会办公室与中国儿童中心 2005 年 1 月联合公布了"中国十城市 0～6 岁儿童健康状况调查"。结果显示,我国城市儿童一般健康状况总体水平接近世界卫生组织标准,但营养不良与过剩同时存在。

(1) 儿童监护人的变化朝着有利于儿童身心健康的方向发展。由父母直接或主要负责儿童起居、饮食的比例为 87.9%。大专、本科以上文化的占 40%,高中文化的占 35%。监护人家庭月收入 2000～3000 元的家庭占 52%,3000 元以上的家庭占 24%,大部分家庭的收入已完全可以满足婴幼儿营养需要的支出。

(2) 适时添加辅食、优化婴幼儿膳食结构任重道远。调查显示,辅食添加时间基本合理(4～6 个月)的婴儿约占一半,部分婴儿过早或过晚添加辅食,这对于婴儿的营养摄取和健康成长是不利的。政府应大力宣传和普及为婴儿适时添加辅食方面的知识,帮助监护人优化婴儿的膳食结构,同时制定、完善婴幼儿食品的法律、法规,使监护人能买到安全可靠、质优价廉的婴幼儿食品。

(3) 对婴儿辅食添加时机和膳食结构的分析表明,城市婴儿监护人在科学喂养方面存在一定的问题。我国 0～4 个月的婴儿在身高、体重、头围和坐高等方面与 WTO 公布的国外同龄孩子生长发育指标基本相同,但在 4～6 个月以后,生长发育指标明显滞后。本次调查的婴幼儿在身高、体重方面的数据真实地反映了这个现象。

(4) 部分儿童微量元素摄取不足。以无机营养素的整体均值为参照值,调查结果显示,儿童头发中 5 种无机营养素的含量以 0～6 个月组整体均值水平较高;而 1～3 岁组较低,部分儿童存在对钙、铁、锌摄取量不足。对此,专家建议通过政府、医院、家庭和社会的共同努力来解决婴幼儿微量营养素缺乏的问题。

值得注意的是,从调查情况看,目前家长对"什么是营养适中"还缺乏正确的认识,说明还需要广泛开展儿童健康方面的相关教育。

据了解，由国务院妇女儿童工作委员会办公室和中国儿童中心在2003—2004年联合开展的“中国十城市0～6岁儿童健康状况调查”，目的是了解我国城市儿童营养健康状况，获取最新信息，为政府制定合理的儿童营养政策，建立完善、规范的婴幼儿食品管理法规提供参考依据，为进一步促进未成年人的健康成长服务。

此次调查的十个城市分别是北京、上海、重庆、广州、哈尔滨、石家庄、济南、郑州、武汉和西安。调查采用定额抽样方法，从每个城市中抽取800名0～6岁儿童作为样本，其中0～6个月组，7～12个月组，1～3岁组，3～6岁组各抽取200名儿童，男女各半，最终总有效样本为8043人。基本代表了全国不同省份、不同地域城市0～6岁儿童的情况。本次调查分为四部分，包括儿童及其监护人基本情况、儿童辅食添加情况、儿童体格发育和五种无机营养素（铜、铁、钙、镁、锌）的测量。调查获得了大量有价值的科学数据，客观地反映了我国目前城市儿童健康状况的最真实情况和发展趋势。

资料来源：中国广播网．http://www.cnr.cn.

【复习要点】

◆ 你会解释吗？

健康、健康教育、学前儿童健康教育

◆ 你能回答吗？

1. 你知道学前儿童健康的特性有什么吗？
2. 影响学前儿童健康的因素有哪些？
3. 学前儿童健康教育的目的和任务是什么？
4. 你知道学前儿童健康教育的内容有哪些吗？
5. 学前儿童健康教育的目标是什么？
6. 你会根据学前儿童的年龄特点制订健康教育的目标吗？

◆ 思考与练习

1. 通过本章的学习，相信你一定对学前儿童健康教育的目标有了更多了解。下面就以3～4人为一组，对幼儿园健康教育的目标进行合理性的讨论和分析，找出不足之处，提出修改建议，说出修改理由，并进行课堂分享。

案例1·认识安全标志（大班）

目标：

（1）认识各种安全标志，学会识别安全标志。

（2）在充分认识安全标志的基础上，自由发挥，为幼儿园环境创设安全标志。

（3）学会根据标志含义，同伴间协调制定下棋规则，并能在玩棋过程中遵守规则。

案例2·我爱蔬菜宝宝（中班）

目标：

（1）通过多种途径进一步认识各种蔬菜。

（2）了解吃蔬菜的好处与不吃蔬菜的坏处。

（3）培养幼儿爱吃蔬菜的习惯。

2. 调查周围的同学、老师或者父母对健康有什么理解，对学前儿童健康又有什么看法，并分析他们的异同。

3. 利用周末或者假期走访周边小区或者幼儿园，对学前儿童家长进行儿童健康行为调查，了解儿童的健康状况，并写成调查报告。调查问卷见附录。

【延伸阅读】

学前儿童健康行为调查问卷(仅做参考)

亲爱的家长：

您好！我是某大学学前教育专业的学生，为了了解学前儿童的健康状况，我们针对0～6岁的幼儿进行一项问卷调查活动。本次调查不记名，希望得到你的大力支持和配合，为调查研究提供参考。调查没有对错之分，您只需要在您认为符合孩子情况的选项下面画“√”。再次感谢您的配合！

您的孩子最近一个月是否经常表现出以下情况？

1. 吃得很少　A. 是　B. 否
2. 不吃肉或鱼　A. 是　B. 否
3. 吃得很多　A. 是　B. 否
4. 不吃蔬菜或水果　A. 是　B. 否
5. 不喜欢吃饭　A. 是　B. 否
6. 经常吃零食　A. 是　B. 否
7. 经常喝饮料　A. 是　B. 否
8. 不喜欢喝白开水　A. 是　B. 否
9. 吃饭比一般孩子慢　A. 是　B. 否
10. 饭前便后能主动洗手　A. 是　B. 否
11. 能够独立入睡　A. 是　B. 否
12. 睡前经常哭　A. 是　B. 否
13. 睡眠姿势正确　A. 是　B. 否
14. 睡眠时做噩梦　A. 是　B. 否
15. 经常尿床　A. 是　B. 否
16. 经常尿裤子　A. 是　B. 否
17. 睡眠习惯奇怪(抱着东西、吃着东西睡觉等)　A. 是　B. 否
18. 睡得过长　A. 是　B. 否
19. 睡得过少　A. 是　B. 否
20. 能保持挺胸站立姿势　A. 是　B. 否
21. 看书、写字时常趴着、歪着　A. 是　B. 否
22. 经常干扰他人或攻击性很强　A. 是　B. 否
23. 喜欢破坏东西　A. 是　B. 否

24. 害怕某些东西，如光、火等　A. 是　B. 否
25. 害怕某个动物，如老鼠等　A. 是　B. 否
26. 害怕陌生人　A. 是　B. 否
27. 情绪变化无常、经常发脾气　A. 是　B. 否
28. 情绪孤独　A. 是　B. 否
29. 比较胆小　A. 是　B. 否
30. 爱哭　A. 是　B. 否
31. 不太合群　A. 是　B. 否
32. 不随地大小便　A. 是　B. 否
33. 从不自己整理玩具　A. 是　B. 否

第二章 学前儿童健康教育活动设计与实施

1. 学前儿童健康教育活动的设计。
2. 学前儿童健康教育活动的组织形式和基本方法。
3. 学前儿童健康教育活动的实施。

【小故事】

诺贝尔奖得主的获奖感言

1978年,75位诺贝尔奖获得者在巴黎聚会。人们对于诺贝尔奖获得者非常崇敬,有位记者问其中一位获奖者:"在您的一生里,您认为最重要的东西是在哪所大学、哪所实验室里学到的呢?"

这位白发苍苍的诺贝尔奖获得者平静地回答:"是在幼儿园。"记者感到非常惊奇,又问道:"为什么是在幼儿园呢?您认为您在幼儿园里学到了什么呢?"

诺贝尔奖获得者微笑着回答:"在幼儿园里,我学会了很多很多。比如,把自己的东西分一半给小伙伴们;不是自己的东西不要拿;东西要放整齐;饭前要洗手;午饭后要休息;做了错事要表示歉意;学习要多思考,要仔细观察大自然。我认为,我学到的全部东西就是这些。"所有在场的人对这位诺贝尔奖获得者的回答报以热烈的掌声。

事实上,大多数科学家认为,他们终生所学到的最主要的东西就是幼儿园老师教给他们的良好习惯。

思考:通过阅读上述小故事,对你有什么启发?回想自己的童年从幼儿园学到的最宝贵的是什么呢?分组讨论并分享。

第一节 学前儿童健康教育活动的设计

学前儿童健康教育活动是根据学前儿童身心发展的特点和规律,以丰富学前儿童的健康知识,改善其态度,培养其健康行为,最终提高其健康水平为目的的一系列教育活动的统称。广义的学前儿童健康教育活动是指学前教育机构全部健康活动的总和。狭义的学前儿童健康教育活动是指由教育实践者按照健康教育的目标与任务,基于幼儿身心特点及发

展需要，专门设计的有目的、有计划、有组织的健康教育活动。本节主要就狭义的学前儿童健康教育活动谈一谈组织与指导。

一、专门的学前儿童健康教育活动的设计

专门的健康教育活动即传统的健康课，是指教师专门为幼儿设计并组织的、以维护和促进幼儿身心健康为目的的教育活动。[①] 专门的健康教育活动一般由教育活动组织者进行设计，主要是根据幼儿的认知规律围绕某一个健康主题而开展，可以帮助幼儿系统地学习健康知识，巩固健康行为。这类教育活动在进行设计时主要包括以下几个要素。

（一）学前儿童健康教育活动的结构

1. 活动名称

一个具体的教育活动名称包括年龄班、活动内容与名称。

【案例 2-1】

活动名称表述

小班	体育游戏	《小兔采蘑菇》
中班	安全教育活动	《不给陌生人开门》
大班	身体保健活动	《保护眼睛》

2. 活动目标

在设计一节专门的健康教育活动课时，活动目标的设置极为关键。目标设置是否适宜直接影响到整个教育活动的效果。专门的健康教育活动目标的确立是基于学前儿童健康教育总目标—学年目标—学期目标—月目标—周目标的层层分解与细化。因此，在确定活动目标时既要考虑到学前儿童身心发展规律与现有发展水平，还要考虑到健康目标的整体落实。具体到一节教育活动确立时应注意的问题，本章第一节已有阐述，此处不再赘述。

3. 活动重难点

活动重点是一次教学活动中最为关键的基本概念或核心内容，是教育活动中的主要线索。难点是从幼儿角度出发，对教学活动中幼儿不易掌握理解的知识或不易掌握的技能技巧的预估。活动重点多是针对教育目标与教育内容而言，而活动难点则是针对幼儿而言。但是活动重点与难点的确立都要根据幼儿的实际水平来确定，同样一个问题在不同班级重难点就不一定一致。

---

① 李君．学前儿童健康教育[M]．北京：科学出版社，2012.

【案例 2-2】

小班体育活动《能干的兔宝宝》

活动目标

(1) 能够双脚向前行进跳,提高幼儿腿部肌肉力量及动作的协调性。

(2) 愿意参与游戏,体验运动游戏带来的快乐。

活动重点

幼儿能够双脚连续向前跳。

活动难点

在向前行进跳时,幼儿双脚同时起跳,同时落地。

案例来源:北京市石景山区八角北路幼儿园　高立.

4. 活动准备

活动准备一般包括物质准备与知识经验准备。物质准备主要是针对于一次教育活动中需要用到的教具等物质材料;知识经验准备是学前儿童针对本次教育活动所需要的前期知识经验储备。

【案例 2-3】

《能干的兔宝宝》的活动准备

物质准备

(1) 录音机、音乐光盘,白萝卜、胡萝卜若干。

(2) 游戏场地布置:五块菜地(白萝卜、胡萝卜)。

知识经验准备

幼儿有一个接一个排队跳圈的经验。

5. 活动过程

活动过程是对这个教育活动流程的描述,一般包括三个部分:开始部分、基本部分与结束部分。开始部分主要是活动导入,目的是集中幼儿的注意力,激发学前儿童参与活动的热情与动机。此部分教师可运用情境引入、提问等多种方式开始。基本部分是活动内容的实施部分,是幼儿学习、探索、实践的过程,也是对重难点进行突破的过程。结束部分是整个活动的归纳小结部分,主要对于学前儿童在教育活动中的学习效果与活动中出现的问题进行总结。

(二) 单一性健康教育活动与综合性健康教育活动

单一性健康教育活动是指教育内容主要针对单一概念与技能的学习与教育,综合性健康教育活动则强调对整合技能和概念的教育。

单一性健康教育活动相对而言是围绕某一个健康教育的目标开展活动,如《我爱蔬菜

宝宝》这个活动，主要是让幼儿认识几种常见的蔬菜，喜欢并愿意吃多种蔬菜，整个活动围绕提升幼儿的营养知识，转变幼儿的营养态度，促进幼儿良好的饮食行为，活动目标与内容相对单一，都以健康领域为主。而《汽车总动员》的活动则是让幼儿了解常见的交通工具并进行分类，同时认识常见的交通标志，知道遵守交通规则的重要性。在这个活动中，既包括科学领域的分类，还涉及健康领域的交通规则，学前儿童对于科学领域和健康领域的学习彼此交织，由此可见它是一个综合性的活动。

【案例 2-4】

身体保健活动《蛀牙小王子》（小班）

活动目标

（1）通过倾听故事懂得保护牙齿的重要性，知道吃糖果过多会导致牙疼。

（2）学习刷牙的正确方法，初步养成良好的刷牙习惯。

活动重难点

（1）活动重点：知道保护牙齿的重要性。

（2）活动难点：初步掌握刷牙的正确方法。

活动准备

（1）知识经验准备：知道牙齿的作用。

（2）物质材料准备：自制图书（蛀牙王子）、牙齿玩具（一人一个）、牙刷每人一支、蛀牙王子道具、食物图片（糖果、面包等）、轻音乐。

活动过程

1. 开始部分

（1）请出“糖果王子”道具，引发幼儿兴趣。

“咕噜噜，咕噜噜……你们猜猜糖果王子怎么了？”

“糖果王子的肚子饿了，今天我们给糖果王子准备了好多好吃的，我们快来喂喂他吧！”

（2）鼓励幼儿将美味的食物图片喂给“糖果王子”吃，并引出绘本。

“咯吱咯吱，糖果王子吃得好香啊。我们再多喂一些吧”（播放轻音乐）

“小王子说他不要吃了，你们猜猜发生什么事情了？”

“今天王老师给小朋友讲一个发生在王子身上的故事。”

2. 基本部分

（1）教师结合自制图书讲述故事，通过提问引导幼儿了解保护牙齿的重要性。

① 教师讲述故事。

“王子什么都爱吃，不过他最爱吃甜的食物。连洗泡泡澡时也要吃呢……”

“哎呀呀，快来看一看，牙齿怎么啦？”

② 通过提问，帮助幼儿了解爱护牙齿的重要性。

“小朋友们，小王子为什么牙齿会痛？”

“怎么才能让牙齿不生病呢？”

（2）了解刷牙的正确方法，教师利用模型做示范讲解。

① 教师通过提问让幼儿了解刷牙的方法，并用道具进行示范。

"小朋友们,你们喜欢刷牙吗?你们是怎么刷牙的?"

"在刚才的故事中,你们记得医生是怎么教小王子刷牙的吗?"(幼儿复述儿歌,"上面刷刷,下面刷刷,里面刷刷,外面刷刷",教师利用道具进行示范)

② 出示教具"小嘴巴",幼儿尝试练习用牙刷刷牙。

"我们一起来教教小王子刷牙好不好?"(教师和幼儿一起边说儿歌边教小王子刷牙)

③ 在音乐的伴奏下用小牙刷刷牙。

3. 结束部分

进一步感受刷牙的快乐,让幼儿喜欢上刷牙。

"小朋友们,你们可真棒啊!那我们也一起来刷刷牙吧!"(随律动结束)

活动分析

该活动是教师结合班中幼儿长龋齿的人数比例较大,而多数孩子不喜欢刷牙,对刷牙有抵触情绪的情况下设计的。整个活动运用多种教育方法,如讲故事、说儿歌、实际练习等,但都围绕"让幼儿了解刷牙"的重要性开展。教师发起活动,围绕着为什么要刷牙,以及怎样正确刷牙等,让幼儿喜欢上刷牙,学习正确的刷牙方法,培养幼儿养成良好的生活习惯。

案例来源:北京市石景山区第二幼儿园　王辰.

【案例 2-5】

单一性体育活动《蚂蚁军团》(中班)

活动目标

(1) 通过爬网游戏,提高幼儿灵活的持物爬行能力,增强上下肢的肌肉力量。

(2) 鼓励幼儿积极勇敢地参加游戏活动,体验体育活动的乐趣。

活动重难点

(1) 活动重点:幼儿能够上下肢灵活地在网上爬行。

(2) 活动难点:能用身体携带物品灵活地在网上爬行。

活动准备

(1) 知识经验准备:活动前带领幼儿感知并尝试爬网。

(2) 物质准备:音乐、爬网、海绵包、小皮球、纸团(分红蓝两种颜色若干)、红蓝色小筐、自制粮仓等。

活动过程

1. 开始部分

在"学做蚂蚁兵"的模仿游戏中,充分活动身体,激发幼儿参与游戏的欲望。

教师:"小蚂蚁们,今天我们要好好练习本领并执行蚂蚁军团的储粮任务,你们有信心完成好吗?执行任务前,先来让我们一起做做运动,活动活动我们的身体!"

(1) 在音乐的伴奏下,做多种地面爬行练习,活动关节。

(2) 在行军游戏中,通过地面和网上爬行,增强幼儿上下肢协调配合的能力。

2. 基本部分

通过蚂蚁军团“储粮”游戏，提高幼儿在网上灵活爬行的能力，增强上下肢的肌肉力量，丰富幼儿网上爬行经验。

(1) 幼儿分红、蓝两组，一组幼儿尝试在绳网上听指令转换爬行方向，提高爬行动作的灵活性，为执行“储粮”任务做准备，另一组幼儿搭建粮仓，而后交换。

(2) 在蚂蚁军团“储粮”游戏中，探索持物爬行方法，尝试灵活的持物爬行。

① 红、蓝蚁兵通过找食物建立持物爬行经验。

教师：“小蚂蚁们，网下就是你们要寻找的食物，看谁先拿到食物，送到绳网旁边的粮仓中”。

② 红、蓝蚁兵各自交流总结持物爬行方法，并示范交流。

③ 交代“红、蓝蚁军大战”的游戏规则。

④ 开展“红、蓝蚁军大战”的竞赛游戏，巩固持物爬行方法，能够灵活地持物爬行。

——随意持物。

——按各队队标颜色持物。

——教师注意观察幼儿游戏，引导幼儿相互交流、总结持物爬行的方法并尝试。

3. 结束部分：放松活动

(1) 听音乐，幼儿做身体放松活动。

(2) 大家一同收放玩具。

4. 活动延伸

引导幼儿总结和交流游戏情况，提出新想法，进一步完善和改进游戏内容。

活动分析

“蚂蚁军团”这个活动，教师在设计时根据中班幼儿年龄及学习特点，运用情景引入法、角色扮演法、小组互动式竞赛等教学方法，激发幼儿积极、主动的运动愿望，同时给予幼儿充分探索的活动空间，让幼儿在竞赛游戏的过程中建构新的运动经验。活动目标与活动内容的选择均指向幼儿的爬行练习，可以说，各种姿势的爬行贯穿于整个活动，活动目标明确、层次清晰。

案例来源：北京市石景山区实验幼儿园　左振红

【案例 2-6】

综合活动《齐心协力》(大班)

活动目标

(1) 体验不同的运动方式，增强动作的协调性，提高下肢肌肉力量。

(2) 在合作游戏中增进与同伴的感情，较快适应新的班级。

(3) 体验与人合作的重要性。

活动重难点

(1) 活动重点：在体育游戏中结识新的朋友。

(2) 活动难点：与不太熟悉的同伴进行合作游戏。

活动准备

(1) 经验准备:有与他人合作进行游戏的经验。

(2) 物质准备:

① 录音机、音乐《红星歌》。

② 报纸、绳子 、隔离墩、椅子若干、丝带、拱形门、榻榻米(边长 30 厘米)。

活动过程

1. 开始部分:热身活动

教师带领幼儿听音乐做热身活动,做点头、振臂、弯腰、踢腿等动作,每个动作做一个八拍。重点活动下肢与脚腕。

2. 基础部分

(1) 两人三足

① 教师:欢迎大家来到新的班集体,这个班集体里可能有你已经认识的朋友,可能还有你不认识的,今天我们大家要玩一些游戏,希望大家在游戏中认识新的朋友。

② 幼儿站成四列纵队,并排的两名幼儿结为一对。

③ 幼儿两两结伴后,将绳子绑在两人内侧的小腿处,尝试在场地内自由地走。

④ 教师提供隔离墩,让每组幼儿绕隔离墩向前走,看看哪组幼儿合作得最好。

⑤ 教师提问:两人怎样才能走得快。

引导幼儿回答:要与同伴一起配合,两人动作要一致;可以与同伴一起喊口号。

(2) 我是连体人

① 按照上面的分组,教师发给每小组幼儿一张报纸,幼儿将报纸挖两个洞,分别套在两人的脖子上,使两人变为连体人。

② 两人结伴在场地内四散走。

③ 教师布置场地,让幼儿跨过小河(两把椅子间隔 2 米,用绳子连起来,绳子的高度约为 30 厘米),穿过小树林(隔离墩)。每组幼儿按照指定的路线跨过小桥、走过小树林。

(3) 终极比拼

报数"1"的幼儿与报数"2"的幼儿分成两个大组进行比赛,看哪组幼儿最先到达终点。游戏过程中,报纸如有破裂,两名幼儿需要想办法把报纸修补好,方可继续游戏。

比赛结束后,与新的同伴分享游戏的快乐。

3. 结束部分:放松活动

(1) 教师总结:每个小朋友都认识了新的朋友,在新的集体中我们要互相帮助、合作,才能获得更多的快乐。

(2) 教师带领幼儿进行放松活动,幼儿自己跟随轻柔的音乐敲打手臂与小腿,放松身体,也可以让新认识的同伴两两结对互相拍打肩膀与小腿。

活动分析

活动设计者之所以设计这个活动是因为中班升入大班时进行了重新分班。幼儿面对新的班集体、新的同伴,如何能让他们最快地适应新的环境、结识新的同伴成为首要问题。

运动本身就可促进人的积极体验，使人感到轻松、愉快，在这个活动中，教师利用体育活动的这一特点，让体育活动作为载体，使幼儿在运动中与新的同伴开展合作游戏，将健康与社会领域的目标融为一体。整个活动过程不仅使幼儿锻炼了身体、增强了体质，还让幼儿在游戏中较快地与同伴熟识，体验到合作的快乐。

案例来源：北京市石景山区实验幼儿园　刘金玲．

二、主题活动中的学前儿童健康教育活动设计

主题活动是指教师依据教育目标、儿童学习兴趣与认知发展的需要，在一段时间内围绕一个中心内容来组织的教育教学活动。主题来源是多元的，可以从教育目标出发，也可以由一个问题或是一个小专题引出，还可以来源于一个社会事件或是一个节日。在主题活动中，各领域相互融合，多种活动形式彼此交互，共同促进幼儿对于一个中心内容深入、系统地学习、探索。主题活动既可由教师事先预设，也可由儿童发起，还可以在师幼互动中产生。一般来说，主题活动设计主要包含以下两个因素。

(1) 主题名称——概括主题的活动内容，可以是具体的事物，如《中秋节》，也可以是一个问题《食物到哪里去了》，主题名称要能够体现中心教育主题。

(2) 活动由来——说明主题的来源，一般包括活动发起的缘由，对儿童的分析，教育思路的简要介绍及活动形式、意义等。

【案例 2-7】

小班主题活动《我给小兔来做饭》

主题由来

由于各自家庭习惯和教养方式的不同，很多幼儿初入小班在饮食上养成了挑食和偏食的习惯。通过观察发现，班中多数幼儿只爱吃肉不爱吃青菜，对一些特殊味道的蔬菜，如柿子椒、芹菜更是拒绝入口。这些习惯使得他们不能顺利地适应幼儿园的集体生活，对幼儿的情绪和健康造成了一定的影响。在日常生活中，我发现幼儿对班里饲养的小兔很感兴趣，很喜欢给它们喂食物。于是，我想可以将发展需求与幼儿的兴趣有机地结合在一起，引导幼儿在为小兔子准备食物的过程中认识蔬菜、教育幼儿爱吃各种蔬菜。

案例来源：北京市石景山区师范学校附属幼儿园　王斌．

(3) 活动目标——整个主题活动的目标。该目标要与幼儿的发展水平和年龄特点相符，能够概括各个具体活动的目标，并涵盖幼儿发展的各个方面。

【案例 2-8】

大班主题活动《我给妈妈送健康》

活动目标

(1) 通过购物活动使幼儿体验购物的程序及规则，丰富幼儿的生活经验，提高解决问

题的能力。

(2) 通过为妈妈选购健康礼物、送礼物的活动，激发幼儿爱妈妈、关心妈妈的情感，进行感恩教育。

(3) 学习看商品的生产日期及保质期，使幼儿懂得初步的食品卫生知识。

(4) 学习看价钱、计算价钱，提高幼儿的计算能力及初步的理财能力。

(5) 培养幼儿初步的沟通能力与社会交往能力。

案例来源：北京市石景山区实验幼儿园　邢岩；北京市石景山区八角北路幼儿园　赵建红.

(一) 主题网络图

主题网络图是指主题系列活动具体包括哪些活动，同时记录主题活动的线索和发展过程(如图 2-1 所示)。

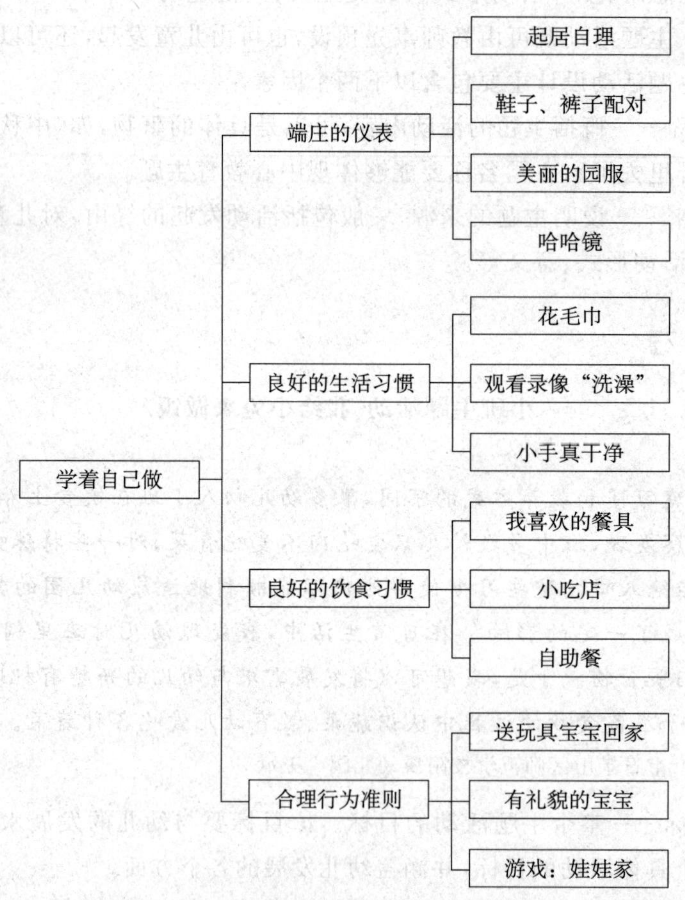

图 2-1 《学着自己做》主题网络图①

① 姚捷如．健康教育课程园本化实践与研究[M]．北京：中国少年儿童出版社，2005.

（二）具体活动的设计

主题活动中包含的各个具体活动设计，包括多种组织形式的教育活动。

在学前教育机构中，主题教育活动一般有系列主题教育活动与半日主题教育活动。前者是指教师在一段时间内组织开展一系列相互联系的多个活动，一次完成一个较大主题的认识过程，主题涵盖的内容较多。而后者一般是一个非常具体的小问题，主要是结合学前教育机构中半日活动的流程，如晨间活动、区域游戏、户外活动、集体教学等完成对一个小主题的学习。半日主题教育活动的各项内容都与主题密切相关，它可以是一个独立的小主题，也可以是系列主题活动的一部分。下面通过举例说明两种不同的主题教育活动设计（系列主题与半日主题）。

【案例 2-9】

大班系列主题活动《保护牙齿》

大班幼儿正值换牙的关键时期，为什么要换牙？换牙时应该怎样做？为什么会长虫牙？等都是这个阶段的幼儿非常关注的问题。同时，幼儿园健康检查时发现大班部分幼儿患有龋齿，这个问题也成为近期困扰幼儿与家长的共同话题。基于此，我们决定开展"保护牙齿"的主题活动，帮助幼儿了解牙齿的相关知识，养成爱护牙齿的好习惯。

活动目标

(1) 引导幼儿了解牙齿的名称、功能，龋齿形成的原因等，激发幼儿保护牙齿的意识。

(2) 通过角色游戏，引导幼儿了解日常生活中保护牙齿的具体做法。

(3) 引导幼儿大胆表达自己的想法，丰富有关换牙的知识经验。

(4) 教育幼儿坚持早晚刷牙，养成早晚刷牙的良好卫生习惯。

主题网络图

主题网络图如图 2-2 所示。

具体活动

1. 生活活动

(1) 在盥洗活动中提醒幼儿认真漱口，用正确的方式认真刷牙。

(2) 在谈话中引导幼儿了解保护牙齿的好处。

2. 区域游戏

区域活动的材料和指导要点见表 2-1。

3. 集体系列教学活动

具体的系列活动见下文系列活动 1 和系列活动 2。

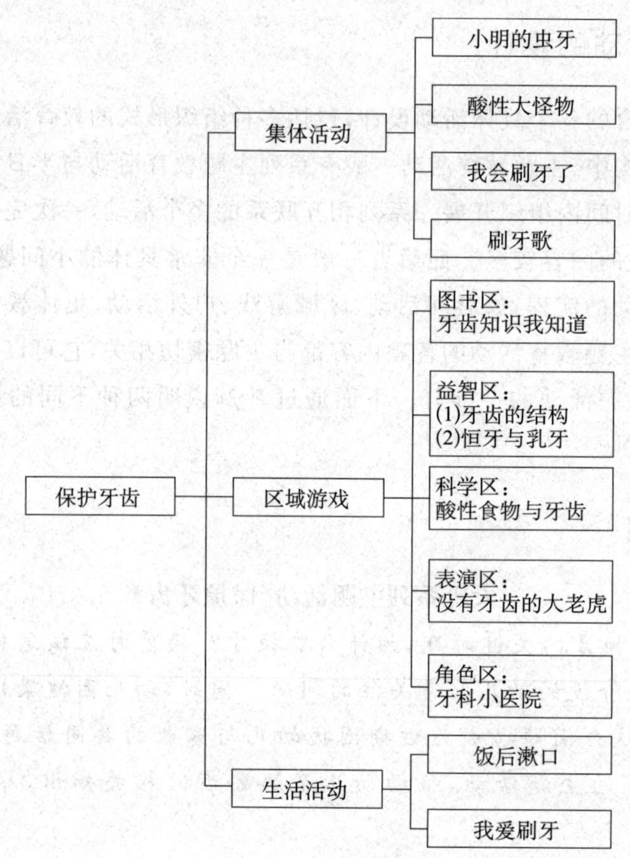

图 2-2　主题网络图

表 2-1　区域活动材料和指导要点

区域	材　料	指导要点
图书区	与牙齿相关的图书《牙齿大街的新鲜事》、《牙医怕怕　鳄鱼怕怕》、《没有牙齿的大老虎》、《我那颗摇晃的牙齿绝对绝对不能掉》	1. 师生共同收集幼儿保护牙齿的图书、图片 2. 鼓励幼儿大胆讲述图片的内容 3. 引导幼儿在图书中获得牙齿方面的知识
益智区	牙齿模型、牙齿的结构图、牙刷	1. 引导幼儿通过动手摸、看，感知牙齿，了解牙齿的结构 2. 引导幼儿利用牙齿模型练习正确刷牙的方法
表演区	1. 老虎、狐狸、小白兔等头饰 2. 自制糖果，钳子道具 3. 录音机、磁带、音乐	1. 鼓励幼儿根据故事内容分配好角色，进行合作表演 2. 引导幼儿根据情节的变化进行表演，要特别注意语言表达与感受 3. 鼓励幼儿积极大胆地表现自己
角色区	看牙齿的道具、医生的白大褂、牙齿模型	1. 邀请保健医宣传牙齿保健常识及治疗牙齿的步骤 2. 鼓励幼儿热情地给病人看病 3. 引导幼儿利用自己已有的知识为“小患者”看牙
科学区	1. 鸡蛋壳、杯子、记录表 2. 醋、可乐、自来水	1. 引导幼儿观察鸡蛋的变化 2. 引导幼儿使用记录表进行记录

系列活动 1 名称:小明的虫牙

活动目标

(1) 了解龋齿形成的原因,知道保护牙齿的重要性。

(2) 通过观看模具演示,能够掌握正确的刷牙方法。

活动准备

1. 知识经验准备

(1) 知道龋齿对小朋友的身体有害。

(2) 教师与幼儿家长(牙医)一同备课,与家长沟通此次活动中将要涉及哪些问题,以什么样的形式出现,使用什么样的教具。

2. 物质准备

牙齿模具、正确的刷牙方法挂图一张、幻灯片《小明的虫牙》、保护牙齿的故事书及磁带、光盘等。

活动过程

1. 开始部分

观看幻灯片《小明的虫牙》,引入主题。提问:小明怎么了?

2. 基本部分

(1) 引导幼儿讨论长虫牙的原因,提问:小明为什么会长虫牙?

(2) 向幼儿介绍牙医——婷婷妈妈

——向婷婷妈妈请教幼儿的回答是否正确。

——牙医出示牙齿模具,向幼儿介绍不同牙齿的作用及功能,讲解龋齿形成的原因。

——教师和牙医一起组织幼儿讨论如何保护我们的牙齿,引导幼儿说出少吃甜食、饭后漱口、每天早晚刷牙、睡前不吃零食等。

——婷婷妈妈借助正确的刷牙方法挂图及模具,向小朋友介绍正确刷牙、漱口的方法。

——牙医向小朋友赠送有关保护牙齿的故事书、磁带和光盘。

3. 结束部分

引导幼儿有礼貌地感谢婷婷妈妈参与我们的活动,自然结束活动。

系列活动 2 名称:刷牙歌

活动目标

(1) 幼儿在熟悉歌曲旋律,理解歌词内容的情况下,能边唱边用动作表演。

(2) 体验牙齿健康和快乐的情感。

活动准备

(1) 经验准备:知道正确刷牙的方法和保护牙齿的基本常识。

(2) 物质准备:音乐《小手》、《刷牙歌》;录音机。

活动过程

1. 开始部分

复习歌曲《小手歌》。

(1) 齐唱歌曲。

(2) 为歌曲创编新的替换词,并边唱边用动作表演。

2. 基础部分

(1) 熟悉《刷牙歌》的乐曲旋律。合着音乐拍手、做刷牙动作。

(2) 学唱歌曲。

——教师范唱,帮助幼儿理解歌词,听出间奏。

——听教师唱歌,在第一段歌曲的间奏处做刷牙的动作,在第二段歌曲的间奏处发出表示漱口和牙齿健康的快乐象声词,如“咕噜噜、哈哈哈”等。

——跟教师学唱歌曲,并在间奏处做刷牙动作以及发出表示漱口声的快乐象声词。

(3) 创编刷牙节奏和象声词。

——幼儿创编动作“除了歌曲中××地刷牙,还能怎样刷?用动作做出来,大家学一学。”

——创编漱口的水声,如“咕噜咕噜噜”“咕噜噜噜”等,创编表示快乐的象声词和节奏,如“啦啦啦啦,嘻嘻嘻嘻”等。

——教师选用幼儿创编的动作,集中并反馈,完整地唱歌,注意交换间奏中的节奏和象声词。

3. 结束部分

边唱边表演,幼儿按歌词内容做动作,活动自然结束。

4. 家园共育

(1) 利用家园宣传栏告知班里的近期活动,请家长在家也要提醒幼儿饭后漱口,早晚刷牙,与教师共同培养孩子养成良好的习惯。

(2) 家长和幼儿一起制作刷牙表,记录每天是否刷牙,培养幼儿早晚刷牙的习惯。

(3) 利用家长资源,邀请当牙医的家长与教师共同备课,为孩子准备一节活动。

(4) 和幼儿一起收集一些关于牙齿的材料,供幼儿在幼儿园区域中进行游戏。

案例来源:北京市石景山区第三幼儿园　吕晨艳;北京市石景山区师范学校附属幼儿园　吕燕.

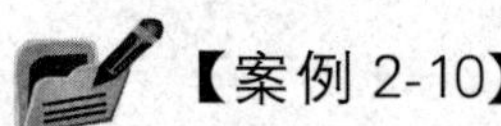

【案例 2-10】

小班半日综合活动

活动设计意图

我班幼儿 3～4 岁,刚刚从家庭来到幼儿园开始集体生活。目前大多数幼儿能够愉快地来园,但由于来自不同的家庭,幼儿的生活习惯、饮食习惯也各不相同。开学以来,我发现孩子们的挑食现象比较严重,不爱吃蔬菜,尤其是不爱吃胡萝卜。因此在区域活动中,我们创设了“兔姐姐蔬菜店”的游戏情境,通过教师与幼儿共同游戏,引导幼儿认识蔬菜,增加对蔬菜的兴趣。在本次活动中,我们利用“兔姐姐”这一幼儿熟悉的角色提高幼儿参与活动的积极性,通过多种感官引导幼儿了解三种常见的萝卜(胡萝卜、白萝卜、樱桃萝卜)的颜色、外形特点,通过品尝萝卜,食堂阿姨介绍萝卜做的菜肴,在户外和兔姐姐一起玩拔萝卜的游戏等方式引起幼儿对萝卜的兴趣,鼓励幼儿吃萝卜,并逐渐喜欢吃各种常见的蔬菜。下面是四项主题活动的具体安排。

1. 生活活动

活动目标

(1) 逐步喜欢吃各种常见的蔬菜，愿意吃萝卜。

(2) 乐于参与集体活动，体验与老师、同伴共同游戏的快乐。

指导策略

(1) 在班级中创设“兔姐姐蔬菜店”的游戏环境，投放常见的蔬菜实物以及蔬菜玩具。幼儿不仅可以在区域活动时游戏，也可以在过度环节中到这里来玩。在餐前活动时教师结合今天的食谱为幼儿介绍当天吃的蔬菜。

(2) 创设温馨的进餐环境，教师扮作兔姐姐，用拟人化的语言鼓励幼儿吃萝卜以及其他蔬菜，使幼儿在轻松愉快的氛围中进餐。

(3) 教师利用兔姐姐的身份贯穿于一日活动中，调动幼儿参与活动的积极性，与幼儿共同游戏。

2. 区域活动

活动目标

(1) 乐于参与游戏活动，体验与老师、同伴共同游戏的快乐。

(2) 学习使用胶棒粘贴蔬菜娃娃。

活动材料

(1) 投放常见的蔬菜实物以及蔬菜玩具。

(2) 美工区：纸质的半成品粘贴材料，如：剪好的眼睛、嘴巴，胶棒；橡皮泥及相应的工具。

(3) 图书区：关于水果蔬菜的图书，《拔萝卜》等。

活动指导

(1) 鼓励蔬菜店的幼儿大胆与人交流，购买蔬菜，学说：“你好，我想买××。”

(2) 引导美工区的幼儿通过粘贴制作蔬菜娃娃，引导幼儿展示自己的作品，获得成功的体验。指导能力强的幼儿使用橡皮泥，用团圆、压扁、搓条方法来制作五官。幼儿也可以到“兔姐姐蔬菜店”购买蔬菜店后制作成蔬菜娃娃。

(3) 指导图书区的幼儿一页一页地翻看图书，认真倾听老师讲故事。

(4) 鼓励幼儿大胆介绍自己今天的游戏内容，重点评价美工区的粘贴作品。

3. 教育活动《好吃的萝卜》

活动目标

(1) 通过摸、看、尝等不同方式，感知探索萝卜的外形、颜色、味道是不同的，了解萝卜有很多品种。

(2) 知道吃萝卜有利于身体健康，愿意吃萝卜。

活动重难点

(1) 活动重点：运用多种感官感知萝卜。

(2) 活动难点：用语言表述自己的想法。

活动准备

(1) 物质准备：萝卜、白萝卜、樱桃萝卜、暗箱三个。

(2) 知识经验准备：孩子知道萝卜，说不清每种萝卜正确的名字，不爱吃萝卜。

活动过程

(1) 开始部分,教师借助“兔姐姐”的角色导入活动。

兔姐姐告诉我们一个好消息:蔬菜店里进了新菜,大家猜猜是什么菜?

(2) 基本部分,感知萝卜。

① 请幼儿在暗箱里摸一摸,说一说,猜一猜。

——摸上去是什么感觉(硬硬的、长长的、圆圆的、光滑的、凉凉的)。

——猜猜你摸到的是什么呀?鼓励幼儿用语言表达自己的想法。

在这一环节共提供三个暗箱,每位老师负责一个,幼儿可以自选一个来摸。

② 兔姐姐把萝卜拿出来,大家看一看,引导幼儿用语言表述出来这些萝卜哪里不一样?(提示:颜色、形状不同。)

③ 兔姐姐最爱吃萝卜,也请你们尝一尝。兔姐姐拿出切好的小块萝卜,请孩子们自己选择,自行品尝。请孩子说出:你吃的是什么萝卜?什么味道的?在这一过程中有目的地观察平时不爱吃萝卜的幼儿的表现,鼓励他们进行品尝。

④ 请幼儿说一说萝卜的其他吃法。请食堂的阿姨给幼儿讲一讲,萝卜还可以怎么吃,出示菜肴的图片,调动幼儿想吃萝卜的愿望。

⑤ 把萝卜送给阿姨,让她做成好吃的菜给小朋友吃。

(3) 结束部分,兔姐姐蔬菜店里没有萝卜了,咱们一起帮兔姐姐拔萝卜吧。活动自然结束。

4. 户外活动《拔萝卜》

活动目标

(1) 在跑、跳的游戏中,能够较平稳地控制自己的身体。

(2) 喜欢参加体育活动,感受运动游戏带来的快乐。

活动准备

(1) 胡萝卜、白萝卜若干,均匀地分布在场地上。

(2) 皮球、大小不同的自制软包、小型塑料圈。

活动过程

(1) 准备活动

教师与幼儿共同念唱儿歌《小白兔》,做头部、上肢、弯腰、屈膝、向上跳跃的动作。

(2) 集体游戏

①《拔萝卜》:教师与幼儿共同扮作小兔子,模仿小兔子跳。

② 教师介绍活动场地,和幼儿一起观察场地上的萝卜。

③ 教师与幼儿一起跳到萝卜地里拔萝卜,每人一个。

④ 幼儿展示自己的萝卜,向老师和同伴介绍自己拔的萝卜。

⑤ 第二遍游戏引导幼儿拔与上次不一样的萝卜。

(3) 分散活动

① 引导幼儿根据自己的喜好选择玩具,使用后放回原处。

② 在游戏中指导幼儿使用小塑料圈玩开汽车、钻圈、滚圈等不同的玩法。

（4）放松活动

和幼儿一起散步，到幼儿园的种植园地观察各种植物以及它们的果实。

案例来源：北京市丰台区花城幼儿园　安琳.

三、学前儿童健康教育活动的组织形式与基本方法

（一）学前儿童健康教育活动的组织形式

适宜的活动组织形式是达成教育目标的重要因素。学前儿童健康教育活动可以采取多种组织形式，在具体开展活动时依据活动内容和幼儿的学习需要，灵活选择或整合集体、小组和个别学习等活动形式，为幼儿提供多样化的学习机会与条件，激发并保持幼儿的活动兴趣。

1. 集体活动

集体活动是指教师有目的、有计划地组织的、全班幼儿共同参与的教育活动，包括教师预测成的和生成的教育活动。这种形式的优点是有利于教师在短时间内可以集中地向幼儿提供共同经验，活动效率较高，有利于保证健康教育活动的系统性和条理性。如全班一起学习接力跑的方法或集体参观消防队等。但由于集体活动是全班一起进行的活动，人数众多，因此难以兼顾幼儿的个体差异和个性化需要。

2. 小组活动

由部分幼儿组成小组一起进行的教学与学习活动。在开展活动时，可以依据幼儿的年龄、兴趣和能力等，把全班幼儿分成若干小组，有针对于同一问题开展的小组活动，也有针对不同问题同时开展的小组活动。小组活动可以增加幼儿与同伴和教师互动的机会，有利于每个幼儿充分参与活动，更多地进行材料的操作，便于教师观察、了解幼儿之间的个别差异并进行指导，有利于幼儿主动发展。

3. 个别活动

个别活动的目的在于满足不同个体的学习需求，让幼儿可以按照自己的兴趣特点、发展速度、认知风格去探索周围的世界，有利于激发幼儿参与活动的主动性与积极性。但在教育实践中，教师面对的是个别幼儿，教育效率较低，因此需要与其他组织形式配合使用。

总之，上述三种组织形式各有利弊，因此，在实际组织活动中，应按照活动目标、内容、要求的不同，灵活选择组织方式，从而使学前儿童健康教育活动取得最佳效果。

（二）学前儿童健康教育活动的基本方法

在组织学前儿童健康教育活动时，可以根据幼儿的身心发展特点、学习规律以及健康教育的目的与内容选择不同的教育方法。在学前儿童阶段，常用的方法有以下几种。

1. 游戏

游戏是学前儿童的基本活动，在学前儿童教育中占有极为重要的地位。在开展学前儿童健康教育活动时，将健康教育的内容融于游戏易于儿童接受和理解，可以最大限度地调动儿童的积极性，发挥儿童的主动性，优化教育效果。如在身体健康活动《洗洗小汽车》中，教师将洗脸转化为“洗汽车”的游戏，创设相应的情景，让儿童在轻松的游戏中学习洗脸的方法，并且养成主动洗脸的好习惯。再如，开设《小水吧》的交往游戏区，在情境游戏中不仅培养了儿童的社会交往能力，更使儿童了解了不同的水对身体的功效，养成爱喝水的好习惯。

2. 亲身体验

儿童学习以直接的经验学习为主。通过让儿童亲身体验、实际操作，可以使教育活动生动有趣，提高儿童的参与性。例如，营养教育活动中，可以让儿童参与制作食物的过程，如洗菜、择菜、切菜等，通过儿童的实际操作，可以加强幼儿对于食物的喜爱，丰富关于食品的经验。

3. 动作练习

儿童生活技能和健康行为的养成，需要反复的练习才能形成稳定的动作和行为习惯。例如，正确的洗手方法、衣物的穿脱与整理、使用筷子的方法等，都需要在家长与教师的反复指导下，才能真正掌握。但要注意不能进行一味的技能练习，应通过儿童喜爱的方式予以开展。

4. 讨论

讨论是教育活动中经常使用的方式，通过教师与儿童的问答或者同伴之间的讨论，可以激发儿童结合问题进行积极的思考，加深儿童对问题的理解，也可以帮助儿童尊重他人的观点和情感。例如，安全教育活动《陌生人来了怎么办》，教师可以组织幼儿讨论，在讨论中，儿童可以学习、总结不同的做法，丰富他们的生活经验。

此外，还可以采用多媒体、参观、访问等方式开展学前儿童健康教育活动。这些方法都有各自的优势与局限，教师在组织健康教育活动时，可以综合采用多种方式，以调动儿童学习的兴趣，培养儿童的健康行为。

第二节　学前儿童健康教育活动的实施途径

学前儿童健康教育目标的达成最终在于将设计的各类健康教育活动进行实施，付诸于实践。本部分主要就学前儿童健康教育在实施过程中需遵循的原则及要点进行阐述。

一、学前儿童健康教育活动的实施原则

1. 日常性原则

学前儿童健康教育的目的在于培养学前儿童良好的健康习惯与健康的行为。然而，良好习惯的培养与行为的养成不是一蹴而就的，需要在日常活动中持之以恒不断地学习、培养、巩固提高，从而逐步形成自觉的行动。特别是一些直接关系到学前儿童每日生活质量的事情，例如，不挑食、不偏食、主动饮水、饭前便后洗手等均是学前儿童每日生活的重要组成部分，因此更应在日常生活中加以重视。

2. 适宜性原则

适宜性原则是指组织的学前儿童健康教育活动符合儿童的年龄特征和身心健康发展的需要，利于每个儿童全面、和谐地发展。不同年龄段的儿童身心发展各异，因此在开展学前儿童健康教育活动时要选择适宜儿童的内容和材料。如同样是认识人体的活动，小班主要是知道名称与部位以及最基本的保护要点；中班则是了解器官或某部位的主要功能，知道如何保护；大班是初步了解器官或某部位的结构，知道为什么要保护以及如何保护。再如准备材料时，小班幼儿多是平行游戏，因此提供的玩具应该是同品种的数量多一点。中大班幼儿象征性游戏水平较高，提供的材料可以是低结构的，适宜一物多玩的。

3. 全面性原则

全面性原则是指从“身体健康—心理健康—社会适应”三维健康观出发对学前儿童进行全面的健康教育。在具体实施健康教育时，不应把健康教育仅仅局限于体育锻炼或是常识教学，应该关注到幼儿健康行为养成的方方面面，不可顾此失彼。此外，在实施具体教育活动时，除了关注到内容的全面性，还应在形式和方法上考虑全面性的问题。

4. 保教结合原则

学前儿童年龄较小，缺乏生活经验，生活技能不够熟练，自我保护以及服务与管理的能力较差。因此，在开展学前儿童健康教育活动时，不仅应重视教育，还应给予幼儿耐心、细致的保育，做到保教结合，保中有教，教中有保，才能保证幼儿健康教育的最佳效果。

5. 三位一体原则

学前儿童作为一个独立的个体，在其发展的过程中，社会、家庭、学前教育机构都对其有着不同程度的影响。因此，实施学前儿童健康教育活动必须与家庭、社会健康教育密切结合，充分发挥三者各自的积极作用，三者互相协调、互相配合、互相补充，使健康教育产生更为显著的教育效果。

二、学前儿童健康教育活动的实施途径

(一)在日常生活中渗透健康教育

学前儿童健康教育的出发点和归宿点是培养儿童的健康行为。学前儿童健康教育的内容丰富,涉及学前儿童生活的全部范畴,正如我国著名儿童教育家陈鹤琴所说:"儿童离不开生活,生活离不开健康教育"。在某种程度上可以说,学前儿童健康教育就是生活教育。然而学前儿童健康行为的养成是一个循序渐进的过程,因此应当在幼儿一日生活中渗透健康教育理念,实施健康教育策略,逐步培养幼儿的健康行为。

1. 利用一日生活环节实施生活习惯养成教育

学前儿童健康教育活动的许多目标与儿童一日生活的各个环节密切相关。因此,要妥善利用日常生活中的每一个环节,对儿童进行适时的教育。可以利用日常生活中的洗手、喝水、如厕等环节,及时对学前儿童进行良好生活习惯养成教育。例如,洗手时利用示范、儿歌等引导儿童逐步掌握正确的洗手方法;进餐后指导儿童清洁自己的桌面提高自我服务能力。还可以利用生活环节对健康教育活动进行拓展,如就餐前介绍食谱,进行营养饮食活动的延伸教育,结合漱口环节加强牙齿健康教育活动的功效等。总之,一日生活中的各个环节都蕴含着许多学习与发展的机会,良好的生活习惯养成教育需要在日常生活中逐步形成(见表 2-2)。

表 2-2 某幼儿园小班作息表

时 间	环 节	时 间	环 节
7:30~7:50	晨间活动	11:20~12:00	午餐
7:50~8:00	餐前准备	12:00~14:30	午睡
8:00~8:30	早餐	14:30~15:00	起床、午点
8:30~9:15	区域游戏	15:00~15:30	区域游戏
9:15~9:35	教学活动	15:30~16: 10	安静游戏、户外活动
9:35~10:00	如厕、洗手、喝奶、喝水	16:10~16:20	餐前准备
10:00~10:15	课间操	16:30~17:00	晚餐
10:15~11:00	户外活动	17:00~17:30	离园
11:00~11:20	安静游戏、餐前准备		

【延伸阅读】

餐车上的笑脸

每到 9 月,新的孩子来到幼儿园,有的哭闹不止、有的充满好奇、有的充满恐惧,面对这些孩子,我们的要求是统一的:"不要哭了、要听老师的话、要知道什么时候洗漱了……"每

个幼儿都要按照我们成人的意愿养成好的行为习惯，但是这样做的后果是不但常规没有养成，而且还在一定程度上影响了孩子的情绪。一些孩子吃饭总是喜欢在碗中剩下一些，如果是在家里，家长是不会要求孩子吃干净的，但是，在幼儿园里，就要培养孩子节约粮食的好习惯。但是一味地要求对于刚刚 3 岁的小班孩子来说起不了多大的作用，所以我会在餐车上贴上一个笑脸、一个哭脸，然后告诉孩子们，要把干干净净的碗放在小笑脸这一边，而碗里还有剩饭的小碗就要放在哭脸的这一边，说明他的小碗不开心了。久而久之，孩子们自然而然地养成了不剩饭、不浪费粮食的好习惯。

【评析】 吃饭是一件快乐的事情。然而对于刚入小班的幼儿来说，他们可能在家中已经形成一些进餐的习惯，如果强制要求他们统一按照要求做事，不仅会导致小班幼儿的恐惧心理，还会对进餐形成逆反心理。教师利用小班幼儿希望得到肯定的心理，运用幼儿理解的“哭脸”、“笑脸”符号，将教育拟人化、游戏化，在潜移默化中培养了幼儿不浪费粮食的良好习惯。

2. 在日常生活中创设健康的教育环境

《纲要》指出“环境是重要的教育资源，应通过环境的创设和利用，有效地促进幼儿的发展”；“幼儿园应为幼儿提供健康、丰富的生活和活动环境，满足他们多方面发展的需要，使他们在快乐的童年生活中获得有益于身心发展的经验”。环境作为一种隐性课程有着重要的教育价值，对学前儿童各方面的发展亦有着重要的影响。在实施健康教育活动时，应重视在日常生活中为儿童营造健康教育的氛围，使儿童在潜移默化中习得健康行为。

在开展学前儿童健康教育时，可以结合不同的目标创设相应的墙饰，利用墙饰的提示、教育功能，使学前儿童逐步形成良好的生活习惯。例如：饮水桶旁边的墙饰（如图 2-3 所示）可以提醒幼儿多喝水，盥洗室墙面上的“刷牙三分钟图示”（如图 2-4 所示）可以告知学前儿童正确的刷牙方法。图 2-5 和图 2-6 是班级安全和鼓励幼儿劳动的墙饰。

图 2-3　饮水墙饰

图 2-4　正确刷牙的墙饰

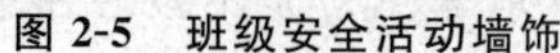
图 2-5 班级安全活动墙饰

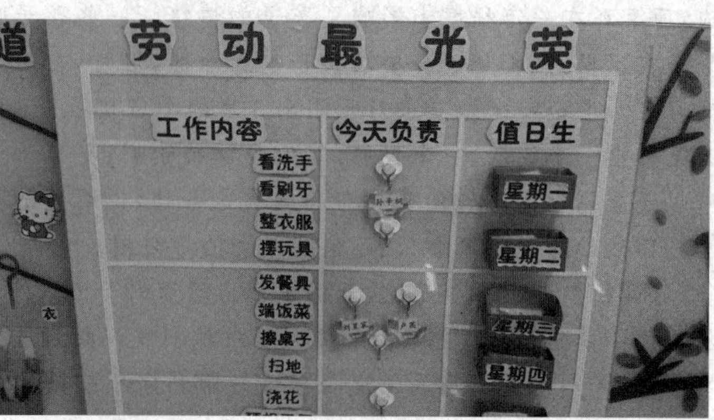

图 2-6 班级值日生墙饰

3. 创设温馨的精神环境

《纲要》中指出:“教师的态度和管理方式应有助于形成安全、温馨的心理环境;言行举止应成为幼儿学习的良好榜样。”宽松、愉悦的精神氛围可以给予学前儿童安全感,使其全身心地投入活动,使活动达到最优状况。在开展健康教育活动时,更应充分重视精神环境的构建,营造理解和谐的氛围,使儿童在温馨友爱的环境中形成健康的人格(如图 2-7 所示)。和谐的精神环境包括以下几个要素。

(1) 建立平等的师幼关系。

(2) 创设关爱的情感环境。

(3) 尊重幼儿的年龄特点与学习特点。

(4) 关注幼儿的个性化需要。

(5) 争取家长的理解、支持与主动参与。

图 2-7 温馨、舒适的娃娃家

（二）开展健康教育活动

日常生活中的健康教育是学前儿童健康教育活动实施的重要途径，但对于一些幼儿不太容易理解和掌握或需要系统练习的健康行为技能，需要通过教师有计划、有目的地组织教育活动，才能更好地引导与启发幼儿。

1. 组织专门的健康教育活动

专门性的健康教育活动可以更具体、系统地对学前儿童进行健康指导，这是帮助学前儿童获得健康知识，形成健康意识，培养健康行为与习惯的重要途径。可以围绕健康领域的某一个目标开展健康教育活动，也可以整合其他领域开展健康教育活动。

在开展专门性的健康教育活动时，教师要避免以说教的方式开展活动，变传授者为幼儿学习的合作者、参与者和引导者，重视活动过程中积极的师幼互动，以调动学前儿童的积极性。同时，要注重科学合理地安排教育活动的组织形式和方法并予以灵活运用，寓教育于活动、游戏之中。

2. 围绕某一健康主题开展健康主题活动

健康主题活动能够促进儿童认识事物的整体性与系统性，使儿童对于某一主题形成较为完整的经验与体验。例如，开展"爱吃蔬菜"的活动，可以让幼儿在种植区亲自种植、采摘蔬菜；可以让家长带儿童到农贸市场认识各种各样的蔬菜；可以让幼儿参与制作蔬菜菜肴的过程；还可以利用部分蔬菜开展拓印、装饰活动。但需注意，在开展主题活动时，要考虑各个活动之间的内在联系和价值关联，切勿将主题活动做成"拼盘式"活动。

3. 重视健康领域与其他领域的融合

《指南》中提道："儿童的发展是一个整体，要注重领域之间、目标之间的相互渗透和整合，促进幼儿身心全面协调地发展。"因此，无论是开展专门性的健康教育活动还是组织健康主题活动，都需重视健康领域与其他领域的融合。一方面，其他领域的学习可以帮助促进学前儿童身心健康发展，实现健康教育的某些目标，如通过歌唱、表演活动，可以抒发学前儿童内心的情感，培养其积极的情绪情感；通过绘画、手工制作，可以促进儿童的小肌肉动作发展；通过科学活动，让学前儿童探索人体的结构、蔬菜的生长，增长儿童的健康知识。另一方面，学前儿童健康教育活动的实施离不开其他领域特有的教育形式的配合，如朗朗上口的儿歌、童谣，栩栩如生的画面，生动活泼的绘本等，都是开展健康教育活动的重要媒介。

（三）家园合作

教育是一项系统工程，学前儿童教育亦是如此。在影响学前儿童成长的诸多因素中，家庭无疑对学前儿童的发展发挥着最为直接、最为深远的影响。可以说，学前儿童健康行为的养成与家庭有着密不可分的关系。家庭是学前儿童个人卫生习惯、饮食习惯等诸多生活习惯养成的重要场所，如果仅仅依靠学前教育机构开展健康教育而不重视家庭教育的配合，那么儿童健康行为的养成将事倍功半。学前教育机构可以适时开展家长沙龙或家长指导讲座，讲授有关的健康知识，更新家长的观念，提高家长的科学育儿水平。此外，学前教育机构可以充分挖掘、利用家长资源，如请做医生的家长参与班级活动，指导儿童如何预防疾病等。总起来说，要培养学前儿童的健康行为必须充分认识到家庭教育的重要性，主动寻求家庭的支持与配合，全方位地促进学前儿童的身心健康发展。

【延伸阅读】

创设良好环境　幼儿快乐进餐

进餐是幼儿在园一日生活的重要内容，幼儿只有吃好了，才有精力参与幼儿园其他丰富多彩的活动。我们发现，进餐环境对进餐质量有着关键性的影响，尤其对小班幼儿而言，环境的作用更为显著。那么，怎样为小班幼儿营造一个适宜的进餐环境，让他们充分享受进餐过程，进而养成良好的进餐习惯呢？在实践中，我们总结出了一些经验。

1. 组织有利于稳定幼儿情绪的餐前安静游戏

一天，户外游戏活动刚结束不久，就到了午餐时间。我们发现那天午餐时幼儿显得特别兴奋，甚至有些浮躁。幼儿带着兴奋的情绪进餐，不仅不利于食物消化，而且无益于良好饮食习惯的养成。因此，如果餐前安排了快节奏的活动，我们会组织一个安静的过渡活动，如手指游戏、谈话活动或给孩子讲一段故事，以稳定幼儿的情绪，然后再引导他们进入用餐环节。比如，我们会根据当日食谱组织一个谈话分享活动，引导幼儿说说今日食谱中各种食物的样子和味道，有时还会和幼儿一起猜想一下，今天的菜肴中会不会有橙色的胡萝卜、船一样的豆荚、云朵一样的木耳……实践证明，这样的谈话活动有助于增进幼儿的食欲。

2. 营造舒适的进餐环境

小班幼儿喜欢游戏化的情境，为此我们在餐厅环境创设上花了一番心思。我们将原本独立摆放的桌子拼合成两张长餐桌，一来让幼儿感受到用餐环境与日常活动环境的不同，能满怀欣喜地期盼着快乐的午餐时间；二来可以让幼儿和尽可能多的好朋友坐在一起，放松心情享受美好的午餐时光。我们铺上漂亮的桌布，还播放一些节奏舒缓、柔美的钢琴曲，如《爱的序曲》、《天堂的大门》。音乐仿佛有种神奇的魔力，幼儿于不知不觉中降低了说话声音，惬意地享受着进餐的愉悦。到后来，幼儿还会把自己喜欢的音乐推荐给大家，在进餐时和小朋友一起分享。总之，我们尽力为幼儿营造一个温馨的用餐氛围，让幼儿保持一种轻松愉快的用餐心情，同时体验到集体生活的快乐。

3. 不勉强幼儿吃不爱吃的食物

面对幼儿的偏食现象，我们曾经用尽各种激励方法，试图引导幼儿爱上自己原本不爱吃的食物。但我们发现，虽然幼儿会为了赢得教师的表扬强迫自己吃，但他们总是皱着眉头、咧着嘴，表情很痛苦，还会违心地说“我爱吃”。幼儿在教师竖起的大拇指的诱导下学会了伪装，这样的教育其实是失败的。

慢慢地我们转变了观念，开始思考：为什么非要逼迫幼儿吃他们觉得味道怪怪的芹菜、香菇呢？这些食物中的营养素在别的食物中就没有吗？鉴于这样的观念，现在我们遇到幼儿不喜欢吃某种食物，会建议他们少量吃一些，但不会要求他们必须吃完。我们对幼儿说：

"如果遇到自己不爱吃或是不想吃的食物，可以告诉老师，老师会给你少盛一点，但不能一点都不吃，因为这些食物对身体有好处。"有的幼儿会把自己不爱吃或吃不完的食物偷偷扔到座位下面，一旦发现这种现象，我们就会和他们谈心，让他们了解到，自己有不爱吃的食物是一件很平常的事，如果不想吃或吃不了可以事先告诉老师，但扔掉是不对的，不可以浪费。同时，我们也向家长传递这种饮食观念，并和家长一起收集资料，让孩子了解不同食物的营养价值，幼儿园则想方设法丰富食物品种，以保证幼儿营养均衡。就这样，幼儿吃得很快乐，家长也不会因为孩子不爱吃某种食物而着急了。

在进餐量上，我们也不勉强幼儿。我们发现幼儿通常不愿意饭菜盛得太满，因为怕自己吃不完。他们宁愿多添几次，还可以自豪地宣告"我吃了两碗"。因此，给幼儿盛的第一碗饭要适量，以便留出机会让幼儿自己去添饭，幼儿的压力小了，反而吃得更好了。

4. 以平常心对待进餐中的小插曲

小班幼儿手部控制力不足，经常会出现撒饭、洒汤的情况。发生这样的情况，幼儿会很紧张。其实幼儿的紧张背后反映出的是教师对此事的态度。我们曾经也忍住怒气一遍遍地对幼儿强调："请你把桌子擦干净，把小胸脯贴着桌子一口菜、一口饭地吃。"这其实是一种"礼貌性的强迫"，幼儿完全会从教师的态度中感到自己"犯了错"，因此会紧张惊慌。作为教师，我们应改变态度，以平常心对待这类进餐中的小插曲，理解幼儿，知道他们已经非常努力，他们是在不经意中把饭菜撒出来的。在幼儿还没有能力自己收拾残局的情况下，教师要像妈妈一样帮助他们一起收拾，还要对他们说："没关系的，用布擦干净就好了。"教师还可以多加示范，以帮助幼儿习得正确的坐姿和用勺方法。

资料来源：北京市石景山区实验幼儿园　孙涛，邬婧.

【复习要点】

◆ 你能回答吗？

1. 你知道学前儿童健康教育活动设计的基本结构有哪些吗？
2. 学前儿童健康教育活动的组织形式有哪些？
3. 你知道学前儿童健康教育活动的基本方法有哪些吗？
4. 学前儿童健康教育活动的原则是什么？
5. 你知道学前儿童健康教育活动的实施途径有哪些吗？

◆ 思考与练习

根据学前儿童的年龄特征，设计一个主题类健康教育活动。

第三章 学前儿童身体保健和生活自理能力教育

本章知识点

1. 学前儿童生活常规教育的培养。
2. 学前儿童生活自理能力的培养。
3. 学前儿童身体发育与保护教育。

学前儿童身体保健和生活自理能力教育能够促使学前儿童养成良好的生活习惯，掌握基本的生活知识、规则和技能，从而提高学前儿童的生活质量，是健康教育的重要内容。本章重点介绍学前儿童生活常规教育、学前儿童自理能力教育、学前儿童身体发育与保护教育。

【小故事】

我们的孩子缺什么

“妈妈！妈妈！我要出去玩了，帮我穿鞋鞋。”“爸爸！我肚子饿了想吃饭，你喂我！”“阿婆……我找不到玩具，你帮我拿。”如果你家的小宝贝像小少爷，总是“衣来伸手、饭来张口”，凡事都要他人代劳，那么家长就要反思自己的教育方法了。

通过对中国家庭的观察可以发现，孩子的生活自理能力通常都很弱。专家解释，原因可能在于父母没给孩子学习的机会。以中国人的传统价值观而论，多数父母对待子女会采取宠溺的态度，再者受到会念书才有出息的观念影响，许多父母会认为：“孩子只要念好书就好，生活琐事自然有长辈代劳。”久而久之，导致孩子的生活自理能力低下。在父母们的“周到”服务、“严密”保护中，孩子的自主行为大大减少，对成年人的依赖性越来越强。有的父母在孩子遇到困难时，不是鼓励他通过自己的努力去克服，而是无原则地包办代替，将困难、问题一一代劳，让孩子不费脑筋地步入坦途，在孩子成长的道路上起了“拐杖”作用，而孩子一旦离开了这把“拐杖”，便寸步难行。

思考：阅读完上述材料，你如何看待这个问题？幼儿园又该如何去做呢？

资料来源：青岛新闻网．http://www.qingdaonews.com.

第一节 学前儿童生活常规教育

生活常规是指学前儿童在幼儿园的一日生活中应遵循的制度、规定。学前儿童生活常规教育是学前儿童生活教育中最基础、最重要的内容。儿童的生活、游戏、教育活动若要正

常开展，离不开常规的建立。建立良好的常规，不仅能够保证儿童有一个良好的集体生活环境，也有利于儿童养成良好的行为习惯。

一、学前儿童生活常规教育的意义

（一）有利于动力定型的形成

当儿童的一日生活依照一定的顺序多次重复以后，大脑对这些顺序作出的反应也会越来越恒定和精确，到什么时间就知道干什么，这就形成了动力定型。幼儿园对儿童一日生活作出了科学合理的安排，并对各环节提出了常规要求，有利于学前儿童养成良好的生活习惯，建立起动力定型。这样，儿童吃饭时食欲好，睡眠时入睡快，从而有利于儿童的身体健康成长。

（二）有利于学前儿童身体各系统的发育

生活常规教育可以进一步促进学前儿童身体各系统的健康发育。例如，儿童的神经系统正处于生长发育期，容易兴奋也容易疲劳。因此，教师在组织活动时要注意运动量大的活动与运动量小的活动相互配合，兴奋的活动与安静的活动相互交替，这样可以使幼儿的身体各部分轮换休息，以防神经细胞或肌肉的过度疲劳。例如，运动量较大的体育课后，可安排一些运动量较小的活动，如室内区域活动、音乐欣赏、听故事等，不宜继续安排户外游戏等运动量大的活动。

二、幼儿园一日生活作息时间的安排

每天固定的生活、游戏和教育活动安排能帮助幼儿建立起安全感和时间概念，使幼儿的生活、学习有条不紊。因此，幼儿园一旦安排好了作息时间表，就要持之以恒，不能随意更改。在安排幼儿一日生活时，应符合幼儿的生理需要和年龄特点，不能要求幼儿去适应不合理的时间安排。以下是一些重要环节的时间安排要求。

（一）进餐时间

首先，进餐时间最重要的是要定时，这样幼儿会一到时间就感到饥饿。其次，为了使儿童在进餐时有良好的食欲，并且能够做到细嚼慢咽，应保证儿童两餐时间间隔不少于 3 个小时，每次进餐时间不少于 20～30 分钟。

（二）午睡时间

午睡时间根据不同季节以每日 2～2.5 小时为宜。夏季儿童起床早，午睡时间可以适当延长；冬季起床时间较晚，午睡时间可以适当缩短。

（三）自由游戏时间

在幼儿园一日生活中，教师必须保证儿童有充足的自由游戏时间。在日托幼儿园，通常可以安排两小时左右的自由游戏时间。自由游戏既可以在室内进行也可以在室外进行。

需要注意的是，自由游戏并不意味着教师可以“放羊”，教师应根据儿童的兴趣需要，为儿童提供游戏材料，使幼儿能够在游戏中尽情发挥自己的想象力和创造力。教师应是幼儿游戏的观察者与支持者，只有在必要的时候才对儿童给予帮助。

（四）教学活动时间

由于学前儿童神经系统发育尚不成熟，维持注意力的时间有限。因此，在不同的年龄班，教师组织儿童开展集体教学活动的时长应是不同的，通常小班为 15～20 分钟，中班为 20～25 分钟，大班为 25～30 分钟。

（五）户外活动时间

为了使学前儿童有健康的身体与良好的运动习惯，日托幼儿园每天户外活动的时间应不少于 2 小时，寄宿制幼儿园应不少于 3 小时，其中应有不少于 1 小时的体育活动时间。也就是说除了要让幼儿在户外自由游戏外，还应安排专门的体能锻炼，以达到增强幼儿体能的目的。在夏秋季天气好的时候，教师还可以将户外活动延长至 3～4 个小时；在严寒的冬季则可以适当缩短时间。除非遇到恶劣天气，否则教师不能随意取消户外活动。如果幼儿园的户外场地有限，可让各班在不同的时间段轮流使用，以保证每个班级的儿童都能充分地活动身体。

总之，教师应清楚幼儿一日生活作息时间，并坚持执行。新入职的教师可把时间表贴在活动室容易看到的地方，并将一些应注意的细节标注出来，以尽快熟悉幼儿园一日生活流程。表 3-1 是某幼儿园的一日生活作息安排范例。

表 3-1　某全日制幼儿园一日生活作息安排表

时　间	活动安排	时　间	活动安排
7:30～8:00	入园活动	12:00～12:10	散步
8:00～8:30	早餐	12:10～14:15	午睡
8:30～9:00	活动区活动	14:15～14:30	起床（包括穿衣、如厕、盥洗）
9:00～9:10	喝水、如厕	14:30～14:50	午点
9:10～9:35	教育活动	14:50～15:20	教育活动
9:35～10:00	喝水、加餐、如厕	15:20～15:30	喝水、如厕
10:00～10:40	户外活动	15:30～16:20	户外活动
10:40～10:50	喝水、如厕	16:20～16:30	餐前安静活动、如厕、盥洗
10:50～11:15	户外活动	16:30～17:00	晚餐
11:15～11:30	餐前安静活动、如厕、盥洗	17:00～17:15	离园前活动
11:30～12:00	午餐	17:15～17:30	离园

三、学前儿童生活常规教育的目标和内容

（一）学前儿童生活常规教育的目标

幼儿园为学前儿童制订和执行科学合理的生活制度，其目的在于使学前儿童养成良好的生活、卫生习惯，掌握基本的生活能力，并最终形成受益终生的生活方式。

（二）学前儿童生活常规教育的内容

(1) 使学前儿童懂得有规律的生活有益于健康的道理，能自觉遵守幼儿园的作息时间和生活制度，如按时午睡、不影响他人休息、爱护公共卫生等。

(2) 培养学前儿童良好的生活习惯，如主动与他人问好、饭前便后洗手、饭后漱口、早晚刷牙等。

（三）幼儿园一日生活常规要求

幼儿园一日生活常规要求是在入园、盥洗、喝水、进餐、如厕等环节中对学前儿童提出的要求，其目的在于帮助儿童懂得生活的基本知识、规则和技能，形成良好的生活习惯，形成健康的生活方式。

以下是幼儿园各个环节的常规要求，教师在执行过程中应根据班级学前儿童的年龄特点和实际情况加以调整。

1. 入园

(1) 入园时主动向周围的人问好，愉快地接受晨检；

(2) 能在成人的指导下整理好自己的物品；

(3) 入园后安静地玩玩具或看书，能够及时表达自己的需要和想法。晨间活动结束后，自觉将玩具、图书放回原处；

(4) 如果当天是值日生，应提前到园，主动帮助教师整理活动室。

2. 盥洗

(1) 有秩序地盥洗，不拥挤，不打闹，不玩水，保持衣服、地面干爽；

(2) 饭前、饭后、便后或手脏时，能自觉用正确的方法洗手，洗手后用自己的毛巾将手擦干，挂好毛巾；

(3) 饭后、加餐后及时漱口。

3. 喝水

(1) 喝水前自觉洗手；

(2) 按要求接适量的水，安静地把水喝完；

(3) 用个人专用水杯喝水,喝完水把水杯放到原来的位置;
(4) 能够定时喝水,有需要时能够主动喝水;
(5) 剧烈运动后稍事休息再喝水;饭前饭后半小时少喝水。

4. 进餐

(1) 餐前自觉洗手;
(2) 用餐时坐姿端正,左手扶碗,右手拿勺筷;
(3) 细嚼慢咽,饭、菜搭配着吃,不吃汤泡饭;
(4) 愉快、认真地进餐,不边吃边玩,不大声讲话;
(5) 不撒饭菜,保持桌面、地面、衣服干净。用餐后将骨头、残渣放到盘子里;
(6) 将餐具放到指定地点,清理好自己的桌面;
(7) 餐后擦嘴并漱口。

5. 如厕

(1) 有大小便时主动如厕;
(2) 逐步做到大小便自理,能自己脱裤子,能自己擦屁股;
(3) 解便入池,解便时不弄湿自己和同伴的衣裤;
(4) 便后冲水,整理服装,用肥皂洗手;
(5) 大、小便有异常情况时主动告诉老师。

6. 午睡及起床

(1) 安静地走入睡眠室,有序地脱下鞋子、外衣。衣服折叠整齐,摆放到指定地点;
(2) 能配合教师做好午检;
(3) 睡觉时姿势正确,不蒙头睡,不趴着睡,有大小便会自己上厕所;
(4) 起床后,先穿好衣服,最后换好鞋子;
(5) 逐渐学习整理床铺。

7. 活动区活动

(1) 主动选择自己喜欢的玩具或活动;
(2) 遵守游戏规则,爱惜玩具材料;
(3) 活动后将玩具材料分类摆放整齐。

8. 教育活动

(1) 活动中保持坐姿端正,专心倾听别人讲话,不随便插话,积极思考并大胆表述自己的想法;

(2) 正确操作学习用具材料,操作完后放回指定地点并摆放整齐;

(3) 写字、画画时姿势正确,上身与桌子保持适当的距离,双脚自然平放,上身不歪斜,眼物距离适当,握笔姿势正确;

(4) 搬椅子时一手握椅背，一手托椅身，轻拿轻放，尽量不发出声音。

9. 户外活动

(1) 活动前整理好自己的着装；
(2) 懂得有序上下楼梯，不推不挤；
(3) 做操时，听到做操音乐迅速排好队，认真做操，眼睛看老师示范，动作到位；
(4) 器械活动时，正确使用活动器械，不争不抢，按活动规则安全活动；
(5) 活动中有自我保护意识，身体不适时能主动告诉老师。

10. 离园

(1) 离园前，整理好自己的仪表、物品，把椅子放在指定的地方；
(2) 离园时能主动跟老师、小朋友说“再见”，跟家长一起离开幼儿园。

四、学前儿童生活常规的建立与培养

(一) 让学前儿童参与常规的制订

教师需要对学前儿童说明“常规是幼儿园生活的一部分，如果没有常规，生活将会非常混乱，每个人都有责任维护好大家共同制订的常规，这样才会形成一个快乐的集体。”在每学期开始的时候，教师可以和学前儿童一起商讨集体应共同遵守的常规要求。

(1) 别人说话时要认真倾听；
(2) 听从老师的指令；
(3) 在教室里轻轻走路，不大声喧哗；
(4) 关心和照顾班上的其他小朋友；
(5) 玩具玩完放回原处。

对于一些重要的常规要求，教师可以让学前儿童用图画等方式表示出来，张贴在教室最醒目的位置，这样做一方面有利于儿童记住常规内容；另一方面也能对儿童起到提示的作用。注意，把最重要的一些常规张贴在教室里就可以了，不能太多。如果张贴的常规太多，儿童会感到行为受拘束，产生逆反心理。

让学前儿童参与常规的制订很重要，这样他们会更加容易记住并遵守。例如儿童在教室里大声喧哗时，教师可以提醒儿童：“你还记得咱们在开学的时候一起制订的要求吗？在教室里应该怎样说话？对了，应该小声说话。”

学期末，教师可以和儿童再次商讨，哪些常规是要继续坚持的，哪些已经不起作用了，需要重新调整。

(二) 培养常规要做到持之以恒、前后一致、一视同仁

学前儿童的自控能力较差，各种行为习惯还在形成之中，很可能昨天表现得很好，今天

却又出现了退步。因此,在贯彻常规时教师要做好打“持久战”的思想准备,要明白学前儿童良好的行为习惯是长期培养的结果。

在培养常规的过程中,教师不仅要做到持之以恒,还要做到前后一致、一视同仁。学前儿童常常会故意作出一些行为来测试成人的底线,如果教师的要求前后不一致,或者对某些儿童要求松,对某些儿童要求严,那么常规或教师对他们来说就没什么威信,他们的负面行为就会越来越多。

在培养常规的过程中,当学前儿童表现出良好的行为时,教师要及时给予赞赏,以起到正向强化的作用。当然,教师对儿童行为的赞赏也要适时适度。如果教师天天都对儿童说:“你真棒!”那么儿童会逐渐不在乎教师的赞扬,有时甚至会起到相反的效果。

除了赞扬外,教师还应该让儿童知道不良行为会带来哪些不好的后果。用行为的后果教育儿童,可以帮助儿童认识到要对自己的行为负责,并逐渐增强自我控制力。教师最好在儿童出现不良行为之前就提醒幼儿,并指出教师期望的行为是什么样子的。

(三)注重成人的榜样示范

教师自身的行为是学前儿童学习的榜样。如果教师鼓励儿童用某种方法洗手,而自己却不那样做,儿童就不会采用这种方法洗手。儿童就像一台摄像机,总是根据他们所观察到的来调整自己的行为。

此外,教师还要意识到,自己的情绪状态决定着班级的氛围是轻松愉快的,还是紧张沉闷的。教师拥有绝对的力量可以使儿童感到快乐和幸福,也可以使儿童感到难过和痛苦。因此,一名称职的教师不管在什么情况下都应该找到适合的方式来化解冲突,安抚儿童的心灵。那种把责任归咎于儿童,让儿童认为自己无药可救的行为是不可取的。

【延伸阅读】

幼儿园教师随笔

飞飞刚入园时,每当午饭后就哭闹着说:“我不睡觉,我就不睡觉。”谁劝也不听,只要一提睡觉,他就大喊大叫。

我想,这是他不习惯集体生活。于是,我先不强求他午睡,而是跟他一起玩玩具。我特意拿来一个娃娃,把它放在小床上,盖好被子,说:“娃娃真乖呀,吃饱了就来睡觉,睡醒了老师给你演木偶戏。”谁知飞飞很敏感,立刻说:“老师不许说我。我就不睡觉。”我觉察到我的话引起了他的反感,就改变了办法,自言自语地说:“小朋友们都睡觉了,他们睡的时候是闭着眼睛,还是睁着眼睛呢?我真想去看看。飞飞,你愿意陪我去看看吗?”飞飞点头同意了。

寝室里很安静,我轻声对飞飞说:“你看元元张着小嘴睡,明明有点打呼噜,丽丽还笑呢,真有意思呀。”说完,我把他领到自己的床边,让他坐在床上看小朋友睡觉。过了一会儿,我对他说:“坐着看多累呀,咱们躺下看好不好?”飞飞顺从地躺在床上。我说:“鞋那么脏,穿着鞋把新床单都弄脏了,咱们脱了鞋,躺着看吧。”飞飞脱了鞋躺在床上东张西望,室内一点声响也没有,只听到均匀的呼吸声,不一会儿飞飞的眼睛就开始打架,慢慢地进入了梦乡。

第二天午饭后，飞飞主动提出要进入寝室看小朋友睡觉。第三天，飞飞午睡时，听从我的意见，把外衣脱掉，盖着被子看小朋友睡觉……几天以后，飞飞愉快地对我说："老师，我也和小朋友一起睡觉吧。"就这样，飞飞很快养成了按时午睡的习惯。

资料来源：幼儿园快乐与发展课程编写组．幼儿园快乐与发展课程教师指导用书——小班[M]．北京：北京师范大学出版社，2004.

（四）帮助学前儿童提高自我管理能力

学前儿童年龄小，自我控制能力较差，容易兴奋和冲动，在幼儿园的一日生活中难免会出现不遵守常规的情况。例如，在盥洗室里与小朋友推搡、打闹，教师讲话时不认真听、破坏教学秩序等。教师可以根据不同的情况采取不同的策略加以应对，帮助学前儿童提高自我管理能力。

例如，教师可以用语言及时制止儿童的行为并提醒儿童遵守常规要求。这种方法既适用于对集体儿童的指导，也适用于对个别儿童的指导。通常有经验的教师可以提前预见将会出现哪些问题，事先提醒儿童，从而做到防患未然。

对于自我控制能力较差的儿童，教师可以有意识地坐在他们身旁，通过近距离的交谈或者眼神、肢体的提示帮助他们维持注意力。如果该儿童的行为已经严重影响了其他儿童的学习和生活，教师则应带儿童暂时离开，与儿童进行深入的交谈，等其恢复平静后再回到集体中。

【延伸阅读】

小班幼儿生活常规的培养

常规就是幼儿必须遵守的日常生活规则。它是幼儿园为了使幼儿的生活内容丰富而有规律，调动幼儿在一日生活活动中的主动性、积极性，培养自主性和独立性而采取的措施。它把一日生活活动中对幼儿的基本要求规范化、固定化、制度化，让幼儿知道什么时候可以做、什么时候不可以做、应该怎么做、不应该怎么做，借以形成幼儿一系列神经联系，提高动作的自动化程度，减轻幼儿在日常生活中不必要的紧张。特别是对于小班幼儿，规范的生活常规和良好的生活习惯是他们学习知识、掌握技能的基础和前提。同时，幼儿期也是培养幼儿良好习惯的关键时期，因此幼儿园必须重视幼儿常规的培养，特别是从小抓起，从幼儿的生活常规抓起。那么？我们该怎样去培养小班幼儿的生活常规呢？

1. 帮助幼儿了解"良好生活习惯"的概念

要培养幼儿良好的生活习惯，首先要让幼儿形成正确的概念，了解什么是良好的生活习惯。小班幼儿年龄小，在家都是父母的心肝宝贝，不管做什么事情都会有家长包办，根本不需要自己动手，因此他们不了解哪些是需要养成的生活习惯，哪些是良好的生活习惯，对于许多生活习惯的正确与否就更没有准确的概念。因此，教师首先需要为幼儿传授有关生活常规的概念，如吃饭前要洗手、睡觉时要把鞋子放整齐、小椅子要轻拿轻放、玩具要放回原处，等等。幼儿只有在明白了这些概念以后，才能学着遵守生活常规，养成良好的生活习惯。当然，在帮助幼儿了解这些概念时，教师也要采用一定的方法，如：故事讲述法、观察录像法、成人示范法、游戏活动法，让幼儿在有趣的活动中认识正确的生活习惯。

2. 教师应注重自身习惯的养成，为幼儿树立榜样

在幼儿园里，老师在幼儿心目中的地位很高，因此幼儿是最爱模仿老师的，老师的一举一动、一言一行都很容易被他们模仿。因此，老师平时的一些好的、坏的生活习惯以及平时所讲的话，和一些口头禅都会在无形中被幼儿模仿，小班幼儿的年龄小，对事物的分辨能力较差，所以老师的一些不良习惯与话语都会给他们的常规培养带来不良影响。比如，我们平时经常教育幼儿要爱惜粮食，吃饭时饭菜都要吃完，不能乱扔，不能倒掉，而我们自己吃饭时总会倒掉一些饭菜，这时候，幼儿看在眼里，也会无所顾忌地将饭菜倒掉，由此可看出老师的榜样作用非常重要。所以，教师在面对孩子时，应该更加严格地要求自己，在任何时候、任何情况下都应该为幼儿树立良好的形象和榜样。只有这样，孩子的常规培养才会更加严谨有序。

3. 注重幼儿生活常规的培养方法

小班幼儿年龄小，自控能力差，他们不能像中大班的幼儿一样提醒自己遵守各项生活常规，根据小班幼儿的发展特点，把幼儿分成四个阶段——小班A期、小班B期、小班C期和小班D期。

在小班A期(刚进园1～2个月)我们老师就要充当起“提醒者的”角色，采用“提醒法”，比如，每次吃饭前，我们就要告诉幼儿饭前要洗手，洗手时衣服的袖口要提起，不能弄湿；吃饭时要注意保持“三净”(碗面干净、桌面干净、地面干净)，饭菜要吃完，不能倒掉，在吃饭时，还要多提醒幼儿该怎么做，同时教师还要加以示范指导。

到了小班B期(进园后3个月左右)，幼儿基本已经适应了集体生活，对在园一日活动中各项生活活动的要求也有了一些了解，但他们不清楚老师为什么要他们遵守这些生活常规，这时老师可通过一些“故事引导法”帮助幼儿了解遵守生活常规的重要性。例如，教师可向幼儿讲述《大公鸡和漏嘴巴》的故事，再组织幼儿讨论故事中的不同角色，启发幼儿爱惜粮食。在通过故事教育之后的进餐中，幼儿随便倒剩菜剩饭、乱扔饭菜的行为就会明显减少。为了强化教育效果，教师还可以组织幼儿模仿故事中的不同角色进行表演，使幼儿在游戏的模仿实践中学习和养成良好的社会性行为品质，促使他们自愿地去遵守活动常规，当然在这一期间，我们老师仍然需要提醒幼儿，只是次数应该减少。

到了小班C期(进园后4～5个月)，这一时期幼儿已经通过幼儿园老师的教育对一些规章制度有所了解，另外他们对荣誉也有了一些粗浅的认识，所以我们还可以通过“比赛激发法”来让他们遵守游戏规则。例如，老师在组织幼儿睡觉时，可以让幼儿比赛谁的鞋子放得更整齐、谁能最先睡着；在玩积木等玩具时，比一比谁的座位下面没有掉下的积木、谁会送积木回家等，再对表现好的幼儿给予表扬，使他们更积极地遵守各项生活常规。另外，幼儿的语言表达能力和自控能力也有了很大的进步，因此，这时教师也可以让幼儿自己说简单的规章制度。例如，让幼儿自己说说应该怎么洗手，大家再根据幼儿说的要求一起执行，老师帮助提醒等方法，让幼儿更进一步地自觉遵守生活常规。

在小班D期(小班第二学期)，这一阶段的幼儿在动手能力方面有了一定的提高，所以我们可以通过“生活体验欣赏法”培养幼儿的生活常规，使幼儿掌握一些简单的生活自理技

巧。如在组织幼儿午睡活动前，教师想让幼儿学习叠被子，就可以先让幼儿参观其他班级整齐有序的床铺，使其产生"要学习"的心理氛围，然后要求幼儿在教师的指导下，每天午睡起床之后自己整理床铺。当幼儿通过自己的小手把被子叠整齐，使午睡室变得整洁时，教师再组织其他班级的幼儿来参观，使幼儿对自己的劳动成果产生自豪感。这种良好的生活体验欣赏教育对幼儿养成良好生活习惯起到了重要作用。

4. 家园配合，共同培养孩子遵守生活常规的习惯

利用家长园地，向家长宣传幼儿园活动的常规细则、幼儿遵守活动常规的重要性，并与家长联系，让他们在家里也给孩子定一个常规并督促孩子执行。让家长也加入到培养孩子良好常规习惯的队伍中来，真正做到家园同步。

俗话说，"没有规矩，不成方圆"，小班是幼儿跨入集体生活的一个转折点，也是进行常规教育的关键期。幼儿刚刚进入一个新的生活环境，在新环境中对其进行良好的生活常规的培养极为重要，也是小班的核心课程之一，所以我们必须认真培养小班幼儿的生活常规。

资料来源：中国幼儿教育网．http://www.zgyejy.con.

第二节 学前儿童生活自理能力教育

一、学前儿童生活自理能力教育的意义

生活自理能力是个体独立性发展的第一步，是个体最基本的生活技能及生存能力的具体体现，学前期是幼儿形成生活自理能力的重要时期。因此，幼儿生活自理能力的培养对其环境适应能力提高及身心的全面健康发展极为重要。幼儿园是除了家庭之外培养幼儿生活自理能力的最重要的场所，教师的教育直接影响幼儿生活自理能力的提高。

二、学前儿童生活自理能力教育的目标

学前儿童生活自理能力教育的目标是"健康领域"中的重要目标，要求学前儿童具有基本的生活自理能力。主要包括以下方面。

(1) 培养学前儿童养成勤盥洗的习惯，如会用正确的方法洗手、洗脸，并做到早晚自己刷牙，学会自理大小便等。

(2) 培养学前儿童自我照顾的能力，如能自己用餐具进餐，能在成人的帮助下穿脱衣服和鞋袜，知道根据冷热增减衣服，会自己系鞋带等。

(3) 培养学前儿童整理生活用品与学习用品的能力，如能将玩具和图书放回原处，能整理自己的物品等。

《指南》对不同年龄阶段儿童的目标进行了具体阐述，见表 3-2 所示。

表 3-2 《指南》对不同年龄阶段儿童的生活自理能力目标要求

3～4 岁	4～5 岁	5～6 岁
1. 在他人的帮助下能穿脱衣服或鞋袜 2. 能将玩具和图书放回原处	1. 能自己穿脱衣服、鞋袜、扣纽扣 2. 能整理自己的物品	1. 能根据冷热增减衣服 2. 会自己系鞋带 3. 能按类别整理好自己的物品

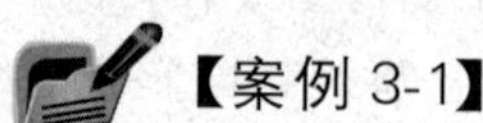

【案例 3-1】

学会如厕

活动目标

1. 懂得及时大小便的重要性，知道并学会（男/女幼儿）小便的方法及大便后擦屁股的方法，不弄脏衣裤。

2. 懂得尊重成人的劳动，保持厕所地面整洁。

3. 培养自信、勇敢、互助、合作的品质。

4. 培养模仿能力。

教学活动项目 1：我知道大小便

活动目标

1. 懂得定时大小便的重要性。知道在成人提示或有便意时，主动去大小便，不弄脏衣服。

2. 培养勇敢、自信的品质。

教学活动项目 2：我学会小便了

活动目标

1. 知道自己的性别和小便的方法，保持厕所的清洁卫生。

2. 懂得及时、定时小便的重要性，不弄脏衣裤。

3. 培养互相帮助、自信、勇敢的品质。

4. 用正确的姿势排便，不尿在便器外。

教学活动项目 3：我会擦屁股了

活动目标

1. 初步学会大便后擦屁股的正确方法。

2. 懂得尊重成人的劳动成果，不弄脏地面。

资料来源：幼儿园快乐与发展课程编写组．幼儿园快乐与发展课程教师指导用书——小班[M]. 北京：北京师范大学出版社，2009.

三、学前儿童生活自理能力教育的内容与方法

学前儿童生活自理能力教育的主要内容包括独立进餐、盥洗、如厕后的自理、穿脱衣服和鞋袜、收拾整理物品等。下面将对这些内容进行具体介绍。

(一) 独立进餐

1. 使用小勺的方法

学前儿童初学用勺子吃饭时，教师不要过分强调握勺姿势；也不要强迫儿童必须用右手拿勺；如果有个别儿童出现用手抓饭菜的现象，教师也不要限制或批评儿童，否则会影响儿童的食欲，要给他一个学习的过程，慢慢引导儿童学会自己用勺吃饭。

当儿童逐渐掌握用勺吃饭的方法后，教师再进一步规范拿勺的姿势，告诉儿童握勺不能大把攥，要用拇指、食指、中指固定勺柄，拇指放在勺柄的正面，食指放在勺柄的右侧面，中指和其余两指放在勺柄的背面，手心略微朝上。一手拿勺，一手扶碗。每一勺不要盛得太多，以防洒落。

在小班幼儿入园初期，对于完全不会自己用勺进餐的儿童，教师可以准备两把小勺，一把给儿童使用，一把留给自己。教师先用自己的小勺模拟舀起一勺饭送入自己口中的过程，边做边进行讲解，并让幼儿跟着模仿。一开始，儿童可能无法很好地掌握这一技能，饭菜经常吃不到嘴里，教师应一边让儿童自己练习，一边不断地用自己的小勺喂幼儿，保证儿童吃饱。

2. 使用筷子的方法

用筷子进餐，不仅会使儿童“心灵手巧”，还可以起到“健脑益智”的作用，学用筷子(见图 3-1)是儿童生活的必修课程。但是，使用筷子需要一定的技巧，学习起来比较费时，教师需要有足够的耐心。指导儿童学习使用筷子可按以下步骤进行。

图 3-1　幼儿学习使用筷子

(1) 教幼儿辨认筷子的头尾。较细的一端是筷子头，较粗的一端为筷子尾。告诉儿童要用筷子头夹取食物。为方便幼儿使用，最好选用较短的木筷或竹筷，因为木筷或竹筷不那么光滑，摩擦力较大，夹住东西后不容易滑掉。

(2) 指导儿童如何拿筷子。将筷子头朝前，右手抓住筷子的中后部，拿起后如果两只筷子没有对齐，可将其在碗盘里戳齐。

(3) 教儿童如何使用筷子。两根筷子同时从右手的大拇指和其余四指间穿过，上面的筷子靠在食指和中指之间，下面的筷子靠在无名指和食指之间，大拇指搭在两根筷子的中间偏上位置。下面的筷子固定，靠中指和食指控制上面的筷子夹取食物（如图 3-1 所示）。

在训练儿童使用筷子进餐的过程中，教师应注意以下两点。

（1）多鼓励儿童

学前儿童初学使用筷子时，会出现动作不熟练的情况，例如，像使用勺子那样大把攥、手捏筷子的位置太靠下等。这样食物很容易被撒得到处都是，进食速度也会很慢。对此，教师要有耐心，不急躁、不批评，以鼓励为主，发现儿童有进步及时给予表扬。

如果有些儿童不喜欢使用筷子，教师应允许他们继续使用勺子，然后利用各种机会逐渐引导其学会并喜欢使用筷子。

（2）提高学前儿童手指小肌肉的灵活性

儿童自理能力的发展建立在身体动作发展的基础之上，尤其是手的动作能力。[①] 在进餐过程中，教师除了培养幼儿使用餐具的能力之外，还应鼓励儿童尽量多动手为自己服务，比如鼓励儿童自己剥鸡蛋皮、切黄瓜等（见图 3-2 和图 3-3）。教师还可以在活动区中提供相应的游戏材料，供儿童练习。如先让儿童用筷子夹爆米花、软糖等不容易掉落的东西，等他熟练后再将爆米花或软糖换成花生米、黄豆等比较光滑的东西，逐渐增加游戏的难度。

图 3-2　幼儿剥鸡蛋

图 3-3　幼儿切黄瓜

【案例 3-2】

幼儿园教师笔记——我会剥橘子了

班级：小四班　教师：黄文燕　日期：2013 年 12 月 19 日

实录

孩子们，今天我们午点是吃橘子，幼儿高兴地回答我：“老师！我爱吃橘子。”洗手后，孩子们自取橘子后，回到座位上剥了起来。这时，曾子轩小朋友拿着橘子对我说：“老师，我剥

① 李季湄，冯晓霞.《3～6 岁儿童学习与发展指南解读》[M]. 北京：人民教育出版社，2013.

不好。”我想，何不利用这个机会，发挥幼儿的榜样作用，让幼儿之间相互学习，培养他们自我服务的意识。这时，我发现曾子轩旁边的刘梦晨剥橘子非常好，我对曾子轩说：“你看刘梦晨小朋友正在剥橘子，咱们一起请他帮忙，跟他学学怎么剥橘子。”只见刘梦晨高兴地接过曾子轩手中的橘子，在橘皮上抠了一个小口，并告诉曾子轩顺着开的小口一小块一小块地撕下橘子皮，曾子轩也模仿着刘梦晨的动作，顺利地将橘子剥好了。高兴地对我说：“老师，我会剥橘子了。”

分析与反思

《幼儿园快乐与发展课程》中指出，小班幼儿加餐时的目标包括“学会自己做事，体验独立做事的快乐与满足。”在吃橘子时，个别幼儿由于手眼协调能力差，出现了不会剥果皮的现象。作为教师我并没有直接包办代替，而是通过发挥会剥果皮幼儿的榜样作用，引导幼儿间相互学习，培养幼儿自我服务的意识。在这个过程中，幼儿通过观察同伴的做法，模仿学习，不仅掌握了剥果皮的技巧，锻炼了自己的动手能力，同时这种同伴间的互帮互助，也让幼儿获得了更多的满足感和自豪感，体验到了同伴之间的相互关爱。

案例来源：北京市昌平区工业幼儿园　黄文燕.

【小故事】

这是我拔的萝卜，我还要

小班的孩子挑食是普遍的现象，常常看到孩子们吃菜比吃药还费劲。我们总是教育孩子不能挑食，吃蔬菜有好处，但收效甚微。

10 月份，大班的哥哥姐姐给孩子们表演了“拔萝卜”的故事，孩子们特别感兴趣。回家对爸爸妈妈说一定也种一个像老爷爷那样的“拔也拔不动”的大萝卜。好几位家长特意从家里带来了不同的萝卜，“种”在了自然角里，孩子们每天都给自己的“大萝卜”浇水，离园的时候还带着爸爸妈妈看他的那个“长大了一点”的萝卜头。家长们反映，孩子成了“萝卜迷”。

一天中午，当我介绍到午餐有“白萝卜汤”时，孩子们兴奋不已，白萝卜汤随即成了抢手货，好几个孩子喝完一碗还要再喝一碗，他们对我说：“这是我拔的萝卜，我还要。”没有来得及添的孩子有些着急，我连忙安慰：“下次我们多拔一些萝卜让厨房的厨师再多做一些！”孩子们吃萝卜这么痛快，可真是头一次！

案例来源：冯清华.厌食的反思[J].学前教育，1999(05).

【点评】 小班幼儿思维具体形象，教师表演中夸张的“拔也拔不动的大萝卜”，拓宽了他们的视野，引发了联想，为幼儿产生自主需要奠定了基础。面对孩子们的“憧憬”，教师以积极的态度关注、肯定着幼儿发起的自主活动；通过家园沟通，为幼儿提供生活、游戏、实践中的自主空间，鼓励、支持、引导着幼儿的自发兴趣，孩子们通过多样化的亲身经历，扩展、建构起新的经验，使说教解决不了的态度、情感、行为等问题迎刃而解。

（二）盥洗

1. 洗手

(1) 用游戏的方式教儿童正确的洗手方法

为了引起儿童学习洗手方法的兴趣，教师可以借助有趣的儿歌，以游戏的形式边玩边做，带领小班、中班幼儿学习打肥皂、洗手(如图 3-4 和图 3-5 所示)。洗完手以后，教师可以和儿童一起讨论：如果不洗手，会有什么后果？

图 3-4　教师指导幼儿洗手

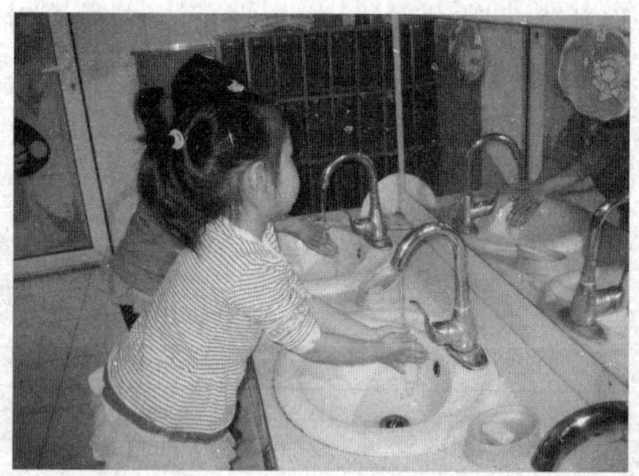

图 3-5　幼儿自己洗手

【延伸阅读】

洗手儿歌：小猴爬山

手心搓手心，搓出沫沫白花花；手心搓手背，搓出沫沫白花花；换手搓手背，搓出沫沫白花花；

一只小猴来爬山，爬呀爬，爬到山顶上(一只手握住另一只手从手腕往手指尖搓洗)；

一不小心，“扑通”一下掉到山谷里，跳呀跳，跑呀跑，终于跑出老虎嘴(搓洗手指缝以及搓洗虎口)；

又一只小猴来爬山，爬呀爬，爬到山顶上(换一只手握住另一只手从手腕往手指尖搓洗)；

一不小心，“扑通”一声掉到山谷里，跳呀跳，跑呀跑，终于跑出老虎嘴(换手搓洗手指缝，以及虎口)；

轻轻打开水龙头，肥皂沫沫冲走啦(冲洗掉手上的香皂沫)。

案例来源：北京市六一幼儿院.

(2) 教师指导要点

① 为了避免儿童洗手时弄湿衣袖，教师在指导儿童洗手时，要提醒儿童双手略向下倾斜，避免水顺着手臂倒流弄湿衣袖。冬天洗手后应擦油，以防止手部干裂。

② 儿童饭前便后以及外出游戏归来时都应该督促儿童洗手，使儿童养成勤洗手、随时

保持手的清洁的良好习惯。教师可设计教育活动、邀请保健大夫等方式，让儿童了解洗手的重要意义。

③ 教师要帮助儿童养成洗手前卷袖子的习惯，以免洗手时弄湿衣袖。

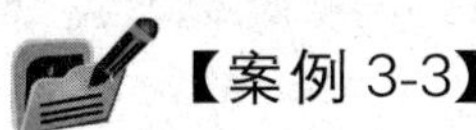
【案例 3-3】

幼儿园教师笔记——洗手风波

班级：小五班　教师：杨立荣　日期：2013 年 11 月 22 日

实录

进餐结束了，小朋友选好自己喜欢的玩具玩了起来。“杨老师，琦琦的衣服都湿了。”蕾蕾跑过来告诉我。我赶忙走过去，发现琦琦的衣服果然湿了一片，我领着他把衣服换了。最近班上孩子总有把衣服弄湿的现象，我决定利用过渡环节和孩子一起讨论不把衣服弄湿的好方法。

过渡环节时间到了，我请小朋友们选一个自己喜欢的座位坐好，并请他们一个一个地来和我做拥抱的游戏。拥抱前我提出了一个小方法：我喜欢和小手香香，衣服整齐的小朋友拥抱。孩子们不约而同地闻起自己的小手，并用小手整理起自己的衣服。孩子们都非常喜欢和我拥抱，脸上露出甜蜜的笑容。这时，我和孩子们交流起来：你们的小手真香，衣服好温暖。我非常喜欢和这样的小朋友拥抱。如果你的衣服湿了，我可不和你拥抱，因为那样会让我感觉不舒服。通过这个游戏孩子们知道了如果想和老师拥抱一定不能把衣服弄湿，借助这个切入点我和他们一起讨论了“如何不把衣服弄湿？”香香说：“不能玩水。”云静说：“站到小脚印上洗手，这样衣服就不会湿了。”“小袖子怎样做才不会湿呢？”我又提出了新的问题。“袖子要摞起来！”小雨大声地说了出来。过渡环节的时间飞快地过去了。

分析与反思

为了让幼儿衣服保持干净、整洁、不湿衣服，我经常用游戏的语言提示幼儿。针对这种现象我们也创编了小儿歌用来提示幼儿用正确的方法洗手、不玩水。在今天的日常活动中，我们会继续开展一些幼儿感兴趣的游戏，帮助他们养成良好的行为习惯。

案例来源：北京市昌平区工业幼儿园　杨立荣.

2. 洗脸

(1) 用游戏的方式教幼儿正确的洗脸方法

在寄宿制幼儿园，洗脸是幼儿生活必不可少的一个环节。在日托幼儿园，幼儿脸脏了或天气很热时，洗洗脸也会感到很舒服。但刚开始幼儿往往不能把脸洗干净，也掌握不好拧毛巾的方法。因此，教师要教给幼儿如何正确地洗脸，洗脸时应注意什么问题。

【延伸阅读】

洗手儿歌：我是快乐的小司机

我是一个小司机，出车之前洗一洗。

先来洗洗小车灯（眼睛），再来擦擦小油箱（嘴巴）。

左擦擦，右擦擦，横着再来洗一洗。

小小司机上路了，三环四环跑呀跑（鼻子周围），

看看北京新面貌，五环六环绕大圈（额头、脸蛋、下巴）。

开到一座小山旁（耳朵），前转转，后转转，

钻进一个小山洞（耳朵眼），小小司机要回家，

上坡了，下坡了（脖子），嘀嘀嘀，小司机回家了。

特别提示

小班幼儿可以从第二学期开始学习投洗毛巾，拧干毛巾。中大班幼儿应能独立完成洗脸全过程。

案例来源：北京市六一幼儿院.

（2）指导要点

① 教幼儿如何正确洗脸时，建议中小班教师可以以边说儿歌边游戏的形式带领幼儿学习洗脸、折毛巾等动作。教师可提供洗脸步骤的图示，提示幼儿动作顺序。

② 可通过讨论等活动让幼儿了解按顺序洗脸的好处。前额、眼角、鼻孔、口周围、下巴、耳朵、脖子等处是幼儿洗脸时经常遗忘的地方，教师应及时提醒幼儿。

③ 组织幼儿洗脸前，应指导有鼻涕的幼儿用正确的方法将鼻涕擤出。（擤鼻涕时应用手指按住一只鼻孔轻轻将另一只鼻孔内的鼻涕擤出，不可太用力。）

④ 幼儿洗脸后，要学会整理衣领和袖口。中大班幼儿在洗脸时，要能够做到不湿衣服、节约用水。

3. 漱口

漱口是保持口腔清洁的常用办法，教师可以运用有趣的儿歌以及直观形象的图片教会幼儿掌握正确的漱口方法，帮助幼儿养成饭后漱口的良好习惯。

漱口水量应是幼儿喝三四口所需的量。漱口水接得过少不能很好地达到漱口的效果，接得过多又会浪费水，因此，教师可事先告诉幼儿漱口水接到水杯的什么位置，就可达到漱口的目的了（如图3-6和图3-7所示）。

漱口时，教师应提醒幼儿每口漱口水都要在嘴里反复咕噜几下。小班幼儿不能平均分配每次的水量，常常出现一下子喝了一大口水，刚刚漱了两次，水杯中就没水了的现象，教师要耐心引导，不可批评、指责。对于不认真漱口的幼儿，教师可以引导幼儿观察漱口水中的残渣，帮助幼儿体验到漱口的重要性。

图 3-6　幼儿学习漱口

图 3-7　幼儿观察漱口后水的颜色

幼儿漱口后要将水杯放入贴有自己标记的水杯格中，水杯把儿应朝外放置，方便下次喝水时取用。

【延伸阅读】

漱口儿歌

手拿小水杯，喝口清清水。

仰起头闭上嘴，快学青虾吐出水。

不要学那大白鹅，身上衣服都是水。

案例来源：北京市六一幼儿院.

【案例 3-4】

幼儿园教师笔记——嘴巴里的小渣渣

班级：小四班　教师：焦森　日期：2013 年 4 月 17 日

实录

早餐过后，吃完饭的小朋友来到了水房擦嘴、漱口。这时候，我发现玄玄小朋友刚刚把漱口水喝到嘴里，就立刻吐了出来。哎呀，像玄玄这样漱口，嘴巴里的小渣渣根本就吐不出来，这样漱口根本不管用呀！接下来，在小朋友漱口前，我就对他们说，“漱口的时候，要仰起头、闭上嘴，咕噜咕噜吐出水。记得漱两次哦！”通过我的提示，部分幼儿能够按照提示漱口，可仍有一部分幼儿像玄玄一样，刚喝到水就吐出来。

第二天早饭过后，我没有请孩子们去漱口，而是等所有的小朋友吃完饭后，为每名幼儿准备了一个小盘子，然后和幼儿一起回忆上学期我们学习的漱口小儿歌，一边请玄玄小朋友按照儿歌内容漱口，并把漱口水吐到小盘子里。在漱完口后，我又让玄玄告诉我们盘子里有什么？玄玄惊奇地告诉我，“盘子里有许多小渣渣呀！”之后，我又请所有的小朋友漱口，并将漱口水吐到盘子里，观察盘子里有什么，进而引导孩子们认识漱口的重要性。

分析与反思

在上学期，我们通过教学活动，引导幼儿学习过漱口的方法。在发现玄玄没有按照正确方法漱口后，我在其他幼儿漱口时进行了提示，发现班上有一部分幼儿不会用正确的方法漱口。那么，他们为什么不用正确的方法漱口呢？最后，我得出的结论是，孩子们不知道漱口的重要性。根据孩子们出现的问题，我请他们将漱口水吐到小盘子里，直观地观察漱口水里有什么，进而认识到漱口的重要性。

案例来源：北京市昌平区工业幼儿园　焦森．

4. 刷牙

早晚刷牙是防治幼儿龋齿的重要途径，教师应教会幼儿掌握正确的刷牙方法，培养幼儿良好的刷牙习惯。

(1) 刷牙的正确方法

刷牙前：将牙刷用水浸泡一会儿(或者用清水涮一涮)——挤上豌豆大小的牙膏。

刷牙时：牙刷毛束与牙面成45°角，转动刷头，上牙从上往下刷，下牙从下往上刷，上下牙咬合面来回刷(见图3-8)。

刷牙后：用清水把嘴漱干净，漱口时也要把水含在口腔中用力咕嘟几下，使牙齿的各个面都能得到充分冲洗。

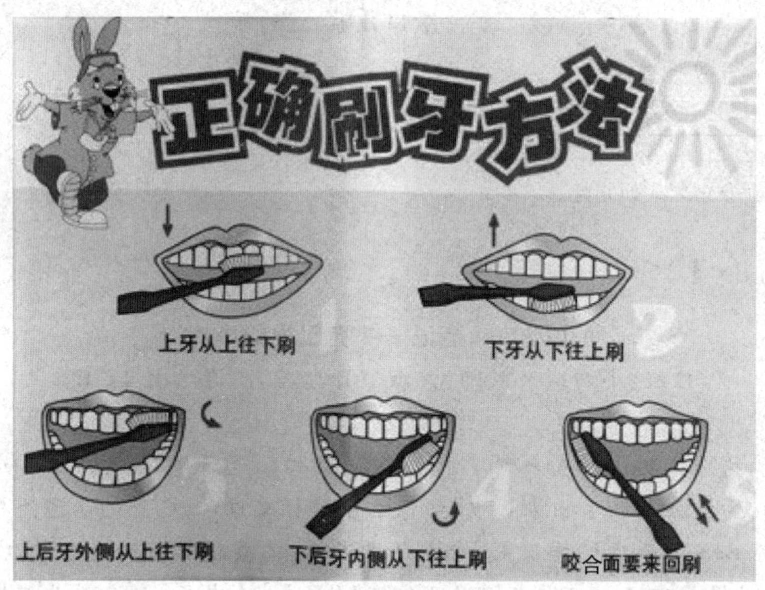

图3-8　正确的刷牙方法

【延伸阅读】

刷牙儿歌

上面牙齿往下刷；下面牙齿往上刷；
咬合面要前后刷；里里外外都刷到；
每个牙面刷十下；早晨刷来晚上刷；
刷得干净没蛀牙；牙齿洁白笑哈哈。

(2) 刷牙的指导要点

① 挤牙膏时，提醒幼儿从后向前挤，牙膏量以黄豆粒大小为宜。幼儿在练习刷牙阶段可以暂不使用牙膏；刷牙时，幼儿头要略低，以免刷牙水流到身上；刷牙后，把牙刷冲洗干净，甩干牙刷上的水，刷毛朝上把牙刷放进口杯里，保持牙刷毛干燥。

② 教师可以用边说儿歌边做示范的形式，用牙齿模型带领幼儿学习正确的刷牙方法。教师还可以引导幼儿认识牙齿，用讲故事、观察漱口水等方法让幼儿了解到认真刷牙的重要性，提高幼儿主动保护牙齿的意识。

③ 教师应督促幼儿认真刷牙，尤其是牙的内面。提醒幼儿刷完牙后将牙刷冲洗干净，并将刷牙杯放回原处。

【案例 3-5】

《鳄鱼怕怕　牙医怕怕》

活动目标

(1) 愿意和老师一起看绘本书，发现故事中重复的对话，体会故事语言的趣味性。

(2) 懂得爱护自己的牙齿，养成早晚刷牙、饭后漱口的好习惯。

活动重难点

(1) 活动重点：理解故事内容，懂得爱牙的重要性。

(2) 活动难点：理解重复的句子，表达了鳄鱼和牙医不同角色的想法。

活动准备

(1)《鳄鱼怕怕、牙医怕怕》绘本及多媒体课件。

(2) 鳄鱼头饰和医生帽子若干。

活动过程

1. 出示鳄鱼，引出课题

教师："有一位鳄鱼先生一直用手捂着嘴巴，我们一起问问他吧，鳄鱼先生你怎么啦？"(我牙疼，打算去看医生，可是好怕哦！)"今天，老师就和小朋友一起看一本故事书，名字叫《鳄鱼怕怕　牙医怕怕》！"

2. 共读绘本，猜测联想

第一遍看绘本多媒体课件：引导幼儿逐一看图猜测讲述，然后教师用书上的文字逐一讲述。

重点提问：刚才老师说故事的题目是什么？你们猜为什么鳄鱼会怕怕？牙医会怕怕？后来鳄鱼去看牙医了吗？(勇敢面对可怕、困难的事情，并坚持把它克服。)牙补好了，鳄鱼会怎么说？牙医呢？(哇，鳄鱼和牙医都好有礼貌哦！)

3. 学习对话，体会心理

(1) 提问：谁还记得故事书的题目？你们觉得鳄鱼可怕？还是牙医可怕？为什么？

(2) 教师：我们一起再来看一遍故事书吧。

(3) 第二遍看绘本多媒体课件：教师完整讲述故事，引导幼儿学说重复对话部分(教师先说一句鳄鱼的话，幼儿学说一句牙医的话)重点引导幼儿体会角色的心理感受和心理变化的过程。

(4) 提问：谁发现了一个秘密，鳄鱼和牙医说的话是怎么样的？(一样的)

(5) 第三遍引导幼儿和老师一起表演故事，重点体会角色的心理，并尝试用动作、表情、神态来表现。

4. 懂得爱牙，天天刷牙

(1) 鳄鱼的牙齿怎么会蛀会疼的？(不刷牙、吃太多糖、睡觉前吃东西)

(2) 教师:现在,连鳄鱼都懂得要爱护牙齿呢,我们就更加要爱护自己的牙齿,怎么爱护呢?(早晚刷牙,饭后漱口)

(3) 我们的目标是——没有蛀牙!

活动分析

《鳄鱼怕怕　牙医怕怕》讲的是一场鳄鱼和牙医之间的心理较量,用简单、反复的语句刻画了鳄鱼和牙医每时每刻戏剧性的心理变化。这本图画书会让孩子在开心大笑之余,提醒自己一定要养成刷牙的好习惯。同时这本书两个主人公形象左右对照,他们的独白语言相同,表现出各自掩藏,而其实一致的恐惧心理,独白基本相同这种重复强化了语言效果,不仅比较有利于小班幼儿学说,而且能帮助幼儿去感觉在不同的情境下,相同的语言可以表达不同对象的不同心理状况。

(三) 如厕后的自理

随着学前儿童自理能力增强,教师可以鼓励儿童学习擦屁股,引导儿童自主完成如厕环节,对于确实有困难的儿童,教师可以提供帮助。教师要尝试通过讲故事、说儿歌、集体讨论等多种方式引导儿童知道有规律人便、便后及时洗手对人体健康的好处,提示儿童便后冲厕所,检查自己的衣服是否整理好。

在如厕习惯的培养上,教师要注意引导儿童做到以下几点。

(1) 知道早晨、午睡起床后,午睡、晚睡前,应如厕小便;懂得及时如厕不憋大小便有利于身体健康。

(2) 在较长活动前,能够主动如厕,做好活动准备。

(3) 能在规定的便池(便盆)大小便,尿时看准便池,不尿在外边,便后冲厕所,整理衣服。

(4) 知道定时大便对身体的好处,养成定时大便的习惯。中大班幼儿学习便后自己擦屁股,提示女孩小便后也要擦屁股(要从前至后擦拭),便后用香皂洗手。

(5) 大小便如有异常,能主动告诉老师。

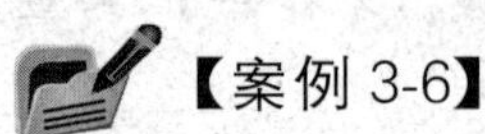
【案例 3-6】

别忘记摁我的鼻子哦!

为进一步强化幼儿如厕后的冲水环节,我们想出了一个好办法。首先,我们在厕所冲水按钮上粘贴一个小纸偶,按钮就是小纸偶的鼻子,并在鼻子上安置了一个红色会发声的气垫。孩子们喜欢新鲜的刺激,对一按按钮就发出“叽叽”响声的小纸偶有强烈的好奇心,孩子们的兴趣一下子就调动起来了,如厕后都争着抢着去摁。另外,我们又在墙面上以小纸偶的口吻写了一句话“如厕后,别忘记摁我的鼻子哦”。厕所经过这样的装饰和改造,既帮助孩子们养成了便后冲厕所的习惯,又让孩子们潜移默化地认识了文字,一举两得,如图 3-9和图 3-10 所示。

案例来源:北京市六一幼儿院.

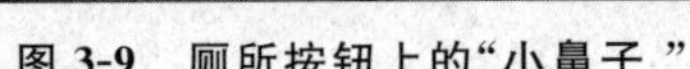

图 3-9　厕所按钮上的“小鼻子”

图 3-10　厕所里的环境创设

【案例 3-7】

“健康排便身体好”(中班)

活动目标

(1) 能积极地进行操作,体验探究活动的乐趣。

(2) 初步了解正常大便与良好饮食之间的关系,知道均衡饮食,防止便秘。

(3) 增强每天按时排便的意识和良好的健康饮食习惯。

活动重难点

(1) 活动重点:了解正常大便与良好的饮食之间的关系。

(2) 活动难点:养成良好的健康饮食习惯。

活动准备

(1) 经验准备:初步了解食物在人体内消化的过程。

(2) 物质准备:肉泥、蔬菜泥、果泥;小盘、塑料碗、牙膏管、黑板、幼儿大便记录表。

活动过程

(1) 初步了解大便与饮食之间的联系。

出示大便记录表,结合大便记录表进行分析,引导幼儿发现饮食情况的不同。

① 通过观察幼儿大便记录表,介绍自己的大便记录,并发现与别人排便情况的不同。

提问:你们的大便记录是一样的吗?哪里不一样?

② 教师统计全班幼儿大便情况,引导幼儿分析为什么每个人的大便情况不一样?为什么会便秘?看看饮食里缺了什么?引导幼儿初步发现饮食情况与大便情况是有联系的。

③ 小结:知道不健康的饮食会影响正常大便,出现便秘。

(2) 操作活动“食物去旅行”,进一步了解正常大便与健康饮食的关系,知道均衡饮食。

① 教师介绍操作材料与方法,引起幼儿的兴趣。

分别有蔬菜、水果、肉三种食物,请你将自己喜欢吃的食物放在“小肚子里”,试一试哪种挤出来更通畅?

② 幼儿自选材料进行操作、体验,感知正常大便与饮食的关系。

③ 交流自己的发现,说一说自己的感受,哪种食物更通畅地挤出来?为什么?

④ 教师为幼儿梳理经验，进行总结。

小结：肉里面缺少水分和粗纤维，肉吃得太多小朋友排便会很吃力。将肉和蔬菜、水果搭配着吃，排便会更顺畅。

(3) 联系实际说一说怎样排出健康的大便，增强幼儿健康饮食习惯的意识，知道均衡饮食，防止便秘。

① 讨论：从饮食上我们应该注意哪些？

如：均衡饮食，多吃粗纤维的蔬菜和水果，多饮水，养成每天排便的好习惯。

② 共同阅读绘本故事《便便超人》。

案例来源：北京市昌平区工业幼儿园　孙莉.

（四）穿脱衣服和鞋袜

能独立穿脱衣服和鞋袜是学前儿童自理能力发展的重要表现。随着儿童年龄的增长，儿童穿脱衣服和鞋袜的自理能力会逐渐增强。对于小班幼儿来说，由于儿童手部精细动作的控制力仍未充分发育，儿童还需要在教师的协助下学习如何穿脱衣服和鞋袜。为了培养儿童良好的生活习惯，教师应教儿童学用正确的方法穿脱衣服和鞋袜。

1. 穿衣服的正确方法

让儿童分清衣服的前后，前面朝前，将领口处贴近腹部，衣服自然下垂，双手抓住衣领，将衣服披在肩上。然后把手伸到袖子中穿好。扣扣子是个比较复杂的过程，需要教师引导儿童不断练习，直到儿童学会独立扣扣子：儿童穿好衣服后，两手顺着衣服前襟的底边抓住两个下角，把两个角对齐，从最下面的扣子开始扣，从下到上把扣子扣好(见图 3-11)。

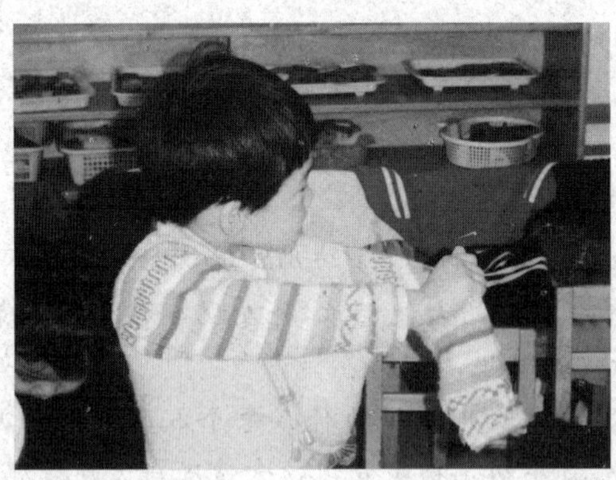

图 3-11　幼儿穿衣服

2. 脱衣服的正确方法

儿童先解开纽扣或拉开拉链。解纽扣时从上往下解，拉拉链时教师要提醒幼儿一只手向外拉着点衣服的前襟，另一只手拉拉链，这样做可以防止出现拉链刮蹭、夹伤皮肤的情况。解开纽扣或拉开拉链后，儿童双手攥着衣襟向后拉将衣服脱至肩下，然后自己脱下衣袖，有困难的儿童可以请老师或其他儿童帮助拽着衣服的袖子脱下开衫。

【案例 3-8】

火车钻山洞(小班)

活动目标

引导幼儿学习穿脱衣服。

活动过程

(1) 教师说:“变变变,今天我变成了一列小火车,我最喜欢钻山洞了,看看这些山洞一样吗? 哪个大? 哪个小?”(引导幼儿认识衣服领子和下摆、袖子的位置)

(2) 教师示范钻山洞的方法:“我是一列小火车,轰隆轰隆钻山洞(拿好衣服的下摆),呜——,先钻一个大山洞(先套头),呜——,再钻两个小山洞(伸两只袖子),呜——,我的火车开走了(整理、抻平衣服)。”

(3) 请幼儿做火车钻山洞的游戏。幼儿边学穿衣服,教师边给予鼓励,使幼儿体会自己做事的快乐,并鼓励幼儿之间相互帮助。

附:儿歌

穿开身外衣的儿歌:抓领子,盖房子,小老鼠钻洞子,吱扭吱扭上房子。

穿套头外衣的儿歌:大洞进,小洞出,两列火车出洞喽!

案例来源:幼儿园快乐与发展课程编写组. 幼儿园快乐与发展课程教师教学用书——小班[M]. 北京:北京师范大学出版社,2009.

【案例 3-9】

塞衣服游戏(小班)

活动目标

(1) 鼓励幼儿通过自己的努力完成简单的任务,体验获得成功的快乐。

(2) 培养幼儿如厕后将衣服掖好,不露肚皮的良好生活习惯。

活动准备

(1) 材料准备:塞衣服的步骤图片,如图 3-12 所示。

图 3-12 幼儿塞衣服步骤

(2) 经验准备:教师用生动的语言讲述《北风爷爷》的故事,引导幼儿了解露小肚皮对身体的危害。

北风爷爷

冬天到了,小兔很喜欢和小猫、小狗到外面做游戏,它们每天打雪仗、堆雪人、滑冰,可高兴了。

一天天气特别冷，小兔又要出去玩，兔妈妈提醒它说："天气很冷，你先把衣服塞好再出去玩，不然会生病的！"但小兔却说："没关系，我才不怕冷呢！"说完就跑出家门了。

北风爷爷看见小兔、小猫和小狗手拉手做游戏玩得特别开心，也跑了过来要参加它们的游戏。北风爷爷不会做游戏，它只会在小朋友的肚皮上钻来钻去。它想钻到小猫的衣服里，但是小猫的衣服塞得好好的。它又想钻到小狗的衣服里，可小狗的衣服也塞得好好的。北风爷爷看到小兔的肚皮露在外面，可高兴了，一下子钻到小兔的衣服里，从小兔的前胸钻到后背，又从后背钻到两只胳膊上。北风爷爷玩够了，就从胳膊上钻了出去，说："明天我再来找你们玩。"这时，小兔也打着喷嚏跑回了家。

小兔到家后，兔妈妈赶紧给它吃药。第二天，小兔将衣服塞得好好的才出了门，它和小猫、小狗手拉手做游戏玩得特别开心。北风爷爷又跑过来要钻进小兔的衣服，但怎么钻也钻不进去，原来小兔将衣服塞得好好的。北风爷爷叹口气，灰溜溜地离开了……

活动过程

(1) 创设游戏情景，吸引幼儿参与活动

"小兔将衣服塞得好好的，小肚子不露在外面，北风爷爷就钻不进去了，小兔就不会打喷嚏不用吃药了。小朋友们，你会塞衣服吗？今天，老师要带小朋友们玩一个'包饺子'的游戏，这个饺子呀就在我们的小肚子上。""咱们一起包一个又结实、又好吃的饺子吧，这个饺子还是白菜馅的呢！来，老师教你们怎么包，和老师一些做吧。"

(2) 边说儿歌边对应学习塞衣服的步骤

① 儿歌——"卷呀卷呀卷白菜"

教师边说儿歌边示范，提示幼儿将自己的罩衣从衣服底边向上卷起，一直卷到胸前，并用下巴将卷好的衣服夹住，还要将背后的衣服也同样卷起："白菜的叶子裹得好紧呀，咱们一点一点地卷，不要忘记把后面的白菜叶也卷起来。"

② 儿歌——"剥呀剥呀剥白菜"

教师边说儿歌边示范，提示幼儿将自己的罩裤从裤腰往下脱到屁股的位置："白菜的叶子一层又一层，我们耐心地把它剥下来。"

③ 儿歌——"装呀装呀装饺子馅儿，捏呀捏呀捏饺子皮儿"

教师边说儿歌边示范，提示幼儿将自己的秋衣掖到秋裤中："往饺子皮中装的饺子馅越多就越好吃，就连后边的饺子馅也要装进去呀，一边装饺子馅一边把饺子皮往上拽，饺子才不会煮破。"

④ 儿歌——"盖呀盖呀盖锅盖"

教师边说儿歌边示范，提示幼儿将自己的罩裤提上、罩衣放下："饺子包好了，盖上锅盖煮饺子吧，锅盖要严严地盖在锅上面。"

(3) 出示塞衣服的步骤图片，带领幼儿复习塞衣服的方法

① 出示第一张图片，请幼儿观察图片中的人物以及联想相关事情："这是谁？他刚刚上完厕所，他该做什么事情了？为什么要这样做？"

② 出示后几张图片，请幼儿示范边说儿歌边塞衣服的方法："我们来当小老师，教小弟弟应该怎样包饺子吧！"

活动建议

(1) 天气变冷,幼儿穿的服装增多,掖衣服比较麻烦,为了培养幼儿不露小肚皮的习惯,教师应教给幼儿掖衣服的技能。但习惯和技能的培养前提是幼儿在情感上和态度上能够接受,儿歌和故事的创编都是为了达到这一目的,老师可以与本班的具体事件相结合,并抓住随机教育的机会改编或创造。

(2) 将塞衣服的步骤图片粘贴在厕所的空白墙面上,方便幼儿在塞衣服时进行对照。

附:儿歌《包饺子》

卷呀卷呀卷白菜,剥呀剥呀剥白菜,

装呀装呀装饺子馅儿,捏呀捏呀捏饺子皮儿,

盖呀盖呀盖锅盖。

活动分析

教师对幼儿的精心保育往往体现在细节上,特别是在比较寒冷的秋冬季节,孩子上完厕所后,是否能够塞好裤子,外出游戏时不露小肚皮,是需要教师重点关注的问题。教师通过创设游戏化的情景,用儿歌教会幼儿塞裤子的方法可谓一举两得,既增强了幼儿的自理能力,又提高了幼儿自我保健的意识。

3. 穿鞋的正确方法

教师首先要帮助学前儿童学会分清鞋的左右,以免儿童穿反鞋。对于中小班儿童来说,教师应提醒家长为儿童穿不需系鞋带的鞋,到了大班以后,教师可以鼓励儿童多练习如何系鞋带。

系鞋带的方法可以总结为“一个结,两个环,再一个结”。一个结:让儿童两只手分别抓住鞋带的两头,两边交叉(哪一边在上面都可以),把上面的鞋带弯下来插到下面的鞋带下,然后把鞋带两头往两边拉紧。两个环:用鞋带两头各做一个大环,一手拿住一个环,这两个环很像兔子的两只耳朵。再一个结:两只“兔耳朵”交叉,把上面的环塞进下面的洞里,然后把两个环分别向外拉,直到把鞋带系紧。

【案例 3-10】

系鞋带(大班)

活动目标

(1) 学习系鞋带的顺序和步骤,知道系好鞋带行动方便又安全。

(2) 体验自己动手做事的快乐。

活动准备

(1) 经验准备:幼儿午睡起床时,教师要求幼儿自己动手穿鞋,并系好鞋带;观察幼儿系鞋带的情况,了解幼儿是否掌握系鞋带的方法。

(2) 物质准备:有鞋带孔的硬纸鞋板、鞋带和给布娃娃系蝴蝶结的材料若干;一张男孩摔跤的图片,图中男孩的鞋带散开,没有系上;幼儿事先穿带鞋带的鞋。

活动过程

(1) 讨论:他为什么摔跤

① 教师出示幼儿摔跤的图片,请幼儿仔细观察,小朋友为什么会摔跤?

② 幼儿讨论,知道系好鞋带才安全。

(2) 操作:我们一起系鞋带

① 教师边说儿歌边示范系鞋带的步骤和方法。

② 幼儿在教师准备的鞋板的孔中、布娃娃的脖子上或头发上练习系带子的方法。

③ 教师用儿歌提示幼儿系带子的步骤,特别是在说到“交叉绕一绕”时,提醒幼儿两只小手要抓紧带子不能放松。

系鞋带

先打一个结,再绕两个圈。

交叉绕一绕,看谁系得牢。

(3) 自己试一试

① 请幼儿换上球鞋,试一试自己系鞋带,比一比谁先系好。

② 教师对系鞋带有困难的幼儿进行指导(请幼儿互相看看同伴系鞋带的方法,鼓励幼儿自己动手学习系鞋带,必要时教师可进行示范、帮助)。

③ 请幼儿系好鞋带后走走、跳跳,感受系好鞋带后行动方便又安全,鼓励幼儿“自己的事情自己做”。

④ 请幼儿说说自己是怎样系鞋带的,交流一下系鞋带的感受。

活动建议

(1) 教师提供的鞋带粗细、长短要适宜。

(2) 在日常生活和游戏中引导幼儿用教师提供的材料经常练习。

(3) 请家长放手多让孩子自己练习系各种带子和扣子。

活动分析

系鞋带是幼儿需要掌握的生活技能之一,幼儿通过练习系鞋带,可提高手眼协调能力及小肌肉的灵活性,促进大脑发育。此案例中,教师通过让幼儿看图片、讨论等方式引导幼儿了解系好鞋带的重要性;通过说儿歌提示幼儿系鞋带的步骤;还通过提供多种练习材料,帮助幼儿逐渐掌握系鞋带的方法。

案例来源:范惠静. 幼儿园健康教育活动指导[M]. 北京:人民教育出版社,2013.

(五) 收拾整理物品

从学前儿童一进入幼儿园,教师就应有意识地培养儿童用完东西放回原处,以及收拾整理物品的意识。例如在活动区中,教师可通过不同形式帮助儿童有序收放活动区材料,以保证环境的安全、整洁、有序,以达到培养儿童良好行为习惯、提高儿童自理能力的目的。下面将重点介绍儿童餐后以及区域活动结束后的收拾整理活动。

1. 整理餐桌和餐具

学前儿童进餐后,教师应鼓励他们主动参与整理餐桌和餐具,这也是培养儿童自理能力的好机会。教师可为儿童提供可以集中放置餐具的小桌子、餐车或盆子，指导儿童放回餐具时轻轻摆放、不挤不抢，懂得谦让。

教师可以为每张餐桌准备一个放残渣的盘子或碗，供儿童放置鱼刺、骨头、调料或没有吃完的少量食物(见图 3-13 和图 3-14)。儿童吃完饭后，教师要鼓励他们主动收拾好餐具，并用小毛巾将桌上的残渣擦入盘中，然后将餐具送到指定地点，分门别类摆放好。

为了方便儿童清楚餐具分类摆放的方法，教师可在收餐具的地方按照餐具摆放的顺序贴上标志，引导幼儿正确分类。盘子摞盘子、碗摞碗、勺子或筷子按顺序摆放，不要头尾颠倒。

图 3-13　幼儿园班级垃圾盒

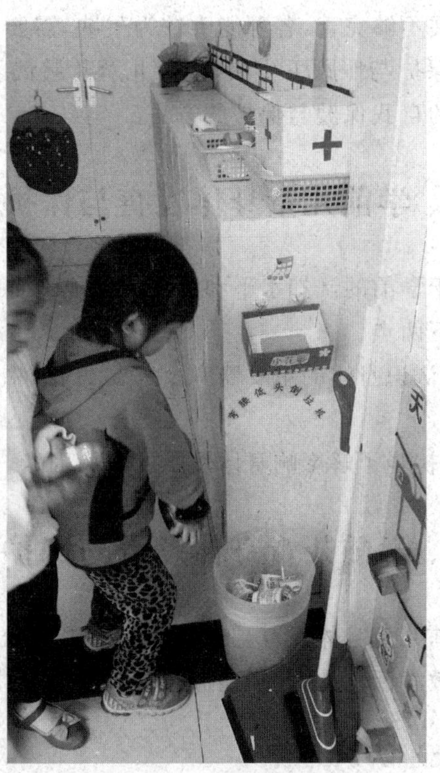

图 3-14　幼儿排队扔垃圾

2. 收拾整理活动区材料

教师可以与学前儿童共同设计玩具摆放的位置，在玩具箱上贴上标记，便于儿童取放。同时，儿童在收拾整理物品的同时也是在学习简单的分类、对应、排序。

儿童制作的活动区收放玩具标志可结合不同年龄班儿童的年龄特点，体现不同的形式与内容。如小班可以结合一一对应、5 以内点数颜色认知等适宜的认知目标，对应制作小标志，引导小班儿童有序收放玩具；中班可结合对整体与部分的认知、点数、图形等目标，对应制作小标志，引导儿童有序收放；大班除了可以融入认知目标外，还可根据大班儿童认知发展水平，提供整体材料收放图片，引导儿童通过观察图片中玩具的摆放形式，整齐地收放区域材料。

第三节　学前儿童身体发育与保护教育

一、学前儿童身体发育与保护教育的意义

学前儿童身体各个器官组织的正常生长发育是健康的前提。由于学前儿童身心的发育与发展不够完善，各种能力较为欠缺，需要成人的照顾与保护。但同时，儿童不能总是在成人的保护与照顾下生活，随着儿童年龄的不断增长，儿童还需要逐渐学习与自身身体发育有关的自我保健与保护的方法。

二、学前儿童身体发育与保护教育的目标

由于学前的认知水平和自我保健能力有限，学前儿童身体发育与保护教育的目标主要包括以下两点。

(1)认识身体的主要器官及重要功能，并懂得简单的保护方法，特别是关于五官的保护方法。

(2)初步了解影响身体健康的有关因素，懂得身体健康的重要性。

三、学前儿童身体发育与保护教育的内容与方法

学前儿童身体发育与保护教育的内容较多，其中重点是关于保护五官的教育，除了开展集体教学活动外，教师还应在日常生活中提示学前儿童注意身体的保健与保护。

(一) 认识身体

小班儿童对身体的认识活动主要围绕五官开展，如眼、耳、口、鼻的名称与用途；中班儿童可以了解身体主要部位及关节的名称与用途；大班儿童可以进一步认识身体内部器官及骨骼，了解一些保护内部器官及骨骼的简单方法，例如，阅读图画书《肚子里的火车站》，了解细嚼慢咽对肠胃的好处；从高处往下跳时，注意高度不要过高，以保护骨盆等，

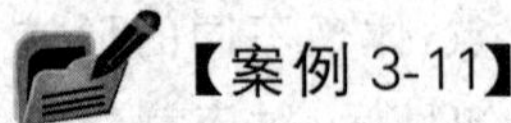

【案例 3-11】

认识"眼、耳、口、鼻"(小班)

活动目标

(1) 通过自己的尝试活动，正确地说出嘴巴、眼睛、耳朵、鼻子的名称，知道它们的数目与用途，了解它们在头上的位置。

(2) 知道要保护好这些器官。

活动准备

水、醋、酒各一杯，宝宝画像一幅，《嘴巴、眼睛、耳朵、鼻子》的画各一幅，缺少嘴巴、眼睛、耳朵、鼻子的头像一幅，镜子若干。

活动过程

(1) 幼儿通过闻气味和观察分辨三杯液体，使幼儿感受到鼻子和眼睛的作用。

(2) 幼儿观察自己的嘴巴、眼睛、耳朵、鼻子，说一说，指一指。

(3) 通过宝宝画像认识嘴巴、眼睛、耳朵、鼻子，并请幼儿将头像上缺少的器官补上。

(4) 让幼儿讨论眼、耳、口、鼻的功能，应如何保护。

(5) 请幼儿分别以五官的身份说一说，它们都有哪些作用，保护的方法有哪些？

(6) 幼儿画自画像。

案例来源：顾荣芳，等．幼儿园教师教育丛书——幼儿园健康教育[M]．北京：人民教育出版社，2004.

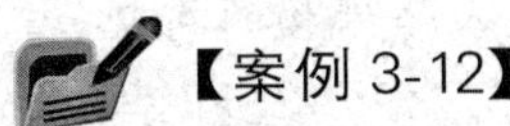

【案例 3-12】

身体的支架(大班)

活动目标

(1) 了解骨骼对人体的重要性，形成良好的坐、立、行、走等身体姿势。

(2) 尝试画单线条动态人物，巩固对人体结构的认识。

活动准备

人体骨骼挂图，做操小人的动作图片，绘画笔、绘画纸。

活动过程

(1) 摸一摸

① 请幼儿用手摸一摸自己的身体，感受身体里面哪里是硬邦邦的？哪里是软绵绵的？感知骨骼的特征。

② 教师重点引导幼儿摸一摸全身各个部分哪里有骨骼。

(2) 看一看

教师出示人体骨骼挂图，使幼儿初步了解骨骼对人体的支撑作用。重点引导幼儿观察脊椎("大梁")，使幼儿初步感知脊椎是竖直的(淡化生理弯曲)。

(3) 弯一弯

① 请幼儿之间互相结成对子，一个人摸"大梁"，一个人做动作，如身体坐直、趴在桌子上、身体歪坐着等，感受脊椎的弯曲和变化。

② 教师启发幼儿动一动身体，感受哪里还能弯曲，并请几名幼儿到前面来做出各种造型，引导幼儿观察哪个部位弯曲了。

(4) 说一说

① 教师引导幼儿讨论：如果小朋友总是弯着坐、站、走，会有什么后果呢？我们应该怎么做呢？

② 幼儿边说教师边在前方黑板上画出单线条的坐、站、走的动作小人。

(5) 画一画

① 教师出示单线条做操小人的动作图片,请幼儿观察动作小人精神不精神?是由哪儿部分线条组成的?(头、脊椎、两个上肢、两只手、两个下肢、两只脚)

② 教师引导幼儿尝试绘画单线条动态人物,重点提示幼儿反映动作变化的关键是脊椎和上下肢。

(6) 做一做

请画好的幼儿尝试做一做自己画出的小人的动态,互相交流模仿。

活动建议

(1) 给幼儿出示的单线条动作小人图一定是简单的正向图。

(2) 随时注意提醒幼儿保持正确的绘画姿势。

活动分析

此案例中,教师让幼儿通过"摸、看、做、说、画"五个环节,直接感知、表现身体特征,感受骨骼对人体的支撑作用,开展有针对性的自主学习,满足了幼儿探究人体结构的愿望,增强了他们对养成良好身体姿势重要性的认识。

案例来源:范惠静. 幼儿园健康教育活动指导[M]. 北京:人民教育出版社,2013.

(二) 保护牙齿

1. 预防龋齿

教师应开展各种形式的口腔卫生教育,培养学前儿童养成早晚刷牙,饭后漱口的良好习惯。教会儿童正确的刷牙方法,告诉儿童刷牙时要遵循正确的刷牙原则。平衡膳食,控制幼儿吃糖的量和次数。

(1) 分区洗刷。把牙齿分为若干小区,每个小区 2~3 颗牙齿,作为一个刷牙动作的洗刷单位,在刷净一个小区之后,再去洗刷另一个小区。

(2) 依次洗刷。依照一定的次序刷牙,以免遗漏。如先上后下、先外后里或先左后右等。

(3) 三面洗刷。学前儿童刷牙时往往只刷牙齿的外侧面(即唇颊面),牙齿从外面看起来很清洁,但是张开嘴,牙齿的鄂舌面还有污物,刷牙时应要求幼儿将唇颊面、鄂舌面、咬合面都要洗刷到。

(4) 重复洗刷。要想彻底清洁牙齿,每个小区的牙面必须来回重复洗刷 3~4 次,全口牙每次要持续洗刷 3 分钟以上。

2. 纠正不良口腔习惯

口腔不良习惯主要包括吮指、吮唇、偏侧咀嚼、咬指甲、口呼吸等,它们会影响面部及牙颌的正常发育,造成颌骨关节和牙齿的错位畸形。教师要教育幼儿不咬嘴唇、不吮吸手指、不咬指甲、不只用牙齿一侧咀嚼食物、不用口呼吸。

对于喜欢咬指甲的儿童,教师首先应消除儿童的心理紧张因素,找出让儿童困扰、焦虑的原因,缓解儿童的心理压力,然后耐心教育儿童啃指甲的危害,帮助、鼓励儿童定期剪短

指甲，以良好的习惯代替不好的习惯。教师看到儿童有咬指甲的欲望时，可立即提示其画画、玩玩具等，以转移其注意力。对于比较孤僻的幼儿，要多鼓励他们与别的小朋友一起玩，多给他们与别人交流的机会。每次儿童成功克制住咬指甲的欲望，就给予适当的奖励。对于咬指甲严重的儿童，可采取行为治疗中的厌恶疗法，如拍一张他的手部图片，与另一张漂亮的手部图片制成对比图贴在墙上，或者让儿童对着镜子照照自己啃指甲时的"丑态"。

3. 了解换牙的知识

学前儿童升入大班后，多数开始陆续换牙了，当孩子们看到有的小朋友牙掉了，会有些惊恐。为了让儿童理解这一现象，教师可引导他们回家与爸爸妈妈一起查资料，回答"小朋友为什么会掉牙?""人的一生有几副牙齿?"等问题。在此基础上，教师以"我们换牙了"为主题，给儿童讲解掉牙的整个过程，让他们知道这是每一个人都要经历的一种生理现象，消除儿童的恐惧心理。同时，教师也可以借此契机，以讲故事、做游戏、唱儿歌、牙医活动等幼儿喜闻乐见的形式，引导儿童正确爱护自己的牙齿。

在学前儿童换牙期间，如遇到恒牙已长出，乳牙还未掉的现象，教师要提醒家长及时带孩子去医院拔掉乳牙。牙齿松动时，嘱咐他们不要用手去摇晃牙齿；如进食时牙疼，教师要让儿童把水果、硬的食物切小些再吃，应细嚼慢咽；长恒牙时，叮嘱儿童不要用舌头去舔牙，防止牙齿排列不齐；如儿童牙齿脱落时出血，提醒儿童暂时不要喝热水和漱口。

【案例 3-13】

换牙了（大班）

活动目标

(1) 让幼儿知道换牙是一种正常的生理现象，不用担心害怕。

(2) 让幼儿知道牙齿的健康离不开营养和保护，坚持早晚刷牙。

活动准备

(1) 了解幼儿的换牙和龋齿的情况。

(2) 反映恒牙更替乳牙、刷牙、到医院补牙等内容的图片。

(3) 每人一面小镜子。

(4) 如果有条件，可将已经开始换牙和尚未换牙的幼儿的座位交叉，以便活动时观察。

活动过程

(1) 看看自己的牙齿，再看看别的小朋友的牙齿，说说看到了什么。

(2) 告诉幼儿换牙是长大了的表现，不用担心害怕，但要注意卫生。

(3) 看图片，进一步了解换牙是怎么一回事，了解牙齿长得好坏与营养和保护有关。

案例来源：顾荣芳，等．幼儿园教师教育丛书——幼儿园健康教育[M]．北京：人民教育出版社，2004.

（三）眼睛的保护教育

儿童期眼保健是一生中最重要的阶段，因为它涉及儿童视力是否发育良好，是否发生弱视，今后是否会近视等。儿童期注意眼保健，孩子的眼睛将会终身受益；如不注意用眼卫生，可能会导致终身低视力或戴一辈子眼镜，因此需要积极预防，做好眼保健。

保护儿童视力，培养良好的用眼卫生习惯，是儿童眼保健的重要措施。随着电脑、电视的普及，这些娱乐设施在给儿童带来乐趣的同时，也导致了儿童的视力出现了问题。由于用眼时间过长、观看距离过近及电器辐射等因素，导致眼睛超负荷工作。视力筛查发现，现在视力低下的儿童越来越多，应引起家长和教师的重视。

1. 保护眼睛的注意事项

(1) 不要在躺着、走路、乘车、吃饭时看书，不歪着头、斜着身子或趴在桌上写字、看书。

(2) 看电视的时间不能太长。儿童每周看电视次数不宜太多，两三次为宜。看电视时要保持一定距离，应相距屏幕大小其对角线5～7倍为宜。

(3) 连续看电视、看书、写字的时间超过20～30分钟，应当让儿童站起来活动一下，望望远处、闭目养神和做眼保健操，使眼睛得到一定时间的休息，消除眼部疲劳。

(4) 多参加户外体育锻炼。这样不但可以增强体质，还可以防止近视眼的进一步发展。

(5) 多摄入维生素，不要偏食，养成合理的饮食习惯。

(6) 为儿童创设良好的采光条件。提供良好的学习、活动环境，活动室窗户大小适中，使室内自然光线充足，但不能让太阳光直射到幼儿的眼睛，应有遮阳保护。室内墙壁、桌椅家具等宜用浅色，反光较好。自然光不足时，宜使用白炽灯照明。

(7) 为儿童提供的书籍，字体要大，字迹、图案应清晰。教具大小要适中，颜色鲜艳，画面清晰。

(8) 根据儿童身高随时调整桌椅的高度。

(9) 不要在光线太暗或太强的地方看书，写、画。因为眼睛需要频繁地调节，会增加眼睛的负担，容易造成眼疲劳。

(10) 培养儿童良好的看书、写、画时正确的坐姿。正确的坐姿为：身体端正，两肩水平，大腿平放于椅面，两脚平放在地上。看书时双前臂平放在桌面上，身子平直微前倾，不要趴在桌面上。写字画画时，双臂平放桌上，胸部与桌边的距离约一拳(见图3-15和图3-16)。

图 3-15　正确的写字看书姿势

图 3-16　学前儿童在幼儿园写字

（11）定期为儿童检查视力。儿童期是矫治各种视觉缺陷效果最明显的时期，要定期为幼儿测查视力，一般应半年检查一次。

2. 培养儿童良好的用眼卫生习惯

学前儿童的眼睛容易感染沙眼、角膜炎。儿童是否患眼病与个人卫生习惯有直接的关系。只要注意眼睛的卫生，眼传染病是可以预防的。

（1）加强对儿童的健康教育，让儿童从小养成不用脏手、脏手帕揉擦眼睛的好习惯，即使是哭的时候，也不要用手揉眼睛，应该用清洁的手帕、毛巾或纸巾擦眼泪。

（2）嘱咐儿童每天都要随身携带清洁的手帕、毛巾或纸巾。

（3）不要和别人共用洗脸毛巾、脸盆和洗脸水，做到专人专用。最好用流动水洗脸。

（4）儿童一旦出现了眼痒、流泪、眼睛红及眼屎多等症状，应立即隔离患儿并送医务室和医院。

3. 预防眼外伤

（1）教育儿童在平时不要玩弄尖锐的物体，要爱护眼睛。

（2）保证儿童生活环境安全，杜绝幼儿眼外伤的发生。

（3）不要在班级放置危险物品。

（4）不要让儿童在追逐、嬉戏时手持锐利物，如铅笔等。

（5）幼儿园在为儿童购买玩具时要考虑到幼儿的实际自卫防护能力。

（6）要引导儿童做一些健康又安全的游戏。

（7）一旦不幸发生了儿童眼外伤，应立即积极治疗，不要延误抢救时间。

【案例 3-14】

保护眼睛

活动目标

引导幼儿认识眼睛构造、用途；教育幼儿保护眼睛，学习保护眼睛的方法；引导幼儿学习缓解眼睛疲劳的保健操。

活动准备

眼睛的构造图，故事《眼镜和鼻梁》，幼儿不良行为的情景图（也可以是孩子和老师的情景表演）。

活动过程

（1）谜语导入

上边毛，下边毛，中间夹颗黑葡萄。

上大门，下大门，关起门来就睡觉。

（2）了解眼睛的构造和用途

① 出示图片引导幼儿观察。

提问：这是什么？眼睛的上面有什么？眼睫毛有什么用处？中间像黑葡萄的是什么？眼睛的最中间的小圆点是什么？眼睛是用来干什么的？

② 请幼儿闭上眼睛感受一下看不见东西的感觉。

小结：眼睛是心灵的窗户，是我们认识周围世界，发现美、欣赏美的重要器官，没有眼睛我们什么也看不到。

(3) 引导幼儿了解保护眼睛的必要性和保护眼睛的办法

① 欣赏故事《眼镜和鼻梁》

夜深了，大家都睡得很香，只有明明脸上的鼻梁在轻轻地抽泣："疼，疼，疼死我了！"他边哭边揉着红肿的鼻梁，"谁在哭？"耳朵问，鼻梁哭泣着说"明明的眼镜整天压在我的身上，我的身上又红又肿。"耳朵气恼地说："讨厌的眼镜每天挂在我的身上，又沉又重，难受极了！我们找它评理去！"

耳朵和鼻梁怒气冲冲地找到桌子上的眼镜："眼镜！你为什么整天都要挂在我们的身上，又沉又重，难受极了！"

眼镜理直气壮地说："是主人把我戴在你们身上的，你们要为我服务，累也是应该的！"……它们你一言，我一语地吵起来，耳朵和鼻梁气急了，它们决定报仇！

第二天，明明在放学的路上边走边看书，突然鼻梁一耸肩，耳朵连忙弯弯腰，明明的眼镜就哗啦一声掉在地上，打碎了。明明没有了眼镜什么也看不见，不小心撞在了树上，鼻梁肿了，流出很多血，耳朵也很心疼，眼睛说话了："不要埋怨眼镜，都是明明不爱护眼睛让我们什么也看不见，才请眼镜来帮忙，大家要互相帮助，提醒明明爱护眼睛，天天做眼睛保健操，摘掉眼镜，大家都会很开心！"

提问：眼镜和鼻梁为什么吵架？最后发生了什么事情？

小结：眼镜戴在鼻梁上很不舒服，明明得了近视眼，没有眼镜什么也看不到，所以我们一定要好好保护我们的眼睛。

② 欣赏情景表演或看图片

a. 小朋友在用脏手揉眼睛。

提问：这个小朋友做得对不对？为什么？应该怎样做？

小结：小朋友的脏手上有很多的细菌，如果用脏手揉眼睛会让眼睛生红眼病，我们如果感到眼睛不舒服可以用干净的毛巾、手绢或者卫生纸擦。

b. 小朋友头趴在桌子上画画。

提问：这个小朋友哪个地方做得不对？为什么？应该怎么做？平时还要注意什么事情？

小结：看书、画画时眼睛不能距离纸太近，也不要躺着看书，否则容易近视。我们要在看书画画时抬起头，眼睛离纸约1尺的距离。平时还要注意不要看电视时间太长，看书时间长了要向远处眺望一下。不要玩尖锐的东西，多吃一些对眼睛有好处的胡萝卜、动物肝脏等食物。

案例来源：中国人民解放军总政治部幼儿园.

(四) 耳的保护教育

如果学前儿童听力受损，就会影响到语言的发展，常常会变成哑巴，因此要尽力保护儿童的听力。保护儿童听力要做到以下几点。

(1) 严禁儿童自行掏耳朵，不用火柴棍、发卡等给儿童掏耳垢。耳垢像“哨兵”一样守卫着外耳道的大门。具有保护外耳道皮肤和黏附外来物质(如灰尘、小飞虫等)的作用。在正常情况下，可随着开口说话、咀嚼以及头部的活动而自行掉到耳外。耳道有自洁的功能，能将异物向外搬移。既然这样，耳朵里的耳垢就不需要我们去清理了。

(2) 远离噪声污染。儿童的“小耳朵”极其娇弱，听觉器官尚未发育完善且适应能力差，巨大的响声及嘈杂的噪声都可能使儿童听力下降，甚至造成耳聋。要避免让儿童长期处于噪声污染环境中，也不要使用耳机。同时，要教育儿童不大声对着别人的耳朵喊叫，遇到很大的声音时要把耳朵捂住等，防止出现听力障碍。

(3) 如果发现儿童耳朵痛或患有外耳道疖肿时，就一定要去医院检查，及早正确治疗，避免小儿听力减退。

(4) 给儿童洗头、洗澡、游泳时不要让脏水灌入耳朵里，以免发生外耳道炎，影响听力。

(5) 要预防呼吸道感染、麻疹等传染性疾病。因为这些病可引起中耳炎。

(6) 教会儿童正确擤鼻涕，如果用力擤，鼻腔内压力太大，细菌就可能从鼻咽部进入耳咽管，引起中耳炎。

(7) 冬天，预防耳朵生冻疮，注意保暖。

(8) 避免异物入耳。嘱咐幼儿不要随意将小的物品放入耳内。

(9) 尽量避免给儿童使用耳毒性药物，如庆大霉素、奎宁、链霉素等，这些药物都会因使用不当损伤听力而导致神经性耳聋。

（五）鼻的保护教育

鼻子是呼吸道的第一关。学前儿童鼻腔狭窄易阻塞，儿童期鼻骨及鼻窦尚未发育成熟，其内部结构比较娇嫩，倘若有病不仅会波及耳朵、咽喉等，还常引起呼吸道病变。因此，保护鼻子十分重要。

1. 正确擤鼻涕的方法

正确擤鼻涕的方法是用手按住一侧鼻孔，将气流吸入未按住的一侧鼻腔。压力不要过大，一侧擤完后，再擤另一侧。有的儿童却用手捏紧双鼻孔，猛力将鼻涕从压扁了的鼻孔挤出来，这是不良方法。由于儿童的鼻窦正在发育，耳咽管仍然宽短而水平，鼻涕容易进入鼻窦和中耳，引起这些部位的炎症。擤鼻时的压力以不使耳朵内突然发响和突然感觉发堵为原则。

2. 正确打喷嚏的方法

打喷嚏能传播病菌。当患感冒、腮腺炎等呼吸道传染病时，打喷嚏的正确方法是：用手帕或纸巾遮挡口鼻打喷嚏，如果一时找不到遮挡物，也可以用衣服袖子代替，之后将衣服清洗干净。如果用手遮挡后，手不要去摸其他地方，之后立即洗手。千万不能面向别人打喷嚏。

3. 保护鼻子的措施

(1) 不要挖鼻腔。用手挖鼻孔是一种坏习惯。童年期鼻腔内黏膜很薄,血管丰富,而手指甲坚硬锋利,又是藏污垢之处,用手指挖鼻孔很容易使鼻毛脱落、损害鼻黏膜,血管破裂引起出血。同时挖鼻孔还会导致鼻腔感染。把手指甲上的细菌带进伤口,引起鼻黏膜发炎、破溃、结痂。这种痂不易脱落,常常感到奇痒难忍,迫使又去挖鼻腔,使其恶性循环,鼻腔炎症越来越重,以致发展成慢性鼻炎。除此之外,长期用手挖鼻孔,可使鼻孔变大,形成"朝天鼻",不仅影响美观,还会引起同伴的嘲笑,进而影响学前儿童的心理健康发展。因此,应禁止学前儿童挖鼻孔。

(2) 教育学前儿童不能将玻璃球、纽扣、豆子等小物件放入鼻孔,以免造成鼻腔阻塞和损伤。

(3) 防止鼻外伤,不要乱跑,注意周边的物体防止碰伤。

(4) 通过健康教育课,让学前儿童学会正确擤鼻涕的方法。

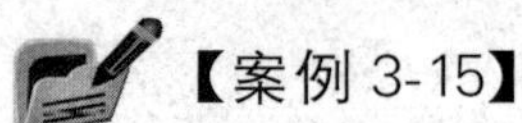

【案例 3-15】

有趣的"洞洞"(中班)

活动目标

(1) 认识身体上的一些洞洞(器官),知道它们的功能。

(2) 萌发保护"洞"的意识,知道一些保护洞洞(器官)的方法。

(3) 喜欢观察与猜想,体验与同伴共同探索与交流的快乐。

活动重难点

(1) 活动重点:认识身体里的"洞",知道其功能。

(2) 活动难点:知道保护"洞"的方法。

活动准备

(1) 经验准备:幼儿已认识五官,知道其名称以及保护五官的简单方法。

(2) 物质准备:白板、白板课件、眼罩 7 个、耳麦 6 个、安静标志贴纸、视频《鼻子作用大》。

活动过程

(1) 游戏"猜一猜",出示有关"洞"的图片,引导幼儿观察与猜想,激发幼儿参与活动的兴趣。

你在生活中还见过哪些"洞"?这些"洞"用来做什么?

小结:原来生活里有各种不同的洞,有大有小,有多有少,但每个洞都有它的本领。

(2) 身体里的"洞洞",引导幼儿了解身体里的"洞洞",知道它们的功能。

① 幼儿与同伴一起寻找身体上的"洞洞"。

② 请幼儿在白板上操作寻找的结果。

有哪些洞洞?它们叫什么名字?

这些器官有什么本领?

③ 教师根据幼儿的回答,利用白板的功能进行演示"洞洞"(眼睛、鼻子、嘴巴、耳朵、毛

孔、肚脐等部位）的本领（见图 3-17 和图 3-18）。

图 3-17　教师主题导入器官作用

图 3-18　教师引导幼儿认识器官

（3）游戏“生病的器官”，引导幼儿了解简单的自我保护方法。

① 教师介绍游戏名字和玩法，请幼儿自愿选择组进行体验游戏活动，感知眼睛、嘴巴和耳朵的重要性。

你扮演的是哪个生病的器官？游戏中你发现了什么？

② 请幼儿说一说保护“洞洞”的方法，初步了解简单的自我保护方法。

这些器官很重要，有一个生病了，都会给我们的生活带来不便，我们应该怎样做？

③ 教师进行补充、梳理，加深幼儿对自我保护方法的理解。

案例来源：北京市昌平区工业幼儿园　张硕．

【复习要点】

◆ 你能回答吗？

1．幼儿园为什么要制订生活常规？教师在开展常规教育时要注意哪些问题？

2．教师如何在进餐环节培养幼儿的生活自理能力？

3．大班幼儿可以开展哪些与身体发育及保护有关的教育内容？

◆ 思考与练习

1．请你尝试创编一首关于培养幼儿生活自理能力的儿歌。

2．请你设计一个教育活动案例，帮助幼儿学会如何用正确的方法刷牙。

第四章 学前儿童安全教育

本章知识点

1. 学前儿童安全问题的原因。
2. 学前儿童安全教育的目标和内容。
3. 学前儿童安全教育的实施途径和方法。
4. 学前儿童常见的安全问题及预防。

儿童期是一个需要成年人精心保护和照顾的时期。好奇，是学前儿童的天性。他们对一切未知的新奇事物都要探究一番，但是又缺乏生活经验，对周围环境中潜在的不安全因素判断力差。好动，是学前儿童的又一大特征。他们喜欢用行动来感受和认识事物，喜欢奔跑打闹，情绪很容易处于亢奋状态。但是他们的思维和行为活动带有明显的随意性，并且控制、调节自己心理活动和行为的能力很差，很容易给自己和其他幼儿带来伤害，因此幼儿期更易发生安全事故。

《纲要》明确指出："幼儿园必须把保护幼儿的生命安全和促进幼儿健康放在工作的首位。"对学前儿童进行安全教育，采取有效措施消除安全隐患，也是整个学前教育的重要组成部分。

【小故事】

关注儿童安全刻不容缓

2012 年 10 月 15 日下午，某幼儿园一名女教师，在短短十几分钟时间里，狂扇一女童几十个耳光，其他孩子也受到不同程度的施暴。该事件随即引起社会广泛关注。相关部门在认真调查的基础上，根据《中华人民共和国治安管理处罚法》，于 10 月 22 日对该女教师实施行政拘留 15 天的处罚。

2012 年 10 月 24 日，某地"幼师虐童照"在网络上曝光，照片中女幼师颜某强行揪住一名幼童双耳并向上提起，此举引发网友强烈声讨。事发之后，当地教育部门立即展开调查，并向公安部门通报。10 月 25 日，警方以涉嫌寻衅滋事罪拘捕颜某。

2012 年 12 月 24 日上午 9 时左右，某地发生一起接送幼儿园学生的校车侧翻水塘事故，造成 3 名儿童当场死亡，8 名儿童经抢救无效死亡的严重后果。

思考：上述材料说明了什么问题？带给我们什么思考？我们该如何应对学前儿童的安全问题。

第一节 学前儿童安全教育概述

据报道，中国每年有45万～50万名儿童因意外受伤，有2万名儿童因意外非正常死亡，即每天约有50名少年儿童因意外事故失去生命。更令人触目惊心的是，中国中小学、幼儿园儿童意外伤害的发生率正以每年14%的速度递增。意外伤害已经成为导致儿童死亡的第一因素。

这一组组惊人的数字提醒我们：关心孩子的安全问题，重视对孩子的安全教育，迫在眉睫。安全，对于当今的孩子而言，是最重要的一种需要，是健康成长的首要问题，也是幼教工作者及家长们最为关心的问题。

一、幼儿园儿童发生安全问题的特征

（一）具有一定的潜伏期

大多数幼儿园中发生的幼儿安全事故都不是一蹴而就的，都有一个由量变到质变的过程。在事故发生之前会出现一些征兆，有些征兆很明显，容易被管理者或教师发现；而有些事故发生的征兆并不明显，而且很容易在烦琐的日常工作中被忽视，最终导致儿童安全事故的发生。同时潜伏期的存在也给幼儿园管理者对儿童安全事故研究提供了更多的时间和可能性。

（二）具有一定的突发性

由于儿童安全事故发生的征兆并不明显，当安全事故发生时，会让教师、家长觉得很突然，手忙脚乱。因此，安全事故应急处理预案要贯穿在幼儿园日常管理工作中。

（三）具有很大的伤害性

儿童的自理能力较差，儿童安全事故往往会给尚无自我保护能力的儿童带来身体及心理的严重创伤，对其一生的健康发展造成影响。但这些伤害性并不都是有形和即时的，需要教师及幼儿园管理者对儿童的心理伤害及时进行干预和治疗，避免造成终身的身心创伤。

（四）具有一定的延续性

延续性有两方面的含义，一是指儿童伤害事故或状态的延续性。虽然儿童安全事故表现为突发事件，但安全事故的形成往往是一个动态发生的过程。二是指儿童安全事故一旦发生，需要家长及幼儿园管理者和教师对儿童进行一系列的帮助。

（五）具有可预防性

学前儿童安全事故的发生，是从量变到质变的过程。因此，幼儿园教育者和管理者可以采取积极措施加以预防，使儿童更健康地成长。

二、学前儿童发生安全问题的原因

儿童在幼儿园的安全状况形势依然严峻。幼儿安全事故数量较大、种类繁多。引起幼儿安全事故的原因主要是以下几个方面：一是学前儿童自身因素。二是家长、幼儿园方面，如家长安全意识淡薄或过分关注孩子的安全等。幼儿园安全管理制度不健全，安全管理不到位，领导对安全问题不重视等。幼儿园安全教育时间没有保障，安全教育形式单一，安全教育内容脱离幼儿生活实际等。三是环境和设施有安全隐患。

（一）学前儿童自身因素

儿童期的孩子处于身心逐步发展的阶段，活泼好动，有强烈的好奇心，动作的灵活性和协调能力较差，缺乏生活经验和安全意识，自我保护能力差，不能预见自己行为的后果，对突发事件不能做出准确的判断。

（二）安全意识缺乏，安全措施落实不够，安全教育内容单一

研究发现，学前儿童出现安全问题一方面是由于父母、长辈的安全意识缺乏，安全措施不落实导致儿童出现意外伤害。“望子成龙”是父母的心愿，尤其是独生子女，家长期望他们早成才、快成才，片面追求幼儿知识的积累，忽视了他们的生存需求。有些家长意识到了外界存在着的一些不利因素，采取了事事包办代替，全方位的保护策略，忽视了他们内在的主动自护能力，殊不知这样做只看到了孩子眼前的利益，剥夺了他们通过实践锻炼提高自我保护能力的机会，从而阻碍了幼儿自我保护意识和能力的发展。

另一方面是幼儿园的教师疏于对孩子的关注和照顾导致儿童发生意外事件。儿童生命教育和自护教育并没有引起老师们的足够重视，多数幼儿园没有专门的自我保护教育课程。安全教育虽然纳入了健康教育领域，但幼儿园在选择课程内容时，自护教育内容涉及较少，即便有也是比较零碎的，缺乏系统性和针对性。安全自护教育出现了片面强调成人对幼儿被动保护的状态，忽视了对幼儿主动自护的积极引导。

（三）环境和设施因素

学前儿童生活的环境以及社会或幼儿园设施也是导致安全事故的重要因素。例如，社会环境不安全，治安混乱；幼儿园设施设备不安全：园内安全设施欠缺（如消防器材等），安全出口少且狭窄，电器设备或线路老化，建筑物中的门窗或栏杆不坚固，危房，活动器材、玩具陈旧并具有伤害性。

三、幼儿园的不安全因素

（一）“显性”不安全因素

所谓“显性”不安全就是指教师平时能看到、想到的因素。如上下楼梯、饮水、洗手、如厕、上下床、户外游戏活动、危险物品、碰伤、摔伤、烫伤、电源插座等。这些显而易见的不安全因素，教师可以时时强调、提醒孩子。

（二）“隐性”不安全因素

“隐性”不安全因素是指教师无法估计、无法看到、不可预知的不安全因素。看似安全的地方，却隐藏着不安全的因素，如儿童在玩踩水车时脚踩空了，脸上连皮带肉碰了个洞；玩蹦蹦床时腿骨骨折等。这些因素很容易给孩子造成一些无法弥补的伤害，给孩子带来的是身心的痛苦。还有的不安全事故甚至会影响孩子的一生。“隐性”不安全因素往往是教师防不胜防的。因此，在活动过程中，教师必须予以足够的重视。

第二节　学前儿童安全教育的目标和内容

一、学前儿童安全教育的目标

教育目标是教育活动、教育过程设定的要在受教育者身上反映的规格指标，是所有教育工作的出发点和最终归宿。安全教育的目标必须符合学前儿童的年龄特征。《纲要》中认为儿童安全的目标是知道必要的安全保健常识，学习如何保护自己。《指南》中对学前儿童健康领域的安全教育目标是学前儿童应具备基本的安全知识和自我保护能力，具体从表 4-1 中的几个方面进行阐述。

表 4-1　学前儿童应具备基本的安全知识和自我保护能力

3～4 岁	4～5 岁	5～6 岁
1. 不吃陌生人给的东西，不跟陌生人走 2. 在提醒下能注意安全，不做危险的事 3. 在公共场所走失时，能向警察或有关人员说出自己和家长的名字、电话号码等简单信息	1. 知道在公共场合不远离成人的视线单独活动 2. 认识常见的安全标志，能遵守安全规则 3. 运动时能主动躲避危险 4. 知道简单的求助方式	1. 未经大人允许不给陌生人开门 2. 能自觉遵守基本的安全规则和交通规则 3. 运动时能注意安全，不给他人造成危险 4. 知道一些基本的防灾知识

结合《纲要》和《指南》,学前儿童安全教育目标的定位应是:让儿童懂得珍惜生命,乐于学习一些基本的安全保健知识和相应的自护、自救方法,学会保护自己;自觉锻炼身体,增强体质;养成有利于安全的行为习惯;在意外事故发生时敢于呼救,尽可能保护自己,使身体免受或少受伤害。安全教育目标是分为三层逐步深入的。首先是通过感知生命的重要,帮助儿童树立安全意识;然后引导儿童学习必要的安全保健常识,提高自我保护意识和能力;最后帮助儿童养成良好的行为习惯,减少安全事故的发生。

(一)从行为习惯的养成入手,增强学前儿童自我保护意识

心理学家认为"习惯是在一定情景下自动化的动作系统"。人的行为只有养成习惯才具有稳定性和一贯性,它反映了习惯的养成与否及养成的程度。儿童期的神经细胞反应时间短,容易形成条件反射,教师应抓住这一教育契机,探索有效的方法,将规则渗透在明确的要求中,多进行正确行为的练习,积极向家长宣传幼儿园养成教育的重要性,并与之配合,反复强调,长期坚持,使之形成习惯。如培养儿童轻拿轻放桌椅,轻开关门,主动排队不拥挤,上下楼梯靠右走等生活习惯。

(二)掌握必要的安全常识,培养儿童的自护能力

安全常识是人们在经历灾难后,对灾难缘由的规律性认识及采取的必要防护措施。在自然和社会灾难中,学前儿童往往受害最大,因此,向儿童普及意外自护常识已势在必行,结合日常生活,应从防毒、防电、防火、防交通事故、学救护等几方面中选择对儿童有益、便于儿童掌握的基本常识作为教育内容。如教育儿童有雷电时不看电视,认识各种危险和安全标志,熟记求救号码、自家地址和电话号码,遇到危险会用电话求救。儿童一旦掌握了自护常识,有了防范和抗灾的本领,加之教师、家长的照料,社会的重视和关心,就会遇事不慌,受到伤害的概率会大大降低。

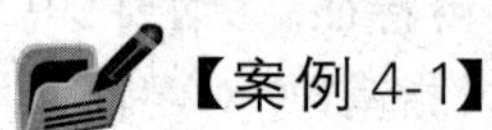
【案例 4-1】

保护自己防触电

活动目标

(1)认识电的用途和防电标志,了解电的危险性。

(2)培养安全意识,保护自己防触电。

(3)激发积极探索的意识,养成认真观察、主动参与的良好学习习惯。

活动准备

(1)知识准备:让幼儿在家时与家长一起查找资料,初步了解电的特性和用途。

(2)环境准备:电教室。

(3)材料准备:实物投影仪、图片"小刚触电了"、"防触电标志"、教学片"保护自己防触电"等有关操作学具。

活动过程

(1)老师出示图片"小刚触电了"。

(2) 引导幼儿观察图片并提问。

图①:家里有谁？他们在干什么？(客厅里,妈妈开着电风扇,在拖地板,小刚在地上玩电动甲虫)

图②:小刚怎么了？妈妈发现后怎样处理？(小刚突然躺倒在地上,捧着手喊疼。妈妈知道小刚触电了,马上关掉总开关)

图③:小刚为什么会触电？(原来小刚洗手后,没有擦干手就玩电动小爬虫。小爬虫"爬"到电风扇旁边,小刚伸出湿手取爬虫,不小心触到电插头,所以触电了)

(3) 组织幼儿讨论。

① 老师问:电有什么特性和用途？(幼儿与同伴交流,分享经验)

② 电有什么危险性？怎样才能防触电？(幼儿与同伴交流,分享经验)

(4) 幼儿观看教学片"保护自己防触电",讨论并小结。

① 让幼儿知道电的危险性及对人的伤害。(受伤或死亡)

② 让幼儿了解防触电的方法:不玩电线,不用手、小刀、钢笔等去触捅插座;不用湿手去开灯、关灯或触动其他电开关;不进有"防电标志"的场所玩(不在高压电线下玩);放风筝要注意安全,防止因风筝碰到电线而触电;雷雨天气,不要在大树下避雨;发现电器着火,不要用水灭火,应及时通知成人;在室外玩时,不爬电线杆,远离所有从高处垂下的电线。

延伸活动

让幼儿进入活动区域操作学习,提问题判断对错,巩固认识,强化安全用电常识,懂得在日常学习生活中如何防触电。

活动分析

活动采用了讨论法、演示法和操作法,调动了儿童学习的主动性、积极性。活动中,儿童积极思考,讨论热烈,操作积极,对保护自己防触电有了较深刻的认识。

案例来源:幼儿园快乐与发展课程编写组. 幼儿园快乐与发展课程教师指导用书——大班[M]. 北京:北京师范大学出版社,2009.

(三) 以开展实践活动为载体,培养学前儿童良好的安全自护行为习惯

在传统的教学模式中,教师往往以讲授、灌输为主要方式,忽视了儿童学习的主动性。然而,简单地说教难以产生持久的影响,如果创造机会让儿童参与实际操作,变被动理解为主动内化,在做中学、在做中体会和感悟,不仅能够激发他们的兴趣,更能在活动中培养学前儿童的安全自护行为习惯。教师要有计划、有目的地创设各种情境,帮助幼儿认识在社会中可能遇到的问题,并做出合乎社会规范的行为反应。例如"一个人在家的时候"活动中,通过观看真实的情景知道独自在家时哪些行为是危险的,应该注意什么;在"迷路时怎么办"活动中,教师将迷路的几种应急方法设计成情境表演,让儿童自然而然地了解了迷路时应该怎样做。在这样一次次以情境表演贯穿始终的自我保护教育活动中,教师没有一句说教的语言,儿童完全融入了情境,获得了自护经验,巩固了自我保护的技能。通过多种安全自护行为的强化练习,帮助儿童养成良好的行为习惯,矫正不良习惯,从而减少意外伤害事故的发生。

二、学前儿童安全教育的内容

儿童安全教育所涉及的内容较为广泛，主要有：同伴玩耍安全、交通安全、饮食安全、运动安全、活动安全、防摔伤、防烫伤、防触电、防走失、防传染病、人际交往安全等。这表明与儿童在园生活十分密切的方面已成为幼儿安全教育的主要内容。但是儿童居家生活、躲避自然灾害、防止性侵害等相关的安全教育在幼儿园开展相对不足。表4-2主要介绍学前儿童常见的安全教育内容。

表4-2　幼儿园安全教育的内容

同伴玩耍安全	防止性侵害
交通安全	应对自然灾害
运动安全	防雷击
活动安全	防溺水
防摔伤	消防安全
防触电	防烫伤
防走失	防传染病
人际交往安全	

（一）交通安全教育

情境1：某儿童在马路上脚踩踏板车追赶行驶中的汽车，被迎面而来的大货车撞出5米多远。交通事故是目前现代化大城市发生率最高的安全事故之一。因此，对儿童进行交通安全教育不容忽视。主要从以下几个方面进行。

(1) 让儿童了解基本的交通规则

学前儿童常常因不懂得或不遵守交通规则而发生车祸。通过教育让儿童了解诸如“红灯停，绿灯行”，“行人、车辆各走其道”、“上街行走靠右行”、“不在马路上玩耍，不横穿马路”等一些最基本的交通规则(见图4-1)。

图4-1　“红绿灯”儿歌

(2) 让儿童认识常用的交通标志

让儿童认识常见交通标志,如人行横道、红绿灯等,知道这些交通标志的作用。

(3) 让儿童养成遵守交通规则的习惯

在初步形成交通安全意识的基础上养成遵守交通规则的习惯。

(二) 防触电、防溺水教育

触电是日常生活中常见的意外伤害。教育儿童不摆弄电器,不拉电线,不用剪刀剪电线,不触弄电源插孔等,不随意开启电器,尤其是电熨斗、电取暖器等,避免由此造成的伤害(见图 4-2)。

据统计,溺水在少年儿童意外死亡中是占比例最大的。儿童平衡及自救能力差,误入水中无挣扎及自救能力,很容易溺水。因此要教育孩子不能擅自到水边玩耍,更不要私自去游泳,看到同伴落水时,要及时就近呼叫成人抢救。

(三) 防火安全教育

对孩子进行消防安全教育(见图 4-3)。主要包括:①要让孩子懂得玩火的危险性。②让孩子掌握简单的自救技能,如教育孩子一旦发生火灾要马上逃离火灾现场,并及时告诉附近的成人。发生火灾时自己若被烟雾包围,要用防烟口罩或干、湿毛巾捂住口鼻,并立即趴在地上,在烟雾下面匍匐前进。③带孩子参观消防队,看消防队员的演习,请消防队员介绍火灾的形成原因、消防车的作用、灭火器的使用方法及使用时应注意的事项等。另外,可以进行火灾疏散演习,事先确定各班安全疏散的路线,让孩子熟悉幼儿园的各个通道,以便在发生火灾时,能在老师的指挥下统一行动,安全疏散,迅速离开火灾现场。

图 4-2　幼儿园安全儿歌

图 4-3　幼儿园安全儿歌

(四) 食品药品安全教育

情境 2:据载,一女孩趁妈妈不在,翻弄妈妈的化妆品。看到鲜艳的口红,想起妈妈天天"吃",也想尝尝,结果造成中毒。儿童大多喜欢吃零食,也喜欢将各种东西放入口中,因而容易引发各种中毒。为此幼儿园及家庭应做到以下几点。

(1) 建立严格的药品保管制度。内服药、外用药均需标签清楚,分开放置,专人保管,不给儿童造成随手能拿到的机会。

(2) 安全用药。在给幼儿用药前，一定要仔细核对姓名、药品、剂量，切勿拿错药或服用过量。

(3) 妥善保管消毒剂和杀虫剂等有毒物品。不得让儿童使用或帮助拿消毒剂、杀虫剂等。

(4) 妥善保管化妆品，勿让儿童拿到手。化妆品颜色鲜艳，常诱使孩子品尝它的滋味，以致中毒。

(5) 不随便食用不明食物。

(五) 儿童玩具安全教育

情境3:随着令人揪心的一声尖叫，只见一个五六岁的男孩双手捂住脸部，鲜血从他的指缝中渗出来，一起做游戏的孩子都惊呆了。原来小男孩的右眼被塑料子弹射中了……

游戏是孩子的天性，玩具是孩子生活中的亲密伴侣，玩具以其可爱的形象、鲜艳的色彩、幽默的造型、奇特的性能、悦耳的声响再现生活中的各种事物，深受孩子喜爱。玩具是幼儿的“教科书”，在一日生活中，儿童几乎有一半时间在和玩具打交道。因此，玩具的安全问题至关重要。

首先，制作玩具的材料必须确保儿童的健康与安全，要无毒和便于清洗消毒。其次，要避免有锋利的边角扎伤幼儿，音响刺耳的玩具也不可取。另外，一些带子弹的仿真玩具枪及锋利的刀、箭、剑等玩具要禁止孩子玩耍。

(六) 生活安全教育

情境4:某班正在进行户外活动，突然，小明的手被捡起的碎玻璃划破了，鲜血直流。儿童喜欢捡一些小物件，如小剪刀、碎玻璃、小石子、野花野草等。有时把小物件放到口中吸吮，偶尔还会把小钢珠、豆粒、纸团等放入耳、鼻中。常因此发生割破皮肤、误服有毒植物、异物等造成意外伤害。因此，我们要在幼儿园和家庭做到以下几点以防意外。

(1) 让儿童了解哪些事情不能做。例如，认识生活中常见的安全标志或危险标志(见图4-4和图4-5)。

(2) 提供安全材料，引导儿童学习和学会正确使用常见的生活用具；如为儿童提供的塑料粒、珠子等活动材料要足够大，材质要安全，以免造成异物进入气管、铅中毒等伤害。在幼儿手工活动时为他们准备安全剪刀。为幼儿示范拿筷子、握笔的正确姿势以及使用剪刀、锤子等工具的方法。提醒幼儿不要拿剪刀等锋利工具玩耍，用完后要放回原处。

(3) 注意运动中的安全。

(4) 学会与陌生人交往的正确方式。

图 4-4　常见安全或危险标志(1)

图 4-5　常见安全或危险标志(2)

为孩子提供一个安全的生活环境,对儿童进行各种安全教育,是家长和幼教工作者应尽的职责,也是肩上一项刻不容缓的重担。

三、学前儿童各年龄阶段安全教育的具体内容

(一) 小班安全教育内容

(1) 知道保护五官的方法。如:不要挖鼻子,不要把东西塞到嘴巴、耳朵里等。

(2) 不随便要陌生人的东西和乱吃陌生人的东西。

(3) 不随便跟陌生人走,不要让陌生人触摸自己的身体。

(4) 上下楼梯不推挤,靠右边一个跟着一个上下,不滑扶手。

(5) 知道自己的姓名及父母的姓名、电话。

(6) 不做爬窗、跳楼梯、玩门、从高处往下跳等危险动作。

(7) 不要玩插座、电器。

(8) 不要随身携带玩具、刀、牙签等锐利的器具,更不应把它放在口、鼻、耳中,以防伤害。

(9) 不拿玩具和同伴打闹,更不能抓、咬、打同伴。

(10) 在运动、游戏、游乐场玩时应听从老师的安排,遵守纪律,有序活动,避免互相追打、乱跑碰撞。

(11) 外出活动听从大人或者老师的安排,不随便离开集体。

(12) 远离变压器、建筑工地等危险的地方。

(13) 懂得玩火、玩电、玩水的危害,不玩火、玩电、玩煤气以防止意外事故。

(14) 不拿电话当玩具玩,不乱拨电话。

(15) 受到伤害时要及时告诉大人。

(16) 不到马路上玩耍,走路靠右边,没成人带领时不自己过马路。

(17) 不随便逗猫、兔、狗等小动物玩,以免发生意外。

(18) 不在电梯上玩耍。

(19) 不喝生水,不吃腐烂、变质、有异味的东西。

(20) 不玩开水、药品,不乱吃药。

【案例 4-2】

安全玩滑梯

活动目标

(1) 幼儿学会用正确的玩滑梯方法。

(2) 让幼儿知道用不正确的方法玩滑梯容易造成伤害,初步培养幼儿的安全意识。

活动准备

(1) 小兔、小熊胸饰若干,照相机。

(2) 编排情境表演。

活动过程

(1) 导入活动,激发兴趣。兔妈妈:"今天天气真好,孩子们,妈妈带你们出去玩。看,那是谁?(小熊)他们在干什么?(滑滑梯)"

(2) 观看情境表演,向幼儿介绍滑梯及其玩法。①熊妈妈是怎样教小熊玩滑梯的?为什么要这样玩?②人多的时候应该怎样玩滑梯?小结:玩滑梯人多时要先排好队,一个跟着一个,不拥挤推拉。从楼梯上去时两手扶稳,一层层地往上爬。眼睛看好楼梯,爬到顶,坐稳后,两手扶着滑梯两边,两条腿并拢,再滑下来。如果不这样好好玩滑梯,做不正确的动作,就会发生危险。

(3) 幼儿练习玩滑梯,教师指导幼儿按正确的方法玩滑梯。①兔妈妈:"刚才我们看了小熊滑滑梯,你们会不会像它们那样玩?"②兔妈妈:"孩子们,你们想不想再玩一遍?这次,你们玩的时候,妈妈给你们每人拍张照,看谁滑得最好。"(及时纠正幼儿不正确的动作,鼓励幼儿用正确的方法玩滑梯。)

活动建议

(1) 此活动宜安排在开学初进行,让幼儿一开始就掌握玩滑梯的正确方法。

(2) 日常生活中幼儿玩大型运动器具时一定要有成人保护,引导幼儿正确地玩各种运动器械,逐步在活动中培养幼儿的安全意识。

案例来源:幼儿园快乐与发展课程编写组. 幼儿园快乐与发展课程教师指导用书——小班[M]. 北京:北京师范大学出版社,2009.

(二) 中班安全教育内容

(1) 幼儿要记住自己的姓名、家庭住址、父母的全名及工作单位,知道在遇到危险时如何拨打紧急呼救电话。

(2) 一个人留在家里时,如有陌生人来访不要开门。

(3) 不用湿手去摸电器的开关、插头,更不可将手指、别针、回形针等放进插座,以免触电。

(4) 在家中不要攀爬登高,更不要在阳台、窗边及楼梯口嬉戏,避免坠楼和滚下楼梯,引发危险。

(5) 清洁用品或杀虫剂不可触摸，捉迷藏时不要躲在柜子、箱子里。

(6) 大人不在家时，不要独自进浴室玩水，更不要在浴室里推、拉、打、跳，随意开启热水龙头。

(7) 不要用塑料袋或棉被蒙头，不要用绳子绕在脖子上，也不可把花生、纽扣、弹珠等小东西放进鼻孔或嘴里，以免不小心吸入气管。

(8) 不可开启煤气开关，更不能用手去摸明火；教会孩子一旦发生火灾如何自救，如何迅速逃离或等待大人施救。

(9) 告诉孩子吃任何东西前，一定要先征得大人同意，地上或桌上的东西不可随便捡来吃。还要注意吃东西时不要边吃边跑，否则食物易吸到气管里。

(10) 让孩子学会爱惜玩具和如何同小朋友分享彼此的玩具，以免因抢夺玩具受伤或受到破损玩具的伤害。

(11) 了解消火栓、灭火器的用途，知道幼儿园的安全通道出口；教育孩子养成到公共场所注意观察消防标志和疏散方向的习惯。

(12) 知道报警电话 110、120、119 的区别，懂得如何打电话报警。

(13) 下午放学后要拉着大人的手走路，不能自己到处跑，不能停留在幼儿园玩耍，以防意外。

(14) 不轻信陌生人的话，未经允许不跟陌生人走，更不要让陌生人触碰自己的身体。

(15) 在家不自己动手反锁门，不触碰煤气、炉火、打火机、开水壶、饮水机、药品等危险物品。

(16) 没有成人带领不能独自过马路，过马路时应遵守交通规则，走人行横道，不在马路上停留和玩耍，上街走路靠右边。

(17) 单独在家时不随意开门，听到敲门声不要开门，要想办法对付，以防窃贼趁大人不在时闯入家中行窃。

(18) 到野外旅行或散步时不得随便采摘花果、捉捕昆虫，更不应该放入口内，以防意外。

(19) 初步了解雷电的危害，下雨天和雷电时不到大树和屋檐下避雨。

(20) 发生火灾或者煤气泄漏，知道简单的处理和逃生方法。

(21) 知道发生灾害时要镇静，不慌乱，听从大人指挥。

(22) 初步知道台风、暴雨、地震的危害和简单的自救方法。

【案例 4-3】

安全标志我知道

活动目标

(1) 鼓励幼儿探索学习，使幼儿认清安全标志，教育幼儿不要玩火、电等危险物品，遵守交通规则。

(2) 引导幼儿发现和尝试，让幼儿知道应该按照安全标志的要求行动，才能既方便自己又不影响集体，培养自我保护意识和能力。

(3) 通过幼儿自己动手制作安全标志，发展幼儿的想象力和创造力及动手制作的能力。

活动准备

(1) 多媒体课件:交通安全、严禁烟火、当心触电、禁止触摸等内容的小故事,并配有关的安全标志。

(2) 事先让幼儿收集有关的安全标志。

(3) 七种安全标志:注意安全、人行横道、步行、禁止通行、严禁烟火、当心触电、禁止触摸。

(4) 画纸、水彩笔、剪刀等工具材料。

活动过程

1. 找安全标志

(1) 激发幼儿的学习兴趣

教师引导幼儿观看多媒体演示,就其中的交通安全小故事鼓励幼儿探索根据什么标志过马路。

(2) 提出问题,请幼儿思考

① 为什么要有这些安全标志,这些安全标志有什么用?

② 除了马路上的安全标志,你还见过什么安全标志,在什么地方见过,它们表示什么意思?

③ 请幼儿继续观看多媒体演示,寻找有关的安全标志。

2. 议论安全标志

(1) 幼儿尝试从布袋中找出安全标志,并介绍这些标志是什么意思。

(2) 讨论安全标志的用途:我们生活中为什么有这么多安全标志?它们对我们有什么用途?小朋友想一想,如果没有这些安全标志行不行?为什么?

(3) 议一议没有安全标志的危害。

① 想一想、说一说没有这些安全标志的危害。

② 总结:每个人都生活在集体中,作为社会中的一员,一定要按安全标志上的要求行动,才能既方便自己又不影响集体。如果不这样,会出现很多问题,人们的工作、生活、学习就不能正常进行。

(4) 游戏:看谁找得准。教师说出一种安全标志名称,请幼儿迅速找出相应的安全标志卡片。

3. 设计安全标志

(1) 想一想,我们班、幼儿园什么地方需要悬挂安全标志。请小朋友尝试动手设计和制作,让安全标志告诉我们在什么地方做什么事情,应该怎样做。

(2) 请小朋友介绍自己设计、制作的安全标志的内容和作用,并用简练的语言讲给大家听。

活动延伸

幼儿找到需要安全标志的地方悬挂上自己制作的安全标志,并继续探索相关的安全标志,尝试理解安全标志的含义。

活动评析

活动中，幼儿作为学习的主人，激发了对安全标志的兴趣，引导幼儿自己去观察和发现、寻找各种各样的安全标志，如：严禁烟火以及各种交通安全标志等。这些安全标志都是小朋友们自己找到的，因此，他们参加活动的积极性也特别高。孩子们通过自己看、问、找、画等探索活动，学会了学习，也学会了适应社会、适应集体，明白了做人的道理。

案例来源：幼儿园快乐与发展课程编写组．幼儿园快乐与发展课程教师指导用书——中班[M]．北京：北京师范大学出版社，2009.

（三）大班安全教育内容

(1) 教育幼儿不要随身携带玩具及锐利的器具来园，更不应把它放在口、鼻、耳中，以防伤害。

(2) 教育幼儿不能拿玩具和同伴打闹，更不能抓、咬、打同伴。

(3) 上下楼梯靠右边走，不从楼梯扶手往下滑，不做爬窗、扒窗、跳楼梯、玩门、从高处往下跳等危险的动作。

(4) 到公共场所参加游览，外出散步或户外活动时，教育幼儿要远离变压器、建筑工地等危险的地方，听老师（或者大人）的话，不得随便离开集体，有事应告诉老师。

(5) 教育幼儿在运动或游戏时应听老师的安排，遵守纪律，有序活动，避免互相追打、乱跑碰撞。

(6) 向幼儿讲解和宣传安全常识，让幼儿懂得玩火、玩电、玩水的危害，以防止意外事故的发生。

(7) 引导幼儿了解消火栓、灭火器的用途，知道幼儿园的安全通道出口；教育孩子养成到公共场所注意观察消防标志和疏散方向的习惯；知道各种报警电话，懂得如何报警。

(8) 下午放学后，教育幼儿要拉着大人走，不能自己到处跑，不能停留在幼儿园玩耍，以防意外。

(9) 教育幼儿知道自己的姓名、园名、家长姓名、单位、家庭住址、电话，会表达清楚，紧急情况知道如何保护自己。

(10) 教育幼儿不随意轻信陌生人的话，未经允许不跟陌生人走，更不要让陌生人碰自己的身体，告诉孩子，只有家长、医生、护士才能触摸他（她）的身体，如果陌生人要这么做，一定要尽快逃开。

(11) 教育幼儿在家不自己动手反锁门，不玩煤气、炉火、火机、开水壶、饮水机、药品等危险物品。

(12) 预防中毒，中毒包括的范围非常广，如煤气、食物、化学品、药品、消毒剂、杀虫剂等。

(13) 教育孩子单独在家时，听到敲门声不要开门，可以说："我父母不在家，请你以后再来"，以防窃贼趁大人不在时闯入行窃。

(14) 到野外旅行或散步时不得随便采摘花果、捉捕昆虫，更不应该放入口内，以防意外。

(15) 遵守交通规则，了解乘车的安全知识，知道一些安全标记，不在马路上停留和玩耍，要在便道上走，过马路要走人行横道。乘车时坐稳，不把手、头伸出窗外，不乱动车上的按钮。

(16) 防止玩火,不宜进入厨房,火柴和打火机一类易燃引火物决不能去玩弄,懂得玩火的危害性。

(17) 不要动暖瓶、开水、饮水机,以防止烫伤、烧伤。

(18) 不要玩水,不要扭动自来水开关,不在湖、河边上玩耍,以免失足误入水中,也不要在下水道井盖丢失的道路上走。

(19) 不要玩电,不能去触摸和玩耍正在运转的电风扇等电器产品,不能摸电插座。不用湿手触摸电源开关,在没有学会操作前不能随便按动电器上的旋钮及各种键,有的家电只有大人才能操作,不能随便乱动。

(20) 幼儿节约用电、安全用电,注意节约用电,要随手关灯,没人时不开灯,电视看完要及时关掉。教育幼儿学会如何防雷电。

(21) 不要让孩子随便拿刀、剪或其他尖锐器物当作玩具。教会孩子正确使用刀、剪等用具。

(22) 运动注意规则,按顺序进行,避免碰撞,不做危险性游戏。懂得登高的危险,教育孩子不可从高处随便跳下。勇敢和逞能是两回事,教育孩子不拿力所不及的东西。

(23) 知道什么是安全地方,什么是不安全地方,如:不在加油站、建筑工地等地方玩耍。了解在公共场合走失后的方案(和大人在预定地点、时间集合,找警察、工作人员,借电话等)

(24) 会清楚地表达自己的姓名、园名、家长姓名、单位、家庭住址、电话,紧急情况知道如何保护自己。

(25) 不要把铅笔、筷子、冰棍、玻璃瓶或尖锐的东西拿在手里或含在嘴里到处跑,因为这样容易扎伤自己和别人。

(26) 教育孩子不要把塑料袋当做面具往头上套,以免引起窒息而死亡。

(27) 知道110报警电话的用途和正确使用方法。

【案例4-4】

遇到火灾怎么办

活动目标

(1) 学习火灾中正确的自我保护方法,懂得火灾发生时如何撤离、躲避、求救等多种自救方法。

(2) 能正确拨打火警电话119,面对火灾不慌张,积极动脑想办法,增强自我保护能力。

(3) 感恩消防员的辛苦,体验人与人之间的关爱之情。

活动准备

(1) 知识准备:活动前请幼儿制作“发生火灾怎么办”安全宣传画。

(2) 物质准备:视频(小明家失火、消防员救火、火灾求生法)、课件“遇到火灾怎么办”、快乐成长宣传片、湿毛巾、安全出口标志若干。

活动过程

1. 通过讲述“小明家失火”事件引导幼儿感受火灾危害。

(1) 播放“小明家失火”的视频。提问:小明家发生了什么事情?你有什么感觉?

(2) 播放“消防员叔叔救火”视频。提问:消防员叔叔表现得怎样?你想对他们说些

什么？

(3) 结合火灾后家园的变化图片，让幼儿感知火灾的严重后果。

2. 讨论交流引发火灾的多种原因，引导幼儿了解如何避免发生火灾。

(1) 提问：为什么会发生这么多的火灾？怎样做能够避免发生火灾？

(2) 演示课件，引导幼儿看标志，说出生活中不能做的事。

3. 通过多种形式，学习运用撤离、躲避、求救的方法自救和自护，懂得面对火灾要沉着、冷静，积极想办法。

(1) 通过交流，引导幼儿了解发生火灾时如何撤离。

① 幼儿相互交流宣传画，说出自己知道的自救方法。

② 教师带领幼儿模拟练习拨打火警电话的方法，要求幼儿说清地点和人员。

③ 通过图片(电梯、楼梯、窗户、安全通道)判断，让幼儿了解发生火灾时，从安全出口撤离最安全，并引导幼儿在现场寻找安全出口标志。

④ 幼儿观看视频"火灾自救法"，进一步了解捂住口鼻、弯腰走的重要性。

(2) 通过实地演练，巩固幼儿逃生撤离的已有经验。

① 用湿毛巾捂住口鼻，引导幼儿从安全通道撤离。

② 引导幼儿运用多种方法迅速撤离。

(3) 创设情境，引导幼儿了解无法撤离时，如何正确躲避。

① 提问：当火势很大无法撤离时，应该怎么办？可以用哪些方法躲避？

② 演示课件，引导幼儿判断分析在哪里躲避是正确的。

(4) 讲述故事，引导幼儿懂得发生火灾要沉着冷静，积极动脑想办法。

① 教师讲述"婷婷火场自救"小故事。

② 提问：面对险情时婷婷是怎样自救的？还可以用哪些方法自救？

③ 运用儿歌，全面总结火灾中的自救方法。

4. 观看公益片"我们快乐成长"，体验人与人之间的关爱。

(1) 请幼儿观看公益片，谈一谈：如果你是受灾的小朋友，你现在的心情会是怎样的？引导幼儿感受火灾无情、人有情的美好情感。

(2) 引导幼儿张贴安全宣传画，让更多的人知道在火灾中自救和自我保护的方法。

案例来源：幼儿快乐与发展课程编写组．幼儿园快乐与发展课程教师指导用书——大班[M]．北京：北京师范大学出版社，2009.

第三节　学前儿童安全教育的实施途径与方法

一、强化安全意识，执行安全制度，创设安全环境

不安全的环境，是引发学前儿童意外伤害事故的最直接的原因之一。幼儿园是学前儿童生活的主要场所，保证儿童在幼儿园及园内外活动中的安全，是幼儿园应尽的职责。因

此，幼儿园应采取措施，为孩子提供安全的环境。

1. 园内设施要安全

幼儿园的建筑、设施要符合学前儿童的年龄特点和安全需要。例如，建筑物要以两层为宜，楼梯每一踏步不宜高于12cm，踏步深度约26cm，栏杆的高度不得低于90cm，间距不得大于12cm，等等。还要及时检修各种设备，确保安全。比如，危房、危墙的拆除；大型玩教具的年久未修；活动场地太滑、太坚硬、不平整；各种设备的锋利棱角等，都属于安全隐患应及时排除，以保证孩子的安全。

2. 强化安全意识，建立和执行安全制度

每个幼教工作者都应有安全意识，有工作责任心，能及时发现和处理各种不安全因素。同时，幼儿园应建立健全安全制度，并严格执行。

比如：落实门卫制度。为确保幼儿园安全，必须严把进门关和出门关，无关人员一律不准进入园内；严格禁止儿童擅自离开幼儿园。严格执行接送制度。家长必须亲自把孩子送交给所在班教师。非幼儿家长，原则上不能接走孩子等。

二、注重环境育人

《纲要》指出："环境是重要的教育资源，应通过环境的创设和利用，有效地促进儿童的发展。"生活化、自观化、常规化的体验式环境教育，以儿童易于接受、乐于践行的潜移默化方式，有效解决安全教育枯燥抽象教条化问题，明显提高了教育效果。

1. 将安全教育与儿童日常生活环境相结合

将安全规则要求渗透在幼儿园环境营造中，成为儿童生活的一部分。如在走廊拐角处、盥洗室、便池边、饮水桶前、电源插座旁等处，贴上儿童设计的各种安全标志，时刻警示儿童注意行为安全，强化安全意识。

2. 将教育内容渗透在主题活动环境中

如在"马路上的安全"主题中，在走廊或活动室专门开辟一块空间，设置安全教育主题墙，根据主题活动开展的线索，将各种安全标志图片及儿童对标志的认识与判断图片，一一呈现在主题墙中，让儿童在参与环境创设和活动的实践体验中，获取安全知识接受安全教育，形成自觉的行为习惯。

三、开展丰富多彩的活动

《纲要》提出寓教育于生活、游戏之中的要求，引导我们要把安全教育渗透于儿童一日生活活动的各环节中，形式丰富多样，让儿童主动参与过程。《指南》指出：结合活动内容对幼儿进行安全教育，注重在活动中培养幼儿的自我保护能力。

1. 丰富多彩的主题活动

将安全教育从外在于教学活动的具体保障措施,内化为教学活动的重要目标,精心设计、安排系列活动,让儿童亲身体验过程。如,小班主题"能干的我",通过"安安全全玩滑梯"、"不跟陌生人走"、"防止抓咬伤"等系列活动,培养儿童的安全和自护意识。中班主题"安全标志大揭秘",通过观看课件、收集标志、组织讨论、了解各种标志的含义,让儿童学会辨别各种交通安全标志,增长知识。大班主题"安全运动",则开展"我是安全检查员"活动,让儿童查找日常活动中存在的安全隐患,共同讨论、了解应该引起特别注意的一些问题,并自主设计安全运动的规则标志,张贴于公共活动区域中,主动宣传(见表 4-3)。

表 4-3 某幼儿园安全教育主题计划表

小 班	中 班	大 班
活动名称:不跟陌生人走 活动目标: 1. 知道陌生人的话不可以轻信,不能跟陌生人走 2. 培养幼儿的自我保护意识	活动名称:我会求助 活动目标: 1. 教育幼儿遇到麻烦时可以求助他人 2. 教给幼儿求助基本常识以及怎样拨打求助电话	活动名称:不上当受骗 活动目标: 1. 帮助幼儿建立初步防范意识 2. 教会幼儿应对危险的基本方法
活动名称:妈妈不见了 活动目标: 1. 知道找不到妈妈应该怎么做,记住电话及家庭地址,初步掌握应对方法 2. 提高自我保护能力	活动名称:小心、危险 活动目标: 1. 尝试多角度思考生活中常见的危险因素和预防措施,有安全意识和自我保护意识 2. 大胆讲话,有敢于当众表达自己想法的勇气	活动名称:参观消防队 活动目标: 1. 对幼儿进行自我保护教育,提高安全意识 2. 了解消防员的角色,消防队的任务及装备,激发幼儿对消防员的敬意
活动名称:我会走路 活动目标:帮助幼儿养成良好的习惯,学习安全走路的方法,走路时抬头看路,不嬉戏打闹	活动名称:我会打报警电话 活动目标: 1. 养成初步的自我保护意识,遇到危险知道拨打电话求救 2. 记住电话 110(报警)、119(火警)、120(急救),并知道什么情况下拨打	活动名称:身边的安全标志 活动目标: 1. 认识常见的安全标志 2. 初步学会看标志保护自己,增强自我保护意识

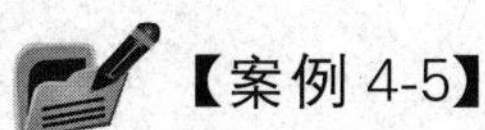

【案例 4-5】

兔妈妈不见了(小班)

活动目标

1. 喜欢与成人一同参加自我保护的游戏,感受游戏的乐趣。

2. 知道不吃陌生人给的东西,不跟陌生人走。

3. 提高幼儿自我保护意识。

活动重难点

(1) 活动重点:不吃陌生人给的东西,不跟陌生人走。

(2) 活动难点：引导幼儿不吃陌生人给的东西，不跟陌生人走。增强自我保护能力。

活动准备

物质准备：小兔、灰狼的音乐及头饰，大树道具若干。

活动过程

1. 放音乐，以小兔子身份出场，激发幼儿的活动兴趣。

(1) 兔妈妈带宝宝们来到了公园的草地上。（跳一跳）

(2) 在游戏的过程中教师提示幼儿跟随妈妈，注意安全，不要走丢了。

2. 做游戏，“陌生人的东西我不吃”，引导幼儿不吃陌生人给的东西，增强自我保护的能力（见图 4-6）。

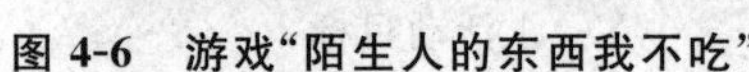

图 4-6 游戏“陌生人的东西我不吃”

图 4-7 游戏“不跟陌生人走”

(1)“妈妈的钱包忘记带了，宝宝们在这里玩一会儿，不要走远了。如果有陌生人来了怎么办呢？他们要是给你好吃的怎么办呢？你们在这里玩。”（兔妈妈回家）

(2) 大黄狗说：“孩子们，我这里有好吃的东西，给你们尝尝吧！”

(3) 引导幼儿不吃陌生人的东西。

3. 做游戏，“不跟陌生人走”，引导幼儿不跟陌生人走，增强自我保护的能力（见图 4-7）。

(1) 狗熊说：“孩子们，你们在这里玩多没有意思呀，我带你们去游乐园玩吧，可好玩了，和我走吧。”

(2) 引导幼儿不跟陌生人走。

(3) 妈妈回来了，鼓励不吃陌生人给的东西、不跟陌生人走的幼儿。

4. 兔妈妈带宝宝蹦蹦跳跳地回家了。

案例来源：北京市昌平区工业幼儿园　秦洁.

【案例 4-6】

交通安全知识竞赛活动方案（大班）

活动宗旨

幼儿园的安全教育活动不仅仅是某个时段的一个活动，而是要把安全知识渗透到孩子们的日常生活中。在潜移默化的过程中，让孩子们把遵守交通规则变成一种常态。不管是在幼儿园、家里，还是在路上，都能够时时谨记在心。为进一步加强幼儿安全教育，使交通安全深入幼儿心中，我园大班年龄组将组织本次以“文明交通，从我做起”为主题的知识竞赛活动，通过本次竞赛活动，进一步丰富幼儿交通安全知识经验，同时也锻炼幼儿的反应能力，增强幼儿的集体荣誉感。

活动主题　文明交通，从我做起

竞赛时间　2013 年 12 月 5 日上午

竞赛地点　××幼儿园多功能厅

参与班级　大四班、大五班、大六班

活动流程

1. 前期准备

幼儿了解一些简单的交通安全知识，认识一些常见的交通安全标志。

2. 活动具体开展

(1) 介绍竞赛规则。

① 每班出一名小朋友到棋盘上参与比赛。比赛前由掷骰子的点数大小决定答题顺序，点数大的先答。

② 答题中，将骰子掷到 1、2、3 时，请到相应题箱中抽选题目交给裁判员进行答题，答对前进一步，答错原地不动。当掷到 4 时，为自选题目，可以在 1、2、3 题箱中任选一题进行答题，当掷到 6 时，为奖励题，不用答题，直接前进一步，当掷到 5 时，停止一次答题，原地不动。

③ 当选手走到黄色区域上，三个班进行抢答题目(见图 4-8)。答对的选手前进一步。其他班级选手原地不动。

④ 当选手走到绿色区域上，不用掷骰子，回答判断题。答对前进两步，答错原地不动。

⑤ 每道题只有一次答题机会，不能补答。

⑥ 下面我再向小朋友介绍一下我们的竞赛路线，从我们的起点开始到终点的停车场上，路途中会有许多的路标(见图 4-9)，它们可以帮助小朋友顺利到达终点，最后还要提示小朋友在答题中有序答题，保持安静。

图 4-8　交通标志抢答

图 4-9　幼儿园交通场景设置

(2) 开始知识竞赛。

(3) 针对竞赛活动进行小结。

(4) 颁发奖状。

3. 活动结束

活动结束,各班留影拍照。

案例来源:北京市昌平区工业幼儿园　张杰,杜军,孙莉.

2. 生动有趣的游戏活动

充分利用儿童最感兴趣的游戏活动,让儿童在轻松、愉快的气氛中进行自救技能训练。如在游戏区里,为儿童准备了红绿灯标志,设置了人行横道、丁字路口等,让儿童在游戏活动中掌握基本的交通规则。还可以为儿童设计各种安全棋,如:熟悉社区环境的社区棋、乘车安全棋等,让儿童在轻松、愉快的气氛中增长安全知识,提高自护意识和能力。如利用情境表演游戏"小兔乖乖"中创设的情境:"你一个人在家,有个陌生人敲门怎么办?"、"想看电视了,怎样插插座?"、"水和饭菜很烫,你该怎么办?"等,让儿童在游戏中,设想各种自救自护的方法并进行反复练习,懂得在第一时间采取最有效的自我保护措施,提高自护能力。

3. 安全教育渗透日常生活

儿童一日生活的各个环节都是安全教育的最好载体。如,晨检时,保健医、教师要注意检查儿童口袋是否有尖锐的器具或小珠子之类的东西。午餐时,注意提醒儿童餐前要洗手,以防病从口入,吃饭时热汤热饭要吹一吹再吃,以免烫伤,吃饭时少说话以免呛着。教学活动时,教儿童正确使用剪刀、游戏棒等尖锐的东西。户外活动前,教师要告诉儿童整理好衣冠、鞋带,上下楼梯要靠右走。活动中要注意不狂奔乱跑,避免摔伤、跌伤。玩大型玩具时,帮助儿童先制定规则、注意安全。自由活动时,教师要时时关注儿童,不要抛、扔或互甩玩具、不攀爬栏杆、窗户,防止出现安全事故。

4. 安全教育走进节日活动

幼儿园丰富多彩的节日活动,是开展安全教育的契机和重要的载体。它将安全教育与游戏、表演、歌唱生动有趣的活动形式有机融合、自然呈现,充分调动儿童的活动兴趣,积极主动参与创编、表演,有效提升安全意识和能力。如"六一"节安全童话剧编演、"元旦"亲子安全游戏创编体验、"六一"安全歌曲编演等节日活动,都可以成为安全教育的最好载体。

四、构建家园社区互动机制

《纲要》指出,幼儿园应与家庭、社区密切合作,综合利用各种教育资源,为儿童的发展创造良好的条件。家庭、社区既有丰富的安全教育的资源,但也存在大量的安全隐患。家庭、社区对儿童安全教育作用是幼儿园无法取代的,应尽快构建家园、社区互动的桥梁和科学协作机制,形成教育的合力。如定期举办家长讲座、开辟安全专栏、家长开放日、网站等途径,让家长了解安全教育的相关知识,指导运用正确方法进行安全教育。假日前的公开信,让家长有意识地在假期中抓好安全教育。建立幼儿园信息库,储存儿童相关资料信息,开辟安全栏目,针对问题进行互动。邀请参与大型活动的组织、策划和体验。信息的沟通和机制的建立,改变了家长教育的观念和方法,有效地提高了他们的教育质量和水平。而

消防大队、派出所、交警大队、街道社区是安全教育的重要资源，应努力挖掘社区安全教育资源，使安全教育更加直观有效。

如定期邀请相关人员来幼儿园面向教师、儿童、家长讲解安全知识，让儿童参与社区活动，到实地参观、调查、实践，拓展安全认知，有效增强安全意识和安全应急处理、自我保护能力。

【案例 4-7】

参观消防队（大班）

活动目标

(1) 通过参观消防员叔叔的训练演习，了解消防队员的工作职责，增强消防安全知识。

(2) 认识消防车，了解常见的消防工具。

(3) 尊敬消防队员，体验和消防队员在一起的愉快心情。

活动重难点

(1) 活动重点：认识消防车，了解常见的消防工具。

(2) 活动难点：了解消防安全知识，具有较强的消防安全意识。

活动准备

经验准备：幼儿了解简单的消防安全知识，同伴之间喜欢主动交流。

物质准备：与某消防中队联系，幼儿自备背包、水杯、纸巾等。

活动过程

(1) 与幼儿进行谈话，激发幼儿参观消防队的愿望。

教师提问：小朋友们你们见过消防车吗？你在哪里见过？你想知道消防车是什么样的吗？哪里有消防车呢？

幼儿之间相互交流，引出我们要去参观消防队。

(2) 带领幼儿远足去消防中队，提示幼儿路上注意安全。

(3) 幼儿参观消防车，引导幼儿认识消防车，了解常见的消防工具。

① 请消防员叔叔给幼儿介绍消防车，引导幼儿了解消防车的种类以及每种消防车的作用。

② 请消防员叔叔介绍常见的消防工具(见图 4-10)。

③ 鼓励幼儿根据叔叔的介绍，提出自己的疑问。

④ 幼儿亲自登上消防车，参观消防车内室(见图 4-11)。

图 4-10　消防员叔叔介绍救火工具

图 4-11　幼儿登上消防车

(4) 组织幼儿参观消防员叔叔的训练演习，引导幼儿了解消防员叔叔的工作职责，增强消防安全知识。

① 参观消防员叔叔的高空攀爬。

② 参观消防员叔叔现场灭火。

③ 参观消防员叔叔快速翻越。

(5) 与消防员叔叔合影，体验和消防员叔叔在一起的愉快心情。

(6) 组织幼儿安全有序地步行返回幼儿园。

活动延伸

在班级开展"消防安全我知道"的系列教育活动，引导幼儿了解火灾的原因、知道着火了怎么办。开展防火安全预案演习等。进一步增强幼儿的消防安全知识，提高幼儿消防安全意识。

案例来源：北京市昌平区工业幼儿园　陈立英.

【延伸阅读】

《指南》中的教育指导建议

1. 创设安全的生活环境，提供必要的保护措施。

如：要把热水瓶、药品、火柴、刀具等物品放到幼儿够不到的地方；阳台或窗台要有安全保护措施；要使用安全的电源插座等。在公共场所要注意照看好幼儿；幼儿乘车、乘电梯时要有成人陪伴；不把幼儿单独留在家里或汽车里等。

2. 结合生活实际对幼儿进行安全教育。

如：外出时，提醒幼儿要紧跟成人，不远离成人的视线，不跟陌生人走，不吃陌生人给的东西；不在河边和马路边玩耍；要遵守交通规则等。帮助幼儿了解周围环境中不安全的事物，不做危险的事。如不动热水壶，不玩火柴或打火机，不摸电源插座，不攀爬窗户或阳台等。帮助幼儿认识常见的安全标志，如：小心触电、小心有毒、禁止下河游泳、注意安全出口等。

告诉幼儿不允许别人触摸自己的隐私部位。

3. 教给幼儿简单的自救和求救的方法。

如：记住自己家庭的住址、电话号码、父母的姓名和单位，一旦走失时知道向成人求助，并能提供必要的信息。遇到火灾或其他紧急情况时，知道要拨打110、120、119等求救电话。可利用图书、音像等材料对幼儿进行逃生和求救方面的教育，并运用游戏方式模拟练习。幼儿园应定期进行火灾、地震等自然灾害的逃生演习。

第四节　学前儿童常见的安全事故及应急措施

一、常见突发事件及处理

儿童的自我保护意识较弱，自我保护能力也不足以保障自身安全，当他们面对突如其

来的情况时，多难以自保，从而遭受或轻或重的人身伤害，对于不同的突发事件，处理的方法也不同，但有一点是相同的，就是无论遇到哪种突发事件，处理时都需要准确、及时、果断，这就要求幼教工作者了解儿童突发事件的起因、掌握应对突发事件的种种措施，做好突发事件的预防工作，将各种突发事件对儿童的伤害降到最低。

（一）儿童眼睛进入异物

1. 眼睛进入异物的症状

儿童常常会被沙子、灰尘、眼睫毛、小虫等异物侵入眼睛。异物进入眼睛的症状通常为：眼睛发红、流泪、疼痛、有异物感，甚至视力模糊。如不及时治疗可能会导致结膜炎甚至角膜炎。在教学活动中，教师要注意观察儿童的反应，若发现儿童用手不停地揉擦眼睛，并伴有流泪、眼睛红肿等症状时，应该马上查看儿童的眼睛。

2. 眼睛进异物的应急处理措施

（1）准备凉开水

教师应迅速准备一碗凉开水或者矿泉水，切忌直接用自来水冲洗眼睛，否则容易引起细菌感染，应用汤匙盛水冲洗受伤的眼睛。但如果入眼的异物量大且污染重（化学物品），必须争分夺秒地用当时所能找到的最干净的水源冲洗半个小时。此步骤生石灰入眼除外。

（2）头向受伤的一侧倾斜

要将儿童头部倾向受伤眼睛的那一侧，如左眼受伤则向左侧倾斜，慢慢用凉开水冲洗受伤的眼睛约五分钟。

（3）闭上眼睛

教师要安慰儿童，让其保持镇定，不要揉眼睛。先让儿童闭上眼睛休息片刻，等到眼泪大量分泌时，再让儿童慢慢睁开眼睛眨几下，多数情况下，泪水会将眼内异物冲出来。

（4）及时通知保健医生或立即送医

完成上述步骤后，无论异物取出与否，教师都应该立刻带孩子去保健医生处或医院做进一步检查。

（5）急救处理要点

① 要先用肥皂和清水清洗教师的双手，然后检查儿童的眼睛。

② 把上眼皮轻轻拉起盖着下眼皮一会儿，利用下眼皮将藏在上眼皮的细小异物除去。

③ 如果异物仍没有除去，可将凉开水缓缓倒入睁开的眼睛，冲走异物。

④ 如异物仍在，可翻起上眼皮检查，可能的话，用棉花棒或者纱布的一角轻轻擦拭上眼皮内侧，尝试除去异物。

⑤ 如上述方法仍未奏效，切勿再尝试处理。应该马上用干净的毛巾轻轻盖住儿童受伤的眼睛，避免让异物再深入眼球，并快速送医院治疗。

（二）儿童喉咙被异物卡住

1. 异物卡住喉咙症状

儿童的喉咙被卡住的现象中，以鱼刺、骨头卡住的情况最为常见。一般情况下，鱼刺、骨头等异物最容易刺入的部位是儿童的扁桃体下端、舌根等部位，枣核则容易卡在儿童的食道中。

喉咙里卡了异物，儿童的咽部会有吞咽疼痛感，异物较大的话，会造成吞咽困难，情况轻微的儿童可能进食少量流质或半流质食物；情况严重者，吞咽困难，同时极有可能产生并发症——如食管穿孔、气管食管瘘、大血管破裂等。如果异物刺激儿童的喉黏膜，则会引起剧烈的咳嗽，并可能因反射性喉痉挛及异物阻塞而出现呼吸困难，甚至可能有不同程度的喘鸣、失音、喉痛等。更严重的是，如果异物较大，嵌在儿童声门上，则可能会造成儿童窒息死亡！

2. 异物卡喉咙的应急处理措施

当儿童被异物卡住喉咙时，教师可以采取以下措施来帮助儿童。

（1）可剥取橙皮，切成较小的块状，让儿童含着慢慢吞下。

（2）用维生素 C1 软化。细小鱼刺卡住喉咙时，教师可取维生素 C1 片，让儿童含服，徐徐咽下，数分钟后，鱼刺会被软化。

（3）饮橄榄核水，用橄榄核磨粉兑水让儿童服下，可消除鱼刺。

（4）可用汤匙和牙刷柄压住儿童的舌头前部，在亮光处仔细观察舌根部、扁桃体、咽后壁等处，如果发现异物，用镊子或钳子夹出。儿童咽部反应强烈，恶心剧烈难以配合时，可以让儿童做哈气动作，以减轻不适。

（5）如果上述方法仍无效，教师应尽可能想法使儿童呕吐，吐出异物。

如果方法无效，或处理后胸骨后疼痛，说明异物仍在儿童喉管内，教师应让儿童禁食，并尽快联系家长将儿童送往医院治疗。

其他建议：① 异物卡住喉咙时，教师应让儿童不要慌张，不能采取让儿童大口干咽饭团的办法将异物推压下去，因为这样做，细软的鱼刺或细小的骨头有可能侥幸被带进胃内，但大而坚硬的鱼刺、骨头有可能会因此越扎越深，甚至可能会刺破儿童的食管或大血管，造成严重的后果。

② 如果鱼刺、骨头较大或者扎得较深，无论儿童怎么做吞咽动作，疼痛感都不缓解，而喉咙的入口四周均不见鱼刺、骨头，教师应及时联系家长将儿童送往医院进行治疗。

③ 有时鱼刺、骨头已取出，但儿童还有不适的感觉，因此教师在采取措施后，要持续观察。如果儿童仍感不适，一定要送儿童到医院请医生诊治。

④ 防止儿童被鱼刺、骨头卡住喉咙的最佳方法当然是不吃带刺的鱼或骨头，但是这样做儿童又会缺少需要的营养。所以在儿童吃鱼或骨头的时候，教师应提醒儿童小心，多加咀嚼确定没有鱼刺或细小的骨头后再吞咽，避免被鱼刺或骨头卡到。

二、伤害事故及应急处理

儿童对周围的事物总是充满了好奇和探究兴趣，活泼好动，喜欢尝试。这不仅是儿童了解和认识这个世界的主要方式，也是儿童成长的动力。然而，在儿童与周围环境互动的过程中，难免有伤害事故的发生，如何让儿童远离意想不到的伤害，又如何处理这类事故呢？

（一）儿童相互抓伤

1. 相互抓伤的原因

由于儿童年龄小，思维和行为活动带有明显的随意性，自控能力差，又缺乏生活经验，还未学会与同伴协商和友好相处，在活动中或者游戏中看到自己喜欢的东西，就会用手去抓、去抢，不可避免地发生相互抓伤。因此教师要加倍关心和爱护儿童，尽可能阻止儿童相互抓伤的事情发生，当发生争执时，要及时制止，避免事件升级。

2. 抓伤的应急处理措施

(1) 安抚幼儿，及时擦药

教师应及时转移儿童的注意力，让他们忘记刚刚发生过的不愉快，并在心理上减轻抓伤的疼痛感。例如，教师可以用玩具、唱歌或者游戏等转移儿童的注意力。在安抚的同时，教师要及时擦药，先用生理盐水或者纯净水清洗伤口，然后再用医用酒精消毒，如果伤口比较深，最好及时送儿童到医院就医，必要时应打破伤风针。

(2) 做好家长工作

发生抓伤事件后，做好家长工作非常重要。孩子受伤，家长肯定心痛，难免个别家长会有过激言行，因此，儿童在幼儿园发生此类情况，教师要及时与家长沟通，冷静告知缘由及事情怎样发生的，如何处理的，争取家长的理解和谅解。

3. 抓伤的预防措施

(1) 创设宽松的游戏环境

在进行游戏活动过程中，尽可能为儿童创设宽松的活动环境，提供足够数量的器材，尽可能宽敞的场地。

(2) 让儿童学习礼貌用语

日常生活、学习和游戏活动中，教师应让儿童学会“三会”，即会使用尊称，不直呼长辈姓名，不给他人起外号；会使用谦让语，如“对不起”、“没关系”、“请”；会使用问候语“早上好”、“晚上好”、“再见”。

(3) 教给儿童与同伴交往的技能

教会儿童善于倾听，敢于接受批评和宽容他人的错误等。儿童的生活经验丰富了，能够与同伴友好交往，相互之间就不会发生争执与打闹。

(4) 多与家长沟通

与家长沟通，了解儿童的个性特点和行为发展情况，有针对性地对儿童进行教育，增进幼儿园与家长之间的相互了解，并建立相互信赖的关系，从而迅速有效地采取适当措施解决可能发生的矛盾与纠纷。

(5) 帮助儿童修剪指甲

造成抓伤的主要原因之一就是指甲过长。因此，教师应经常检查儿童双手，为其修剪指甲。

(二) 儿童烫伤事故及应急措施

1. 症状

烫伤是指单纯由热水、蒸汽、火焰等高温所造成的热烧伤。儿童由于好奇心强、对危险因素的认识能力不足，在日常环境中容易发生烫伤意外，重者可造成局部和全身严重伤害。儿童烫伤的程度取决于烫伤的方式和烫伤面积，其病理变化与临床症状主要反映在局部组织和全身变化两方面。

2. 烫伤的分类

按照皮肤受损的程度，可将烫伤分为以下四种。

(1) 轻度烫伤。烫伤总面积在10%以下，皮肤表层受到损伤。受伤的皮肤红肿，有疼痛和烧灼感。

(2) 中度烫伤。烫伤总面积在11%～12%，皮肤损害深及真皮浅层，出现水疱，而且水疱较饱满，剧痛。如果没有继发性感染，3～4周后可愈合，愈合后不留疤痕。

(3) 重度烫伤。烫伤总面积在21%～50%，皮肤损害深及真皮深层，水疱较小而且扁平。如果没有继发性感染，3～4周后可愈合，并留有疤痕。

(4) 特种烫伤。烫伤总面积在50%以上，损害程度除深及真皮外，皮下脂肪、肌肉、骨骼都受损。皮肤呈焦黑，感觉丧失而不觉疼痛，痊愈后不仅丧失皮肤功能(如排汗)，而且创面难以愈合，即使愈合，创面也会有急性挛缩，有时需植皮。由于儿童发育尚未成熟，抵抗力较差，尤其是3岁以下的儿童免疫力低下，受到烫伤更危险，所以，教师对儿童烫伤的严重程度应有足够的认识。

3. 应急措施

烫伤是常见的意外伤害之一。常见的儿童烫伤是因为热水、热粥、热汤的容器翻倒、溢出或儿童玩火而致。由于儿童自我保护能力差，稍有疏忽就可能招致意外伤害，因此教师要多加注意。儿童喝的水要放到适宜温度再装到桶里，食堂的饭菜要放到合适的温度再送到桌上……当烫伤事故发生后，教师可按“五字诀”——冲、脱、泡、盖、送处理，并立即报告园领导。

(1) 冲：要立即用冷水冲洗伤处，降低受伤部位的温度，以免伤害继续深入。

(2) 脱:在水中小心地脱去覆盖在烫伤处的衣物,以免身上衣物与伤口黏连,造成之后医生处理上的困难。

(3) 泡:持续在冷水中浸泡烫伤部位 30 分钟,无法浸泡的部位可用毛巾湿敷。

(4) 盖:在创面涂一些治疗烧伤的药膏,涂完药后,盖上消毒纱布或干净的毛巾。

(5) 送:立即送到医院做进一步治疗,途中为避免创面受污染,应在创面上盖一层干净的衣物或床单。

严重烫伤的儿童,在送往医院的途中可能会出现休克或呼吸、心跳的骤停,发生这种情况时,教师应立即进行人工呼吸或胸外心脏按压。儿童口渴时,可给其服用少量的热茶水或淡盐水,绝不可以让其在短时间内饮用大量白开水,否则会导致儿童出现脑水肿。

4. 建议

轻度烫伤时,在损伤程度轻,没必要去医院的情况下,教师可以采用一些简单的办法来治疗。治疗烫伤的常用方法主要有以下几种,教师可酌情选用。

(1) 先用凉水把伤处冲洗干净,然后将伤处置于凉水中浸泡半个小时。如果伤处已经起疱并破皮,不可浸泡,以防感染。

(2) 将淡盐水轻轻涂于烫伤处,可以消炎。

(3) 可以在受伤处擦上酱油或蜂蜜、猪油、狗油、生姜汁。

(4) 用鸡蛋清、熟蜂蜜或香油混合调匀敷在儿童烫伤处,消炎止痛。

(5) 切几片生梨贴于烫伤处,祛热止痛。

(6) 儿童手足皮肤烫伤后,可立即把酒精倒在盆内或桶内,将伤处全部浸入酒精中,这样做可止痛消肿、防止起疱。若浸 1～2 小时,烫伤的皮肤可逐渐恢复正常。如伤处在不容易浸泡的部位,教师可将药棉浸入酒精中,取出贴敷在伤处,并不时将酒精淋在药棉上,以防酒精挥发导致药棉干燥失去功效,数小时后也能收到良好的效果。

(7) 儿童的皮肤被油或开水烫伤后,教师可用风油精、万花油或植物油(如麻油)直接涂于创面,皮肤未破者,一般 5 分钟即可止痛。

(8) 用金霉素眼药膏涂在伤口处,数分钟后可以消肿止痛。

(9) 烫伤后,马上抹肥皂水,可暂时消肿止痛。

(10) 教师应具备预防意识,采取措施防止儿童烫伤,如教育儿童不要玩火、不要靠近热水瓶、不要在有明火的地方玩耍。儿童喝牛奶以及吃饭的时候,教师应提醒儿童防止烫伤,并先将牛奶、热饮或水滴在手背上试温,以避免烫伤事故的发生。

三、食品、药品事故及应急处理

食品药品问题是儿童能否健康成长的关键,儿童在幼儿园饮食问题一直是家长关注的焦点,一方面如今儿童的饮食习惯不尽如人意,喜欢吃“垃圾食品”;另一方面食品卫生状况不容乐观。教师应该做好相应引导和预防工作,为儿童的健康成长奠定良好的基础。

（一）儿童食物过敏

1. 儿童食物过敏的症状

儿童因食物而引起的过敏反应，可以在吃入食物后数分钟到数小时发生，常见症状有呕吐、腹泻、腹痛、肿胀、荨麻疹、湿疹、嘴唇或口腔发痒、喉咙发痒或发紧、呼吸困难、血压降低等。儿童食物过敏反应的患病率约为6%～8%，食物过敏的患者常伴有支气管哮喘；对牛奶过敏的儿童，哮喘的发病率可高达26%。

在平时的饮食中，教师应认真观察并询问家长儿童是否有过敏史，尽最大努力降低儿童饮食的危险。

2. 儿童食物过敏的应急处理措施

若发现儿童有食物过敏反应，教师可以采取以下措施帮助儿童缓解症状。

（1）补充维生素C

如：青椒、芭乐、木瓜等蔬菜和水果，都含有丰富的维生素C。

（2）多摄取ω-3不饱和脂肪酸食物

ω-3不饱和脂肪酸可抑制身体产生发炎与过敏反应。如：亚麻籽油，或补充深海鱼油等。

（3）补充肠道有益菌

如乳酸菌等，可以调整人体肠道内菌丛生态，增强体内益生菌菌群，提高肠道黏膜的免疫力，避免过敏。

（4）适度食用糙薏仁

糙薏仁中含有的糖蛋白成分能抗过敏。教师可以让儿童适度食用糙薏仁粥。

3. 儿童食物过敏的预防措施

大多数的食物过敏反应发生在儿童期，这不仅是因为有过敏体质的成年人更容易建立避免进食过敏物质的意识，还在于儿童期是人体开始尝试各类食物和对食物建立反应的特殊时期。从身体构造的角度来看，儿童的肠道通透性远远大于成年人，食物中的过敏源更容易被吸收。

严格来讲，食物过敏是没有药物可以预防的。治疗的基本原则是避免食用会引起过敏的食物，一旦医生诊断出某些食物会造成过敏，就应避免食用。那么，教师如何在幼儿园减少儿童食物过敏情况的发生呢？

（1）不让儿童食用容易过敏的食物

从饮食的角度讲，比较容易引起儿童过敏的食物主要有以下几类。

① 蛋奶食品。牛奶和鸡蛋虽然含有丰富的蛋白质，对儿童的成长很有利，但同时也是过敏源。牛奶和鸡蛋中的蛋白质很容易被儿童的肠道吸收并渗透到血液中，形成过敏毒素，刺激人体，从而使人体发生过敏反应。

② 肉类食品。肉类食品会降低人体红细胞的质量，使其易破裂。如果长期大量食用

肉类食品，人体对自然的适应能力就会大大降低。

③ 油炸食品。很多儿童喜欢吃油量过高的油炸食品，这些食物过于油腻，很容易破坏肠胃的消化功能，导致肠胃功能失调，从而导致人体出现过敏反应。

④ 冷冻食品。冷冻食品的温度比较低，容易刺激咽喉、气管、胃和肠道，使血管和肌肉在瞬时紧张性收缩，从而导致人体出现过敏反应。

⑤ 辛辣食品。含有辛辣等刺激气味的食品或调味品，其气味和口味会同时刺激人的呼吸道和食道，从而导致食物过敏。

⑥ 海鲜。鱼、虾和蟹等食品中含有非常高的异体蛋白质，这些异体蛋白质也是引发过敏症状的原因之一。过敏体质的人，往往容易对海鲜出现过敏反应。

(2) 多吃提高免疫力的食品

教师可以请食堂的厨师多给儿童烹调一些能够提高身体免疫力、减少过敏症状的食物，如大豆、荞麦、糙米、栗子、青椒、胡萝卜、豆制品等，同时可以让儿童多食用胡桃、苹果等水果。

(3) 严格遵循避免过敏的饮食原则

虽然一般情况下儿童不会过敏，但是一旦过敏，情况就会比较严重。所以，教师应防患未然，尽可能地确保儿童的安全与健康。教师可以在儿童入园时向家长询问，弄清楚儿童的家族是否有过敏体质的成员，问一下他们平时的饮食中都会注意哪些事项、是否曾经出现过过敏反应。

(二) 儿童噎食

1. 儿童噎食的症状

噎食是指食物堵塞咽喉部或卡在食道的狭窄处，甚至误入气管，阻塞气道，引起呼吸窒息。3～4 岁儿童最容易发生异物阻塞呼吸道的情况，这主要是因为这个年龄段的儿童臼齿尚未萌出，咀嚼能力太差，咽喉保护性、防御反射功能都不强。儿童在进食或玩耍时，口中含有瓜子、花生米、果冻或其他异物时，突然大哭或者咳嗽后大口吸气，极易将异物吸入气管，阻塞气道。如果不及时救治，会有发生窒息的危险。因此，教师应多了解些解决噎食的方法和常识，以备不时之需。

通常情况下，儿童发生噎食时具有以下症状。

(1) 进食时突然不能说话，并出现痛苦的窒息表情。

(2) 患儿通常用手按住颈部或胸前，并用手抠口腔。

(3) 如为部分气管阻塞，患儿会剧烈咳嗽，并且咳嗽间有哮鸣声。

2. 儿童噎食的应急处理措施

儿童一旦发生噎食，教师可采取以下急救法。

如果孩子仍保持清醒，教师可采取坐或站位，在孩子背后，双臂环抱孩子，单手握拳，使拇指关节突出点顶住孩子的腹部下正中线脐上部位，另一只手的手掌压在拳头上，连续快速向内、向上推压冲击 6～10 次(注意不要伤及儿童肋骨，严重者要求其仰卧)。

教师按上述方法冲击儿童脐上部位，这样冲击上腹部可使胸腔压力迅速增大，肺内空气被迫排出，使阻塞气管的食物上移，并被驱出。如果没有效果，可以隔几秒钟重复一次，造成人为咳嗽，将阻塞食物冲出气道。如果还无效，就要急送医院处理，同时通知家长。

3. 儿童噎食的预防措施

要预防噎食，教师应根据儿童的年龄或实际情况提供适当的食物。

(1) 改变某些食物的质地和大小，如将肉切碎、剁碎、撕碎或切成片，水果可以捣碎或切成小片。

(2) 避免儿童食用一些难以咀嚼的食物，如坚果、硬糖、鱼丸和爆米花等。

(3) 让儿童坐下进食，因为儿童在运动或跑动时噎食的危险要大得多。

(4) 儿童进食应在安静的环境。太急躁、太激动或大笑都会使儿童将食物吸入气管。

概括来说，预防儿童噎食就是要做到“四宜”：食物宜软、进食宜慢、心宜平静、食宜适量。

四、火灾事故及应急处理

(一) 幼儿园发生火灾的原因

火灾，是指火源失去控制蔓延发展而给人民生命财产造成损失的一种灾害性燃烧现象。发生火灾的主要原因可归纳为三个方面：一是人的不安全行为(含放火)；二是物质的不安全状态；三是工艺技术的缺陷。

幼儿园有现代的教学设备、优越的教育环境、精美的室内装修、色彩艳丽的各类玩具，殊不知就在这种环境下存在着火灾隐患。

幼儿园是儿童聚集的场所，他们人数多、年龄小，自救能力差，如果缺乏安全应急知识，一旦发生火灾事故，儿童必定会惊慌失措、乱跑乱撞，后果不堪设想。在幼儿园里，教师除了做好儿童的日常教育和保育工作外，还要了解幼儿园发生火灾的原因，充分认识火灾的危害性，增强防火责任心，做好儿童的安全防护和教育工作。

(二) 幼儿园火灾的应急处理措施

儿童逃生能力差，发生火灾时，教师应采取以下应急措施。

(1) 一旦发现幼儿园发生火灾，教师要及时报警，一是向“119”报警；二是向幼儿园领导报警；三是向发生火灾班组周围师生报警。

(2) 稳定儿童情绪，防止引起全园恐慌，马上切断身边的电源。

(3) 尽最大努力扑灭初期火源、削弱火势，或关闭门窗控制火势蔓延，为疏散儿童争取更多时间。教师在儿童未完全撤离且又能确保自身安全的情况下不得撤离火灾现场。

(4) 疏散线路原则上按照儿童出操路线，情况特殊时可根据火灾发生的地点，果断更改，引导儿童有序撤离。撤离的原则是，离火源近的班级先撤，离火源远的班级后撤，这样

既能确保全员安全，又便于扑救人员进出。火灾发生时，由带班教师迅速指挥撤离，配班教师配合组织撤离。

（5）建议防护，掩鼻匍匐。火灾逃生时，要让儿童用毛巾、衣服或围巾捂住自己的鼻子和嘴巴，再将衣服或棉被沾湿裹在身上，贴着地面爬行，以防因烟雾中毒而窒息。

（6）在火场上，如果发现有儿童身上着火，教师千万不要让其惊跑或拍打，因为这样会加速氧气的补充，助燃火势。正确做法是赶紧让儿童脱掉衣服或就地打滚，把火压灭。

（7）稳定儿童情绪。无论幼儿园何处发生火灾，教师都应该将儿童撤到操场，然后迅速清点儿童人数，并向领导汇报儿童情况。如火灾发生在儿童午睡时，教师应马上叫醒儿童，迅速撤离现场。

（8）确保联络畅通。在火灾发生时，教师要确保联络畅通，及时通信，将有关情况报告园长。

（9）火灾扑灭后，保护好火灾现场，做好善后工作，并联系家长。

（三）幼儿园火灾的预防措施

防止火灾发生的关键是要做好火灾的预防，如何提高儿童的消防安全意识，提高儿童的逃生能力呢？

（1）加强消防安全教育

教师要定期对儿童进行消防安全教育，提高儿童的防火意识。开展防火安全知识教育，讲授消防知识。

（2）经常演练，提高儿童的自救能力

教师要根据幼儿园自身的情况为儿童制订应急疏散预案，开展有针对性的疏散演练，使儿童掌握应对突发事件的技能，提高自救能力。

（3）定期检查，及时消除安全隐患

检查火灾自动报警系统、自动灭火系统、室内外消火栓系统、安全疏散通道、应急照明等消防设施，使其处于完好状态。

【复习要点】

◆ 你能回答吗？

1. 学前儿童意外事故的原因有哪些？

2. 学前儿童各年龄阶段安全教育的内容有哪些？

3. 你知道学前儿童安全教育的目标是什么？

4. 学前儿童常见的意外事故有哪些？该如何预防？如何进行应急处理？

◆ 思考与练习

1. 尝试分小组合作编两、三个关于学前儿童安全活动方面的歌谣。

2. 设计一个幼儿园的安全教育活动。

3. 利用周末或者假期走访周边小区或者幼儿园，对学前儿童、家长、幼儿园教师进行幼儿园安全方面的调查，了解儿童的安全意识、幼儿园安全教育等内容，并写成调查报告。

【学前儿童访谈内容提纲】(参考)

1. 滑滑梯时的规则是什么?

2. 在操场上玩耍,如果和小伙伴追着跑会有什么危险?

3. 别的小朋友欺负你怎么办?

4. 遇到不认识的叔叔阿姨给的东西你会吃吗?

5. 如果幼儿园班上着火了,你应该怎么做?

6. 上下楼应该注意什么?

7. 吃饭时应该怎样才不会烫伤?

8. 120、110、119 都是什么急救电话? 你会用吗?

【学前儿童家长访谈提纲】(参考)

1. 您觉得孩子在幼儿园最容易受到什么伤害?

2. 您对孩子讲解安全知识吗? 一般什么时间讲?

3. 您觉得幼儿园对幼儿伤害事故的预防有效吗?

4. 您认为幼儿园的安全知识教育有效吗?

5. 您希望幼儿园以及教师在幼儿安全事故预防方面做些什么?

6. 如果幼儿园开展有关事故预防的主题活动,邀请您与孩子共同学习,您会参加吗?

【幼儿园教师访谈提纲】(参考)

1. 您认为幼儿园中最容易发生幼儿伤害事故的地方是哪里?

2. 在您班上本学期开展幼儿安全教育了吗? 都有什么具体内容?

3. 幼儿经过学习,您认为您的安全教育有效吗?

4. 如果发生火灾或地震,您知道木班幼儿的逃生路线吗?

5. 您认为在开展预防幼儿伤害事故时,最困难的是什么?

6. 您从教以来,幼儿的什么伤害事故让您最难忘,事后都采取什么措施预防此类事件发生?

7. 您知道幼儿园关于火灾、地震或外来人员非法侵害的应急预案吗? 您在此时的任务是什么?

第五章 学前儿童体育

本章知识点

1. 学前儿童体育的目标。
2. 学前儿童体育的内容。
3. 学前儿童体育活动的组织类型与设计。

2012年,教育部颁布的《3~6岁儿童学习与发展指南》(以下简称《指南》)中指出:《指南》以为幼儿后继学习和终身发展奠定良好素质基础为目标,以促进幼儿体、智、德、美各方面的协调发展为核心,突出了体育在幼儿全面发展中的重要意义(图5-1)。

幼儿园体育活动是学前儿童健康教育的重要内容,是遵循学前儿童身体生长发育规律,以增强儿童体质、增进儿童健康水平为目的而开展的专门性的活动。幼儿园体育活动要坚持在保教结合的前提下,科学合理的组织幼儿园的体育教学活动,积极促进幼儿各方面素质的协调发展,在培养儿童健康体质的同时,积极发展儿童健全的心理状态和适应社会的能力。本章重点从儿童动作的发展理论、幼儿园体育活动的内容及方法以及幼儿园体育活动的组织与形式方面展开阐述。

图5-1 儿童享受运动的快乐!

图片来源:北京市昌平区工业幼儿园.

【小故事】

儿童走进“小胖墩”时代

“就在我们到处呼吁要消灭‘豆芽菜’的时候，越来越多的‘小胖墩’出现了。”中华预防医学会少儿卫生分会主任委员季成叶曾在“北大糖尿病论坛”上指出，2000 年前后，发达地区的大城市就已经全面进入儿童肥胖的流行期。

专家认为，儿童的生活方式“由动到静”的改变是造成肥胖的重要原因。由于居住条件的变化，以及家长对孩子用功学习的要求，使得儿童户外活动和锻炼的机会越来越少，而“静”的活动则明显增多，比如看电视、上网、做作业等等，这些都是如今儿童的主要生活内容。生活方式上各种细微的变化，使现在的孩子活动不断减少，消耗的热量越来越少。

由于儿童、青少年处于生长发育的旺盛时期，要在保证生长发育和预防、控制超重和肥胖几方面掌握好“度”，更是一个复杂的问题。“安排儿童膳食时，既要防止肥胖的发生，又不能忽视他们生长发育的营养需求。因而，青少年防治肥胖的途径，更重要的是‘动’，而不是‘少吃’。”

资料来源：金陵晚报．

思考：阅读完上述材料，对你有什么启示？你有什么好的对策吗？分组讨论并分享交流。

第一节　学前儿童体育的目标

幼儿园体育活动的目标就是指儿童在教师的指导下，通过一系列的体育活动来促进学前儿童身心的全方面发展并实现相应的教育结果，它揭示了学前儿童体育活动的规律，规范了幼儿园体育活动的发展方向。

《指南》以为学前儿童后继学习和终身发展奠定良好素质基础为目标，以促进学前儿童体、智、德、美各方面的协调发展为核心，通过提出 3～6 岁各年龄段儿童学习与发展目标和相应的教育建议，帮助幼儿园教师和家长了解 3～6 岁儿童学习与发展的基本规律和特点，建立对儿童发展的合理期望，实施科学的保育和教育，让儿童度过快乐而有意义的童年。[①]《幼儿园工作规程》指出：“幼儿园的任务是：实行保育和教育相结合的原则，对儿童实施德、智、体、美诸方面的教育，促进其身心和谐发展。”

【延伸阅读】

名人话体育

运动是一切生命的源泉。（意大利科学家、画家——达·芬奇）

生命在于运动。（法国启蒙思想家——伏尔泰）

科学的基础是健康的身体。（波兰科学家——居里夫人）

发展体育运动，增强人民体质。（思想家、政治家——毛泽东）

如果你想强壮，跑步吧！如果你想健美，跑步吧！如果你想聪明，跑步吧！——古希腊格言

---

① 3～6 岁儿童学习与发展指南．

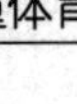

一、学前儿童体育活动的总目标

健康领域的目标从情绪情感、身体及动作发展、心理及社会适应性等维度来制定。学前儿童体育活动总目标可以概括为：健康活泼，喜欢参加体育活动，动作协调、灵活，好奇探究，文明乐群，勇敢自信，逐渐具有自我保护意识和能力。

在总目标下，学前儿童体育活动的目标可以具体为四个方面。

(1) 情绪情感方面，培养儿童参加体育活动的兴趣和习惯。

(2) 身体及动作发展方面，通过体育教学活动，采取能引起儿童兴趣和注意力的方式促进儿童动作的发展，培养儿童正确的身体姿势，增进儿童的体质健康，发展儿童动作的协调性、灵活性、稳定性和安全性，提高儿童自我保护的意识和能力。

(3) 心理方面，注意发展儿童的认知能力，培养儿童好奇探究的意识，并通过有一定难度的体育活动，培养儿童自信、勇敢、顽强、不怕困难的意志品质和主动、乐观、合作的态度。

(4) 社会适应性方面，提高儿童对于不同的自然环境和社会环境的适应能力；感受集体生活，学会交往和合作，发展儿童良好的人际关系。

二、学前儿童体育活动的年龄阶段目标

幼儿园的体育活动的总目标，是幼儿园开展体育活动总的纲领，在具体实施过程中要结合不同年龄阶段儿童的特点进行有针对性的划分，即幼儿园体育活动的年龄阶段目标。会在后面儿童体育活动的内容中结合不同的体育教学活动进行具体的阐述，在此不进行赘述。

三、制定学前儿童体育活动目标的依据和要求

幼儿园体育活动的目标是幼儿园实施体育教学活动的出发点，直接影响着幼儿园教师体育教育活动的设计，并对儿童体育教学活动的过程和评价带来影响，也关系到儿童身心的健康发展。因此，只有制定出适宜的儿童体育活动目标，充分考虑体育活动的内容和形式，才能真正的实现幼儿体育对于儿童身心和谐发展的良好促进作用。

(一) 制定学前儿童体育活动目标的依据

《幼儿园工作规程》确定的保教目标、《纲要》中的健康教育的总目标、《指南》中关于幼儿动作发展的目标，是制定学前儿童体育活动的重要依据。此外，各年龄班幼儿身心发育的特点以及体育活动内容的性质，是制定学前儿童体育活动的基础。

(二) 制定学前儿童体育活动目标的要求

首先，制定学前儿童体育活动目标时，要紧紧围绕学前儿童的年龄阶段目标。因为每个具体的体育活动目标的实现都是实现儿童年龄阶段特点完整环节中的一环。其次，在制定学前儿童体育活动目标时，要综合多个维度，即从儿童的情绪情感、身体及动作发展、心

理健康以及社会适应性方面全方位考虑，体现出儿童体育活动的综合性。最后，在表述学前儿童体育活动目标时要合理、准确。

【案例 5-1】

“聪明的蚂蚁”（小班）

活动目标

（1）尝试随鼓点节奏的变化灵活地练习不同形式的爬行动作。

（2）学习听信号手膝着地协调地爬。

（3）感受轻松、舒缓的音乐，激发参与游戏的乐趣，促进综合能力的提高。

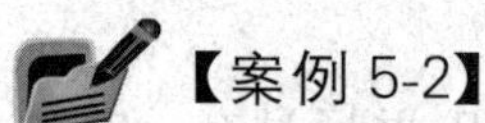
【案例 5-2】

“小小渔翁”（中班）

活动目标

（1）喜欢玩水，体验在水中游戏的乐趣。

（2）学习在水中高抬腿走，感受水的阻力。

（3）尝试与同伴合作，共同完成捕鱼的任务。

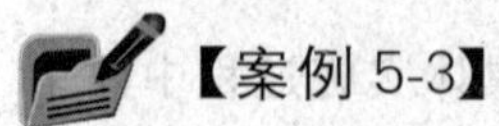
【案例 5-3】

“变个花样过小桥”（大班）

活动目标

（1）尝试根据活动情境的需要，学习规划活动场地，选择不同的材料搭建小桥。

（2）运用已有的生活经验，探索运送货物的不同方法，激发想象力和创造力。

（3）学习变换手臂动作运货过小桥，发展身体平衡能力。

（4）激发勇于克服困难、挑战自我的信心。

案例来源：幼儿园快乐与发展课程编写组．幼儿园快乐与发展课程教师指导用书——大班[M]．北京：北京师范大学出版社，2009.

第二节　学前儿童体育活动的内容与方法

一、学前儿童体育活动的内容

幼儿园体育活动的内容，一般是指学前儿童在幼儿园开展的各种体育活动中所获得的知识和体育经验的总和①。结合幼儿园体育活动的开展情况将幼儿园的体育活动分为：体

① 人民教育出版社体育室．幼儿园体育活动的理论与方法[M]．北京：人民教育出版社，2002.

操类活动、基本动作活动、器械类活动和特色体育活动。

（一）体操类活动

幼儿体操是幼儿园体育教学活动中的重要组成部分，是儿童在教师的指导下，通过身体各部位动作的协调配合，按照一定的程序，有目的、有节奏地进行的身体练习。在幼儿园开展的全脑发展活动中，体操类活动可以很好地发展儿童的双侧肢体，促进大脑的全脑发展。体操类活动包括队列队形、徒手体操、器械体操和体育律动四种形式（见图 5-2 和图 5-3）。

图 5-2　徒手操

图 5-3　武术操

（二）基本动作活动

基本动作是人类日常生活中经常用到的一些动作，是人的基本的活动能力。在儿童的体育活动中主要涉及走、跑、跳、投、钻、爬、平衡、滚翻、滚动以及攀登等。

（三）器械类活动

在幼儿园的体育教学活动中，多数情况下都需要借助运动器械来进行游戏。借助器械一方面可以提高体育活动的难度，给幼儿一定的挑战；另一方面可以调动儿童参加活动的积极性，吸引儿童的注意力。一般情况下我们根据幼儿园体育器械的体积大小来划分，可以分为大、中型固定类运动器械，如滑梯、攀登架、联合器械等，见图 5-4 和图 5-5。

图 5-4　大型器械（1）

图 5-5　大型器械（2）

中小型可以移动类器械，如小垫子、脚踏车、拱形门等，见图 5-6 和图 5-7。

图 5-6　三轮车

图 5-7　拱形门

手持便携类运动器械，如跳绳、各种球类、沙包等，见图 5-8 和图 5-9。

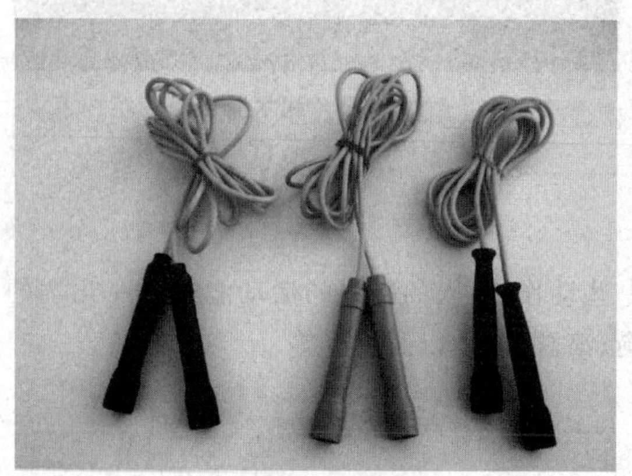

图 5-8　跳绳

图 5-9　沙包

（四）特色体育活动

幼儿园的体育活动不仅局限在幼儿园内，还可以充分利用日光、空气、水等自然因素，结合本地的自然、社会以及人文环境，开展有特色的体育教育活动，如在乡村幼儿园可以重视补充乡土教材，组织幼儿去乡间小路、小土坡、小河流去进行体育活动；在冰雪季节可以组织幼儿堆雪人、打雪仗、踩雪印等游戏；城市幼儿园可以带领幼儿去附近的公园、景点以及健身场馆进行各种体育活动。

此外，还可以将一些少数民族的体育活动引入幼儿园体育活动中。积极开展民族、民间的体育活动，不仅可以继承中华民族的遗产，还可以丰富幼儿的体育活动，促进幼儿身心的健康发展，如跳房子、荡秋千、跳皮筋、抖空竹、滚铁环等（见图 5-10 和图 5-11）。

图 5-10　滚铁环

图 5-11　跳竹竿

二、幼儿园体育活动的具体内容

（一）基本体操

基本体操能促进儿童身体的全面发展，培养匀称的体型和优美的姿态；能通过科学、合理的身体动作，增加幼儿对方位、动作、节奏、速度的感受，发展幼儿的力量、柔韧、协调、平衡等运动素质；满足了儿童对美的需要，可以调动儿童参加活动的积极性和主动性；能有效地培养儿童的集体意识、协同意识和遵守秩序的优良品德。

1. 基本体操的内容与分类

根据学前儿童的特点，幼儿体操可以分为排队和队列、幼儿操两大类，其中幼儿操分为徒手体操和轻器械体操。

（1）排队和队列

在幼儿园的一日生活中，排队和队列占有一定的比例，在集体活动时基本上都需要排队和队列。排队和队列主要是指根据幼儿教师发出的指令，全体儿童可以排成一定的队形，协调一致地进行活动。

排队的主要内容有：排成一路或数路（2～4）纵队、排成圆形或者半圆形、排成密集队形以及分散队形等（见图 5-12 和图 5-13）。

图 5-12　分队走

图 5-13　双圆形

在幼儿园队列开展的主要活动有：立正、稍息、半臂距离向前对正、两臂前平举向前看齐、手放下、齐步走、原地踏步，等等。

（2）基本体操

基本体操是指通过身体的头颈部、四肢、躯干等部位动作的协调配合，根据人体各部位运动特点，按照一定程序，有目的、有节奏地进行各种举、摆、绕、踢、屈伸、跳跃等一系列单一或组合动作的身体练习①。

根据儿童是否手持器械做活动，将幼儿体操分为徒手操和轻器械体操两类。徒手体操可以分为徒手基本体操、模仿操、律动操、武术操等。

① 基本体操简单易学，方位明确，节奏明快，以正前、上、侧方向为主，双侧对称，侧重发展儿童的身体姿态。

② 模仿操以动作形象夸张、生动有趣为特征，易激发幼儿兴趣，便于儿童模仿。

③ 律动操是将体操和欢快的音乐有效地结合，主要模仿体育和舞蹈动作，使得动作和音乐内容节奏一致，这类操动作幅度大、模仿性强、教育内容丰富，深受儿童喜爱。

④ 武术操主要是根据武术的基本动作编成的动作有力、节奏明快、能表现幼儿勇武有神的精神面貌，从精气神方面对儿童进行培养，如可以结合《三字歌》或者《男儿当自强》、《中国功夫》等音乐配以武术基本动作。

轻器械体操，具有内容丰富、动作多变，易激发儿童学习和掌握的特点。目前常见的有击响类：哑铃操、响筒操、竹板操、筷子操、腰鼓操等。棍棒类：竹竿操、花棍操、霸王鞭、纸筒操等。圈环类：健身圈、藤圈、花环和手环操。绳类操：绳操、彩条操、皮筋操。其他：扇子操、玩具操、花束操。

2. 基本体操的创编

（1）基本体操创编的步骤

① 明确创编的任务和要求。选编一套操，首先要根据目的、任务来选择内容。例如准备活动的操，操节就应该简单充分活动身体各关节和肌肉；如是表演操，操节中应队形变化丰富、表演性强等。

② 深入了解幼儿的状况。选编操时必须针对幼儿的年龄、性别、兴趣、健康状况、气候条件、基本身体素质以及做操能力等实际情况来选择内容，做到因人而异，因地制宜。

（2）幼儿体操的创编流程（见图 5-14）

第一步，构思体操名称、全套操节的节数、每节操的名称、操节的节拍、操节动作的节奏及变化，活动量（见表 5-1）。

---

① 人民教育出版社体育室．幼儿园体育活动的理论与方法[M]．北京：人民教育出版社，2002．

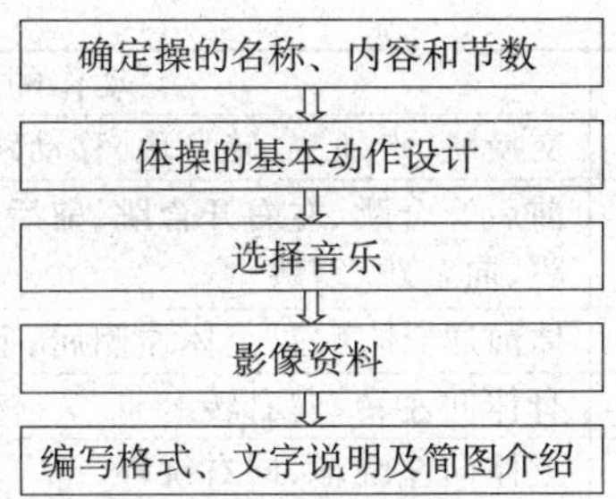

图 5-14 幼儿体操创编的流程

表 5-1 基本体操的年龄特点

年龄班	体操类型	动作难度	节 数	呼 数	节 奏	活动量
小班	模仿操(主要类型)简单的徒手操	动作较简单、动作对称、变化小	每套4～5节	4×4或2×8	较慢、变化小	一般
中班	徒手操(主要类型)简单的器械操	动作有一定的难度和变化	每套5～7节	2×8	有快、有慢,有一定变化	增大
大班	轻器械操、徒手体操(包括韵律操、武术操)	动作难度大、变化多	每套6～9节	2×8或4×8	有快、有慢,变化多	较大

第二步,设计和选编每一节操的动作。

根据选编操的目的、任务以及编操的一般规律,从设计动作的方向、幅度、路线、频率、速度、节奏等几个因素来设计和选编每一节操的动作。如在设计头部运动时可以和身体各部位相互配合,增强了背肌的紧张度,使胸部得到充分舒展,便于吸气(见表 5-2)。

表 5-2 幼儿体操基本动作设计介绍

运动部位	动作类别	动作的形式与方向
头部运动	屈	前屈(低头)、后屈(抬头)、侧屈(左、右屈)
	转	向左、右转头
	绕环	向左、右绕环
上肢运动	臂的举、摆、屈伸	臂前举、摆、振、屈伸。臂后举、摆、振(结合其他动作)、屈伸。臂上举、摆、振、屈伸。臂侧举、摆、振、屈伸。臂斜上举、摆、振、屈伸。两臂同侧举、摆、振等
	臂绕环	向前绕环,向后绕环,向内绕环,向外绕环,同侧绕环、“8”字绕环,前臂绕环,小绕环,轮流绕环等
	臂侧开	前举侧开扩胸,前平屈侧开扩胸,前举交叉侧开扩胸等
下肢运动	腿的举、摆	腿前举、摆动、腿后举、摆动,腿侧举、摆动,腿向异侧举、摆,屈膝举、摆,踢腿(高摆腿)
	腿屈伸	起踵、半蹲起立,深蹲起立,单腿蹲起、前压腿、后压腿、侧压腿、半劈腿,劈腿(纵、横)
	腿移动	前点地、后点地、侧点地、前后开立、左右开立、前弓步、侧弓步、后弓步、斜弓步

续表

运动部位	动作类别	动作的形式与方向
跳跃运动	单脚跳	交换跳、点地跳、转身跳、移动跳、踢腿跳
	双脚跳	前后开合跳、左右开合跳、前后交换跳、左右交叉跳、转身跳、移动跳、向上跳、蹲跳
躯干运动	上体屈伸	体前屈、体后屈、上体左侧屈、上体右侧屈、俯卧体前屈等
	体转	身体向左转、向右转
	体绕环	上体向左绕环、向右绕环
	体倾倒	身体向前倒、向后倒、向侧倒；俯撑、仰撑、侧撑；直角做平衡、俯平衡(燕式平衡)、侧平衡等
组合与变化	身体各部位动作	身体各部位动作的结合；各类动作的结合；不同方向的结合；动作的节拍、速度、次数、开始姿势的变化，以及人数、队形的变化等

资料来源：人民教育出版社体育室．幼儿园体育活动的理论与方法[M]．北京：人民教育出版社，2002.

第三步，根据所创编的体操的类型以及节数等特点，选用适合幼儿的音乐或者节奏明显的律动音乐进行配乐练习，可根据音乐的长短对操节进行补充或者删减，或者对音乐进行截取。

第四步，运用现代媒体手段，将配乐后的体操进行录像，制作出视频资料，以防止编制后遗忘。

第五步，编写文字说明，可以配以简图或者照片。

(3) 体操创编时的注意事项

① 选操、编操应尊重幼儿的兴趣和愿望，不要强加过多的成人因素在里面。

② 全面发挥体操活动的发展功能。既要发挥动作的健身、审美功能，又要发挥音乐、器械、儿歌的审美、激励和德育功能。

③ 重视加强躯干、颈部和眼的锻炼。

④ 小班适合模仿操、游戏操、带响的器械操；中、大班以模仿操、律动操、器械操为主。

⑤ 体操动作要丰富多样，动静结合，速度要慢，可控性强。

⑥ 科学安排全套操的顺序，应遵循人体生理机能能力变化规律和活动量：上升—平稳—下降(小—大—小)。

⑦ 练习与调整，创新出一套操后，首先要进行体验，在实践中检验创编的成果是否理想，发现问题，特别是对成套操的运动量、结构的合理性以及音乐的选择是否与动作统一等进行认真的修改和调整。

(4) 幼儿体操的评价

具体评价见表 5-3。

表 5-3　学前儿童体操的评价标准

等级	评 价 标 准
优	1. 姿势正确，动作协调 2. 用力特点较准，节奏明确，幅度较大 3. 态度认真，注意力集中，情绪愉快
良	1. 姿势基本正确，协调性较好 2. 动作较有力，节奏基本正确，幅度一般 3. 态度较认真，注意力比较集中，情绪尚好

续表

等级	评价标准
中	1. 姿势有明显的缺陷或错误，协调性差 2. 动作多数不合拍，幅度小，不舒展 3. 注意力分散，不够认真，情绪平淡

【案例 5-4】

幼儿园不同年龄段基本体操

1. 幼儿模仿操（小班）

预备姿势

自然站立。

动作说明

早上空气真正好：两臂上举向左右自然摆动。

我们大家来做操：两臂胸前屈肘，后展三次。放下。

伸伸臂、伸伸臂：两手叉腰，上体前屈两次。

踢踢腿、踢踢腿：双手叉腰，左右腿向前各踢一次。

蹦蹦跳、蹦蹦跳：两手叉腰，上跳四次。

天天做操身体好：原地踏步。

2. 幼儿小旗操（中班）

第一节　伸展运动：2×8 拍

预备姿势：直立（两手各持一面小旗于体侧）。

第一个八拍

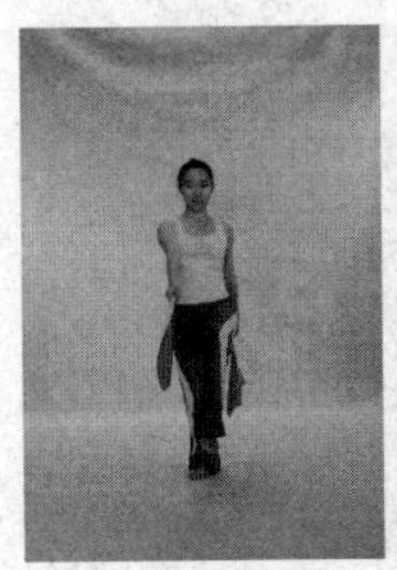
1，3

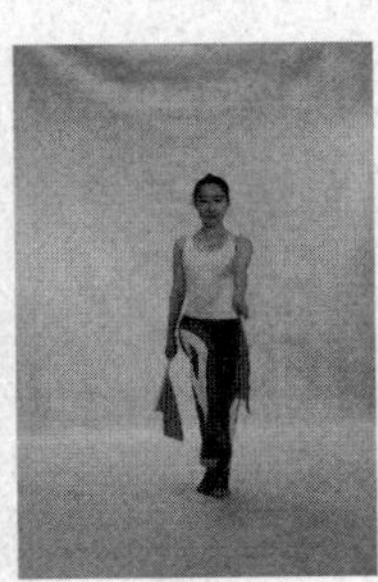
2，4

5～6

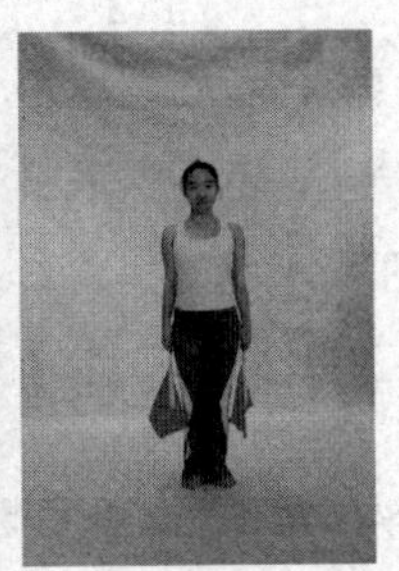
7～8

1～4 左脚开始原地踏步四次，同时两臂前后摆动。

5～6 直立，同时两臂侧平举。

7～8 还原成直立。

第二个八拍同第一个八拍动作。

第二节　头部运动：2×8 拍

预备姿势：直立（两手各持一面小旗于体侧）。

第一个八拍

1　　2,4　　3　　5～6　　7～8

1—两腿稍屈膝下蹲,同时两手背于体后,头左侧屈。

2—直立,同时头还原。

3—同1,但方向相反。

4—同2。

5～6 直立,同时左臂侧平举,头左转。

7～8 还原成直立。

第二个八拍同第一个八拍动作,但方向相反。

第三节　扩胸运动:2×8拍

预备姿势:直立(两手各持一面小旗于体侧)。

第一个八拍

1,2　　3,4　　5～7　　8

1～4 左脚开始原地踏步四次,同时两臂前后摆动。

5～7 左脚向前一步成弓步,同时两臂胸前平屈扩胸三次。

8—还原成直立。

第二个八拍同第一个八拍动作,但方向相反。

第四节　体侧运动:2×8拍

预备姿势:直立(两手各持一面小旗于体侧)。

第一个八拍

1～3　　4　　5～6　　7～8

1～3 两手持旗于体前挥摆三次(模仿指挥打拍子动作)。

4—两臂用力摆至侧下举。

5～6 左脚侧出一步,同时两手背于体后,上体左侧屈。

7～8—还原成直立。

第二个八拍同第一个八拍动作,但方向相反。

第五节　跳跃运动:2×8 拍

预备姿势:直立(两手各持一面小旗于体侧)。

第一个八拍

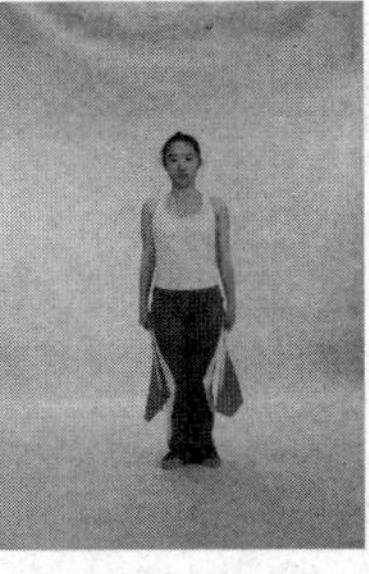

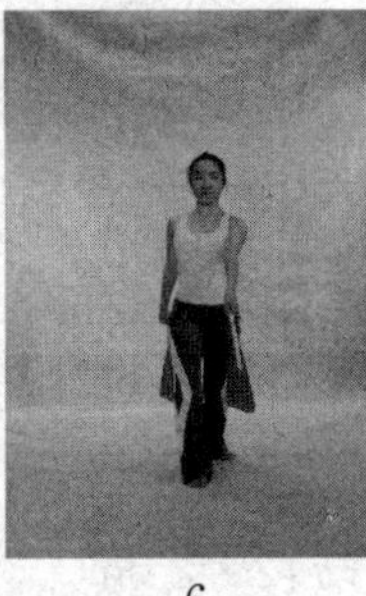
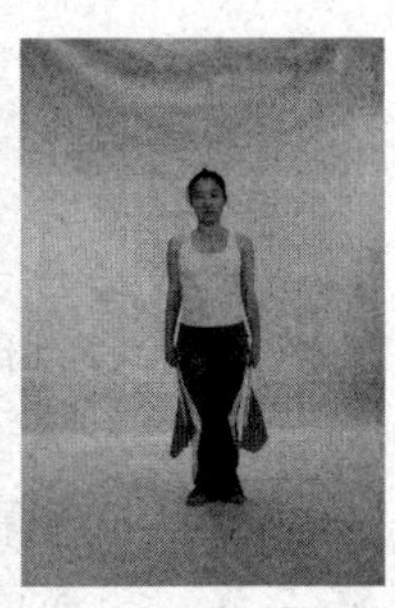

1～2　　3～4　　5,7　　6　　8

1～2 并腿跳两次,同时两臂侧平举。

3～4 并腿跳两次,同时两臂还原于体侧。

5—并腿跳起成前后分腿落地(左前,右后),同时左臂后,右臂前摆动。

6—同 5,但方向相反。

7—同 5。

8—跳起,还原成直立。

第二个八拍同第一个八拍动作,但方向相反。

第六节　整理运动:2×8 拍

预备姿势:直立(两手各持一面小旗于体侧)。

第一个八拍

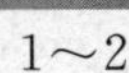

1～2　　3～4　　5～6　　7～8

1～2 左脚侧出一步。

3～4 两臂摆至前平举。

5～6 两臂侧打开至侧举。

7～8 还原成直立。

第二个八拍同第一个八拍动作。

3. 幼儿椅子操(大班)

第一节　伸展运动:2×8 拍

预备姿势:直立。

第一个八拍

1～4

5～6

7～8

1～4 坐在小椅子上,同时两手于胸前击掌四次。

5～6 起立,同时两臂侧上举。

7～8 还原成直立。

第二个八拍同第一个八拍动作。

第二节　头部运动:2×8 拍

预备姿势:直立。

第一个八拍

1～2

3～4

5～8

1～2 坐在小椅子上,同时两手背于体后,头左转。

3～4 头右转。

5～8 两手拍大腿四次。

第二个八拍同第一个八拍动作。

第三节　四肢运动:2×8 拍

预备姿势:坐于椅子上。

第一个八拍

1～2

3～4

5～8

1～2 起立。

3～4 两手叉腰。

5～8 左脚开始原地踏四步，同时两臂体前屈，扩胸四次（五指分开）。

第二个八拍同第一个八拍动作。

第四节 体转运动：2×8 拍

预备姿势：直立。

第一个八拍

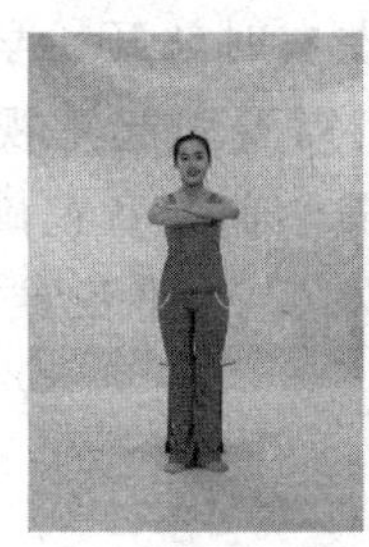

1～4

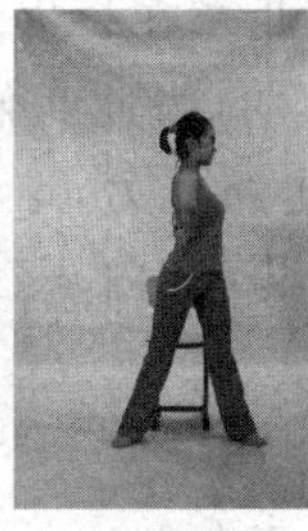

5～6

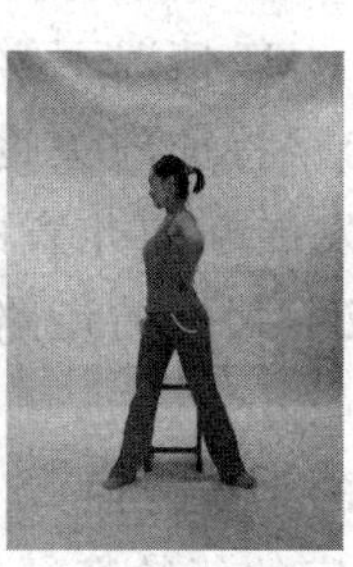

7～8

1～4 两臂胸前交叉，拍击上臂四次。

5～6 左腿侧出一步，两手背于体后，同时左转 90°。

7～8 上体右转 180°。

第二个八拍同第一个八拍动作。

第五节 整理运动：2×8 拍

预备姿势：直立。

第一个八拍

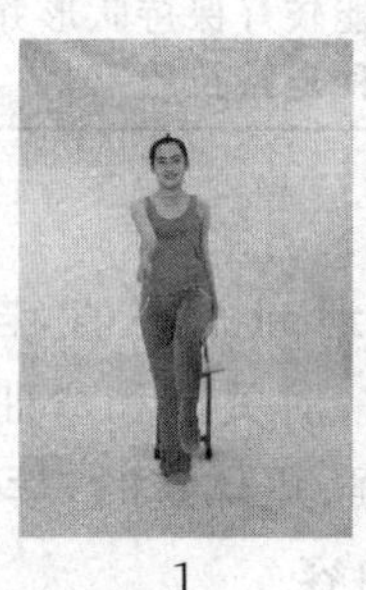

1

8

1～8 左脚开始从椅子左侧绕椅子走一圈。

第二个八拍

1～4

5～8

1～4 坐在椅子上，同时两臂于胸前击掌四次。

5～8 双手拍击大腿四次。

（二）基本动作活动

1. 走路

走是人们生活中所必需的动作，是人体最基本、最自然的移动方式，是人类最基本的生活技能和运动技能。一般情况下学前儿童在一岁左右时就开始学习走路，在幼儿园阶段正是儿童形成自身走路特征的关键时期，为此我们需要引起重视，在儿童体育活动中开展适宜的走路活动，发展学前儿童的走路能力，培养学前儿童正确的走路姿势，否则一旦儿童在这个时期形成不太好的走路姿势（如内八、外八字）将很难在以后的生活中进行纠正。

（1）学前儿童走路的年龄特征

学前儿童走路有一定的年龄特征，见表 5-4。

表 5-4　学前儿童走路的年龄特征

年龄阶段	年龄特征
3～4 岁	能初步控制走路方向，能平稳熟练地走路，但步幅小而不稳定，摆臂幅度小，膝关节灵活性较差，上下肢配合还不够协调；或者转动不灵活，注意力易分散，调节节奏、步幅能力较差
4～5 岁	步幅较稳定，上下肢配合协调，个人走路特点已初步形成，但调节节奏能力稍差，注意力易分散
5～6 岁	走路自然放松，平稳协调，排队时能较好保持队形并能掌握多种变化队形的方法，步幅已增至 50 厘米左右，能掌握多种走路技能

（2）走路的基本要求

在儿童走路练习时，经过学习儿童应该做到：上体正直，自然挺胸，肩部肌肉放松，眼看前方；两臂前后自然、轻松地摆动，向前摆臂时，肘关节稍弯曲；向前迈步方向正，两脚落地要轻，步幅大小适宜、均匀；精神饱满，节奏感强；集体走时，学会保持适宜的间隔、距离。

（3）走路的各年龄段教育目标以及教学内容

各年龄段走路都有不同的教育目标和内容，见表 5-5。

表 5-5　走路的各年龄段教育目标以及内容

年龄班	教育目标	教育内容
小班	1. 改进自然走路动作，掌握脚尖走、脚跟走、蹲着走等多种走路方法培养平衡和灵敏素质，做到走路时步幅能够放开、落地时较轻、脚尖向前、躯干正直、摆臂能够自然协调 2. 排队走时可以保持队形、不掉队 3. 能够学会 3～5 个走路游戏，能够与同伴一起进行走路游戏	开火车、小小军乐队、跟着小旗走、开飞机、吹泡泡

续表

年龄班	教育目标	教育内容
中班	1. 改进走路动作，能够做到步幅放开、均匀、身体姿势端正，无擦地、八字脚、踮脚等不良动作 2. 排队走时能够较好地保持队形，具备一定的调节步幅、步频和节奏的能力 3. 学会4～5个走路游戏，可以闭目走、倒退走、持物走等 4. 能够在游戏中学会遵守游戏的规则和要求	捡豆豆、听鼓声走、模仿走、持物竞赛、老猫睡觉醒不了等
大班	1. 改进自然走路动作，让幼儿做到步幅大而稳定、均匀，落地时较轻，姿态正确，节奏稳定、前后摆臂自然，有精气神 2. 排队走时能和集体保持一致，学会3～4个走路游戏，能和同伴独立做游戏	学做解放军、找朋友、穿大鞋、花样走路表演等

(4) 走路的活动建议

在走的游戏中，培养幼儿的正确姿势，发展走的能力。小班多做些排队走路游戏。自然走路教育重点抓两腿的动作和上体姿势；排队走重点抓协同意识、调节步幅步频能力和注意能力。远足活动是发展儿童走路能力较好的活动。

【案例 5-5】

让幼儿沿着地面的直线、曲线或者圆圈走，见图 5-15 所示。

图 5-15　直线、曲线、圆圈走

【案例 5-6】

吹泡泡

游戏目的

发展幼儿跟队走的能力以及掌握多种走路方法。

游戏的准备

在场地上画一个大圆圈。

玩法

教师组织幼儿在大圆圈上分散站好，教师教给幼儿一首儿歌："吹泡泡，吹泡泡，我们吹成一个大泡泡，我们吹成一个小泡泡。"当幼儿学会儿歌后，教师讲解游戏规则：当重复几遍儿歌后，当教师说"吹成小泡泡"时，小朋友要手拉手将圆圈编成一个最小的圆圈；当老师说"吹成一个大泡泡"时，幼儿要把圆圈拉开，拉一个尽可能大的圆圈；当教师说"泡泡飞高了"时幼儿要用脚尖走；当教师说"泡泡飞低了"时幼儿要慢慢降低高度，原地蹲下；当教师说"泡泡破了"时全体幼儿要四散跑，当听到教师说"吹泡泡了"时返回圆圈上站好，游戏可重复进行。

注意事项

教师要规定四散跑的范围，不能跑得太远，而且要注意周围的环境因素，保障幼儿的安全。

2. 跑步

跑和走一样，是人们日常生活中最基本的活动技能，跑和走的最大区别就在于跑时有一瞬间的腾空，属于周期型的全身运动，是儿童进行身体锻炼的最简单且有效的运动手段。

(1) 跑步的年龄特点(表 5-6)

表 5-6　学前儿童跑步的年龄特征

年龄阶段	年 龄 特 征
3～4 岁	步幅小而不均匀，跑速慢但提高较快，幼儿控制跑动方向能力较差，直线跑不直，若在跑动中改变方向较难
4～6 岁	在跑步时能力发展较快，在跑的技能、速度和耐力以及心理素质方面都有明显的进步，该阶段幼儿喜欢比赛，对胜负的情绪反应较强

(2) 跑步的基本要求

在儿童跑步活动中，要求幼儿能够做到上体正直稍向前倾；积极向前抬腿、用力后蹬，落地轻而稳；两手半握拳，两臂屈肘前后自然摆动；眼看前方，用鼻子和口同时呼吸，自然而有节奏。集体跑步时，学会保持适宜的间隔、距离。

(3) 跑步的各年龄段教育目标以及内容(表 5-7)

表 5-7　跑步的各年龄段教育目标以及内容

年龄班	教 育 目 标	教 育 内 容
小班	1. 幼儿跑步时能迈开步子跑，跑得平稳，双臂能前后自然摆动，能按目标控制跑步方向，四散跑能主动躲闪他人 2. 能初步识别跑速快慢，在成人引导下能够调节跑速	小孩小孩真爱玩、看看谁能追上我、找找小动物等
中班	1. 能迈开步跑，落地较轻，掌握屈臂前后摆动；没有后甩小腿、八字脚等明显缺陷 2. 让幼儿知道步子大才能跑得快、屈臂前后摆臂可以省力 3. 知道快跑后不能马上站立不动等知识；能够掌握圆圈跑、往返跑、持物跑和接力跑等多种跑的方法；较好控制跑步方向和调节跑速	捉星星、老狼老狼几点了、我是小小运动员、踩影子、捉尾巴等

续表

年龄班	教育目标	教育内容
大班	1. 幼儿跑步蹬伸有力、方向正、落地较轻，能自然屈臂前后摆动，能掌握持物跑、改变方向跑、后退跑等多种跑步方法 2. 要注意培养幼儿胜不骄、败不馁的良好品质	狡猾的狐狸、迎面接力跑、插红旗比赛等

（4）跑步的活动建议

跑步前应充分做好准备活动，以防受伤；游戏过程中，要做好医务监督；快速跑后要及时做放松和整理活动。创设良好的跑步环境，注意培养儿童正确的身体姿势。指导儿童在跑步中学会正确的呼吸，自然而有节奏。跑步活动中要根据幼儿体力、年龄和气候合理安排身体负荷。快速跑以 15～30 米为宜，每次跑后间歇 1.5～2 分钟，做 3～5 次；四散追逐跑持续时间约为 30～60 秒，并根据活动的剧烈程度来调整，两次跑之间间歇 2 分钟左右。圆圈跑时要经常变换跑动方向，使两腿负荷能均衡。

【案例 5-7】

看看谁能追上我

游戏目的

发展幼儿听到信号向指定方向跑的能力。

游戏准备

在平整的场地上，画上相距两米的两条长线作为起跑线（见图 5-16）。

游戏玩法

让幼儿四散站在起跑线的后面，教师站在前面两米起跑线前，教师带领小朋友说儿歌“小朋友跑得快，我在前面跑，你在后面追，看看谁能追上我，一二三。”说完教师就往前跑，幼儿在后面追，跑到相距约十米的场地另一端游戏结束，教师带领幼儿走回出发点。

注意事项

在游戏进行过程中，当熟练后可以换幼儿担当被追者的角色，教师要控制好幼儿跑的距离和速度。

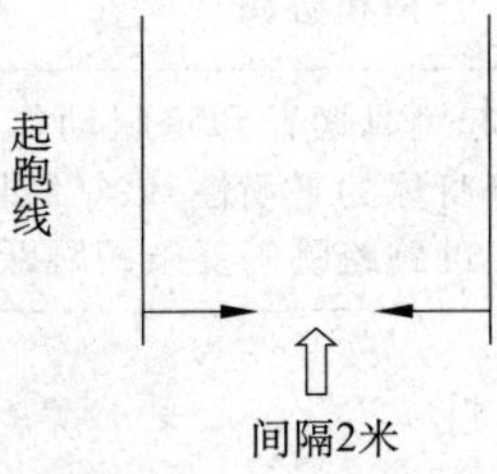

图 5-16 起跑线示意图

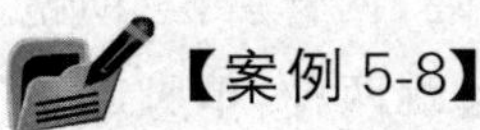【案例 5-8】

我是小小运动员

游戏目的

发展幼儿圆圈跑的能力，掌握顺时针跑和逆时针跑。

游戏准备

在场地上画一个大大的圆圈，能让所有幼儿手拉手站在圆圈上即可。

游戏玩法

教师带领幼儿手拉手站在圆圈上，让幼儿从教师的一侧开始"一、二、三"循环报数，并让幼儿记住所报的数字。教师带领幼儿说儿歌"我是小小运动员，身背号码一二三，叫谁谁就跑一圈"，此时教师随机报一个数字，被叫到号的小朋友要按顺时针（逆时针）跑一圈，迅速回到自己的位置上，回来最晚的小朋友可以给大家表演一个小节目。游戏可以依次循环。

注意事项

教师要掌握幼儿合适的跑量，不要让幼儿承担太大的负荷；教师可以适当地改变规则，如可以让两个号码的小朋友一起跑；教师要注意每一次跑完后可以让最后回来的幼儿表演小节目，并借此时机让幼儿得到一定的休息，做到动静结合。

3. 跳跃

学前儿童表达喜悦心情时经常用跳跃动作来表示，跳跃动作也是儿童较早掌握的一项基本动作技能，是儿童最喜欢的体育活动之一。

跳跃是两腿用力蹬地，使身体腾起一定高度和远度，轻轻落地的一种非周期型动作。[①] 幼儿的跳跃动作可以发展幼儿的腿部力量，发展幼儿的弹跳能力以及身体的灵活性、稳定性、协调性和平衡能力，对于幼儿的视觉能力发展也有益处。

（1）跳跃动作的年龄特点

跳跃动作的年龄特点如表 5-8 所示。

表 5-8　跳跃动作的年龄特点

年龄阶段	年龄特征
3～4 岁	起跳动作的蹬伸意识较差，蹬地力量弱，摆臂与蹬地动作脱节，落地的缓冲意识差，往往出现落地不稳的情况，跳跃的距离近，在该年龄段主要是进行双脚连续跳跃练习
4～5 岁	该年龄段幼儿跳跃的远度增长较快，能较熟练地掌握徒手或者持轻器械的单、双脚跳，而且跳跃动作基本合理和协调
5～6 岁	跳跃动作合理、协调，起跳时摆臂和蹬腿动作配合协调，而且在跳跃时节奏稳定、落地能屈膝缓冲，保持好身体的平衡性；该年龄段幼儿能掌握多种跳跃的方法，可以进行跳圈、跳皮筋、跳绳、助跑跨跳等复杂的跳跃技能

（2）跳跃的基本要求

跳跃的动作可以分为四个环节，即预备、起跳、腾空和落地。从预备动作的不同可以将跳跃动作分为原地和助跑两种形式。原地预备动作的要求是屈膝、体前屈、两臂后摆；助跑的动作要求是跑步动作自然、不减速。从起跳上可以分为单脚和双脚起跳两种，单脚起跳的动作要求是起跳腿要用力蹬直，摆动腿要快速向起跳方向摆起；双脚起跳的动作要求是

① 人民教育出版社体育室．幼儿园体育活动的理论与方法[M]．北京：人民教育出版社，2002.

两腿要用力蹬地，两臂要迅速由后向前摆起。从落地上也可以分为单脚落地和双脚落地两种形式，单脚落地时要继续向跳跃方向跑几步用于缓冲；双脚落地的动作要求是屈膝缓冲，保持身体良好的平衡性(见图 5-17～图 5-19)。

图 5-17 跳跃起跳

图 5-18 跳跃腾空

图 5-19 跳跃落地

(3) 跳跃的各年龄段教育目标和内容

跳跃的各年龄段教育目标和内容如表 5-9 所示。

表 5-9 跳跃的各年龄段教育目标及内容

年龄班	教育目标	教育内容
小班	1. 幼儿能双脚同时用力蹬地跳起，两臂自然摆动，双脚同时落地，注意屈腿缓冲，落地较轻，基本稳定，双脚连续跳，动作有节奏 2. 初步掌握双脚向上跳、向前跳、向下跳动作等多种跳跃方法。立定跳远的远度不少于 55 厘米	小兔送萝卜、大皮球、放鞭炮等
中班	1. 幼儿能较熟练地用双脚向不同方向跳，双脚起跳时双臂能有意识地摆动，与蹬脚动作协调配合 2. 落地能主动屈腿缓冲，保持身体平衡 3. 能初步掌握跨跳动作，落地后能向前跑几步缓冲； 4. 能较熟悉地单脚连续跳。立定跳远其远度不少于 75 厘米，单脚连续跳不少于 10 米	小青蛙捉害虫、跳房子、山沟里的狼、夹包跳等

续表

年龄班	教育目标	教育内容
大班	1. 幼儿能熟练地用双脚向不同方向跳，起跳时上下协调，落地较轻稳 2. 能熟练地做跨跳和单脚连续跳，跳跃时动作连贯、节奏稳定 3. 能够学会双脚跳绳，连续跳 10 次以上。立定跳远其远度不少于 95 厘米，单脚连续跳不少于 20 米	跳绳比赛、小青蛙跳荷叶、跳圆圈比赛、跨步比赛等

（4）跳跃的活动建议

跳跃活动的安排上要内容丰富、形式多样，练习中根据儿童的能力和水平，动作从简到繁，距离从近到远、由低到高循序渐进地开展活动。跳跃动作的重点是起跳和落地，要培养儿童起跳时摆臂和蹬腿的协调配合，落地时要轻而稳。创设良好的卫生与安全的游戏环境。重视在活动中用模仿法来发展儿童的跳跃能力（袋鼠跳、小兔子、小青蛙等）。重视在活动中发展审美素质（动作美、姿态美）注意跳跃运动中上下肢的协调发展。

【案例 5-9】

小兔拔萝卜

游戏目的

培养幼儿双脚连续向前跳的能力。

游戏准备

在场地上画一个等边三角形（边长 4～5 米），准备萝卜图形卡片若干张（见图 5-19）。

游戏玩法

教师将幼儿分成三组，分别代表小白兔、小黑兔和小灰兔，教师在游戏过程中扮演兔妈妈的角色，游戏开始时三组小兔子都待在自己家中，每一名小兔子手持萝卜的卡片一张。

游戏开始，兔妈妈告诉小白兔说：“今年我们种的萝卜大丰收，我们送一些给小黑兔好吗？”小白兔说“好啊”，于是小白兔一个一个排好队按照画好的直线双脚连续向前跳，将萝卜送到小黑兔家，然后走回自己的家。小黑兔们觉得自己家的萝卜也不少，就想去送给小灰兔家，于是小黑兔就沿着画好的路线双脚跳着将萝卜送到了小灰兔家，并自己走回了家中。小灰兔不知道萝卜是小白兔家送给小黑兔家的，小灰兔想着将萝卜也分给小白兔家一些，于是他们双脚连续向前跳将萝卜又送回了小白兔家。兔妈妈看到小兔子之间这么友好很是高兴，于是召集大家跳到场地中间一起开心地吃萝卜。

注意事项

该游戏适合小班的幼儿，在跳跃时并不需要将手放在头顶上扮作兔耳朵，以免影响跳跃动作；游戏可以更换小黑兔、小白兔和小灰兔三者的出发顺序，依次进行（见图 5-20）。

【案例 5-10】

山沟里的狼

游戏目的

发展幼儿助跑跨跳的能力，要求幼儿在不减速的情况下自然跨跳。

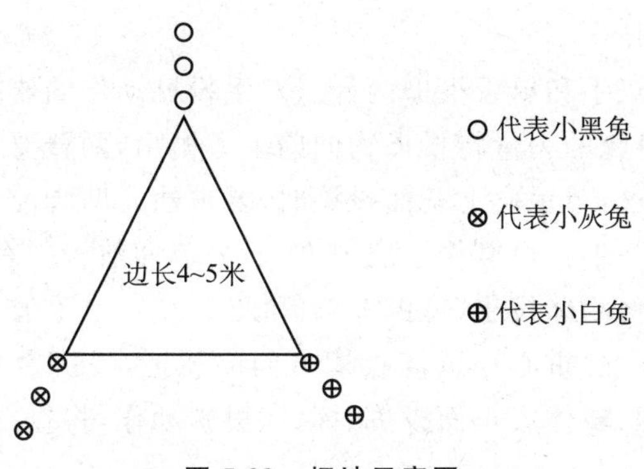

图 5-20　场地示意图

游戏准备

四条长绳、大灰狼的头饰两个。

游戏玩法

在山谷里住着小羊一家，一天早上羊妈妈带着小羊们在山谷里做游戏，不一会儿小羊们就饿了，他们想去山坡上吃青草，可是在不远处的东山坡和西山坡下的山沟里分别住着一只狼，狼很想吃掉小羊。小羊们唱着儿歌问羊妈妈去哪个山坡吃草，儿歌中唱道："东山坡，西山坡，山坡上面青草多，问问羊妈妈我们去哪个山坡啊？"，小羊们向羊妈妈说的山坡跑去，其间要助跑跨过住着狼的山沟，并要防止被狼捉住，一旦被狼捉住，下次这名幼儿将扮演狼的角色，狼的活动区域就是用两条绳子搭起来的山沟。等所有幼儿都跳过去后，羊妈妈说："吃饱了，回家吧！"，小羊们就迅速地回到自己所住的山谷，游戏可继续。

注意事项

根据幼儿助跑跨跳的能力不同，可以将绳子搭建的山沟宽度进行调整，做到区别对待；随着幼儿对游戏的熟练，可以在山沟里放两只狼。

4. 投掷

投掷是将物体投向一定距离的动作，是典型的非周期型动作。投掷能有效地发展儿童的大肌肉群，而且也能发展手腕、手指小肌肉群，还可以发展儿童身体动作的灵活性和协调性，投远和投准可以结合视觉能力发展，发展儿童的判断力和目测力。投掷一般是先教儿童初步掌握一些最简单的抛、接、滚、拨等动作，在此基础上再教肩上投掷动作。

（1）投掷动作各年龄特点

投掷动作各年龄特点如表 5-10 所示。

表 5-10　投掷的年龄特点

年龄阶段	年 龄 特 点
3～4 岁	投掷动作不协调，投掷时主要采用的是上肢的力量，下肢和躯干动作配合不协调，多余动作较多，但能掌握双手头上、双手腹前、原地肩上投掷等动作，投掷的距离近且出手角度和方向不好
4～5 岁	在教师的引导、教育下投掷的能力相对发展较快，全身能够比较协调用力，可以掌握单手肩上正面投掷，双手头上、胸前、腹前投掷等动作，投掷的出手角度和方向有明显的进步，但还是表现出不稳定的现象
5～6 岁	投掷动作协调有力，投掷的远度和准确度明显提高，部分能力强的幼儿可以掌握侧向肩上投掷动作，在此时男女幼儿在投掷能力上出现差异

(2) 投掷的动作要求

投掷动作可以分为双手和单手投掷两种。双手投掷动作的要求是：双手在体前将投掷物托住，用蹬腿、摆臂、抖腕的力量将投掷物向前上方抛出，两臂要用力均匀。

单手投掷的动作要求：单手肩上正面投掷时，要求幼儿两脚前后开立，重心放在后面的脚上，上体稍后倾，右(左)手持投掷物于肩上方，肘关节冲前，左(右)指向投掷的方向，通过蹬腿、挥臂、甩腕的动作将物体投出(见图 5-21 和图 5-22)；单手肩上侧向投掷时，身体要侧向投掷方向，两脚左右开立，重心在远离投掷方向的腿上，投掷臂持物尽量远伸，另一手臂指向投掷方向，通过蹬腿、转体成正面投掷、挥臂、甩腕动作，将投掷物投出。

图 5-21　正面单手肩上投掷(1)

图 5-22　正面单手肩上投掷(2)

(3) 投掷动作各年龄段教育目标和内容

投掷动作各年龄段的教育目标和内容如表 5-11 和表 5-12 所示。

表 5-11　投掷活动的各年龄段教育目标和内容

年龄班	教 育 目 标	教 育 内 容
小班	1. 初步掌握双手腹前，双手头上，单手肩上投掷动作，提高投掷能力 2. 双手腹前投时能用上腿力；单手肩上投时能用上腰力 3. 双手胸前投球(重 300 克)在 3.5 米以上，肩投沙包(重 150 克)男女在 3 米以上	赶小猪、自抛自接球比赛、滚球过门等
中班	1. 掌握单手肩上正面投掷动作的要领和方法，投掷时能注意上下肢协调用力，挥臂速度较快，能够注意到出手角度和方向 2. 双手腹前投球远度在 4.5 米以上；单手肩上投掷网球远度男孩在 4 米以上，女孩在 3.5 米以上	打鸭子、运西瓜、投过小河等
大班	1. 投掷时能身体协调用力，挥臂较快，投远时能注意向前上方投，并能初步控制投掷方向，能力较强的幼儿可以掌握侧向肩上投掷 2. 双手腹前投球远度男孩在 5.5 米以上，女孩在 5 米以上；肩投男孩在 5 米以上，女孩在 4 米以上	投弹打靶、把球投进去、看谁投得远、投球进筐等

表 5-12 《指南》中对投掷的要求

3～4 岁	4～5 岁	5～6 岁
能单手将沙包向前投掷 2 米左右	能单手将沙包向前投掷 4 米左右	能单手将沙包向前投掷 5 米左右

(4) 投掷的活动建议

形式要丰富多样，注意要与跑、跳等动作形式相结合，提高幼儿的练习兴趣，促进身体的全面发展。经常变换投掷物，而且在投掷物选择上要由轻到重，投掷的距离选择上也由近到远，靶子要由大到小，注意增强幼儿的参与兴趣。充分利用自然的环境和条件，重视乡土教材的补充(打水漂、甩泥巴)。要让幼儿双手都得到锻炼，注意均衡发展。注意发展幼儿的手腕肌群和腕、指关节的柔韧性和灵活性。注意安全：投掷前多做准备活动，防止拉伤肌肉和韧带；投远时尽量不要面对面投；做对投游戏时要向幼儿强调严守规则，不要打击对方头部；制作沙包时不要用坚硬的材料做填充物。

【案例 5-11】

自抛自接球比赛

游戏目的

发展幼儿的双手抛接能力。

游戏准备

小篮球若干(至少是幼儿数的一半)、场地上画好一个大圆圈。

游戏玩法

两个幼儿为一组分别站在圆圈的内外两侧，全体幼儿分散在圆周上，一名幼儿先持球，另一名幼儿做裁判。游戏开始，教师发出开始信号，小朋友双手连续向上抛接球，球的高度要高于幼儿头部，如球掉落可以捡起继续抛接球，另一名幼儿帮其计数，到规定时间后(1.5～2 分钟)教师发出停止信号。两名幼儿交换角色。最后游戏以接球次数最多者获胜。

注意事项

抛接物可以变化为充气球、沙包等；幼儿可以自由结对比赛。

【案例 5-12】

投球进筐

游戏目的

练习幼儿投准能力，发展幼儿上肢力量。

游戏准备

沙包或者网球若干(为幼儿人数的 1/3)，球筐一个；在场地上画一个直径为 3～6 米的圆圈(视幼儿的年龄而定)。

游戏玩法

教师将幼儿分成三组，第一组小朋友每人手持沙包一个均匀站在圆圈上，第二组和第三组小朋友按顺序站在第一组小朋友身后并保持一定的距离。

游戏开始后，第一组幼儿采取单手肩上投掷的姿势将沙包投入筐中，教师记录投中的数目，待教师记录完后，第一组小朋友将沙包捡回给第二组小朋友进行投掷，教师也做出数量记录，依次是第三组进行投掷。游戏最后教师宣布每组小朋友投进的沙包数，以投进多者获胜。游戏可重复进行。

游戏规则

投掷时幼儿必须站在圆圈外侧，否则投中不算；要求幼儿采用单手肩上投掷动作。

5. 平衡

平衡能力是指在任何条件变化下，人体保持相对稳定的能力，平衡能力也是在其他运动技能的发展中随之发展的，但又直接影响着其他活动能力的发展。

通过平衡活动的练习，如走平衡木、转圈、坐转椅等，可以促进幼儿平衡能力的发展。在《指南》中建议：利用多种活动发展身体平衡和协调能力，如走平衡木，沿着地面直线、田埂行走，玩跳房子、踢毽子、蒙眼走路、踩小高跷等游戏活动（见图 5-23 和图 5-24）。

图 5-23　走平衡木

图 5-24　走梅花桩、树桩

（1）平衡能力的年龄特点

各年龄平衡能力特点如表 5-13 所示。

表 5-13　平衡能力的年龄特点

年龄阶段	年龄特点
3～4 岁	已经具有一定的平衡能力，在两条直线中间或平衡木上走时，显得全身紧张，不由自主地低头看脚下，身体会出现摇晃，有多余动作；在快跑、转弯、跳跃落地时平衡能力较弱，易摔倒
4～5 岁	随着力量、灵敏和协调性的提高，平衡能力有较大的发展，能在 10～15 厘米宽、30～45 厘米高的平衡木上走、跑、跳、跨越等，低头耸肩的现象明显好转，在快跑、转弯、从高处跳落时能保持平衡，不易摔倒
5～6 岁	经过系统教学能在平衡木上做出复杂的动作，如边走边运球、跳绳、滚翻等，此阶段幼儿能够掌握滑冰、骑小自行车等平衡能力要求较高的运动技能

（2）平衡的要求

平衡能力一般可以分为动力性平衡和静力性平衡两种。练习动力性平衡时要求幼儿头正、身体正直、立腰、身体不晃动，上下肢协调、步幅均匀，动作自然；练习静力性平衡时要求幼儿支撑腿撑直站立、身体要正，立腰、保持身体的稳定性。此外，平衡能力还需要培养幼儿勇敢、大胆的心理素质。

(3) 平衡能力的各年龄段教育目标和内容

平衡能力各年龄段的教育目标和内容如表 5-14 和表 5-15 所示。

表 5-14　平衡的各年龄段教育目标以及内容

年龄班	教育目标	教育内容
小班	初步掌握走平衡木或者斜坡、单脚站立和原地旋转的要点，能平稳地走过 15 厘米宽×30 厘米高×300 厘米长的平衡木；单脚站立持续时间不少于 8 秒	走小路、过小桥等
中班	较熟练地掌握走平衡木，单脚站立和原地旋转的要领，能平稳地走过 10 厘米宽、250 厘米长的窄道，单脚站立持续时间不少于 20 秒	走独木桥、大公鸡等
大班	熟练地掌握走平衡木，单脚站立和原地旋转的要点，能稳定、放松地走过 10 厘米宽、250 厘米长的窄道；能掌握滑冰、骑小自行车等运动技能，单脚站立不少于 30 秒	斗鸡、闭目行进、滑旱冰、骑小自行车等

表 5-15　《指南》动作发展中平衡能力的目标内容

3～4 岁	4～5 岁	5～6 岁
1. 能沿地面直线或在较窄的低矮物体上走一段距离 2. 能双脚灵活交替上下楼梯 3. 能身体平稳地双脚连续向前跳 4. 分散跑时能躲避他人的碰撞 5. 能双手向上抛球	1. 能在较窄的低矮物体上平稳地走一段距离 2. 能以匍匐、膝盖悬空等多种方式钻爬 3. 能助跑跨跳过一定距离，或助跑跨跳过一定高度的物体 4. 能与他人玩追逐、躲闪跑的游戏 5. 能连续自抛自接球	1. 能在斜坡、荡桥和有一定间隔的物体上较平稳地行走 2. 能以手脚并用的方式安全地爬攀登架、网等 3. 能连续跳绳 4. 能躲避他人滚过来的球或扔过来的沙包 5. 能连续拍球

(4) 平衡的活动建议

要注意培养正确姿势，发展幼儿的身体素质，培养孩子勇敢、沉着的意志品质。以动力性平衡练习为主，静力性平衡练习次数不宜过多，时间也不宜太长。平衡练习必须放在幼儿注意力集中、体力充沛时进行。不宜采用比赛的形式进行平衡练习。要充分利用自然环境和条件。

【案例 5-13】

大公鸡

游戏目的

通过单脚站立发展幼儿的静力性平衡能力。

游戏玩法

教师先教会幼儿一首儿歌："大公鸡，单腿立；仰起脖子练啼鸣，小朋友们快快起，来到户外做游戏。"当小朋友学会儿歌后，教师要求幼儿在说儿歌的同时进行单腿站立，看看哪个小朋友先动或者因不稳定而双脚着地。

注意事项

要注意幼儿左右腿的均衡发展。

【案例 5-14】

贴鼻子

游戏目的

通过闭目行走来发展幼儿的平衡能力。

游戏准备

在地面上画一条起始线，在距起始线 5～8 米放置白板四块，每块白板上有贴好的大头模型（缺少鼻子），眼罩若干。

游戏玩法

教师将幼儿分为四组站在起始线的后面，分别对应着一块白板，教师将一个眼罩和带有磁铁的鼻子模型交给第一排的小朋友，让幼儿戴好眼罩后，听教师口令出发，将鼻子贴在大头模型上，比一比、看一看哪个小朋友走得直、贴得好；紧接着第二组、第三组……游戏依次进行。

注意事项

为了增加游戏的趣味性可以将大头模型换为小朋友喜欢的卡通人物或者动物的头像；也可以将贴鼻子的游戏改为贴嘴巴。

6. 钻爬

在日常生活中钻和爬是一种很实用的运动技能，也是锻炼儿童身体的良好手段。这个年龄段的儿童有很强的好奇心和探索欲望，我们在体育教育活动中可以借助丰富的相关体育活动来满足儿童钻和爬的好奇心与运动欲望。

（1）钻的动作特点和要求

钻一般分为正面钻和侧面钻；爬的活动从婴儿七八个月大时就开始尝试腹部着地爬，在学前儿童阶段爬的教育主要涉及手膝着地爬、手脚着地爬和匍匐前进等。学前儿童在钻爬时，由于儿童的空间感知能力和判断能力较差，还不能较好地运用屈腿、弯腰和团身的方法，因此不能迅速、准确地通过障碍物，但随着年龄的增长，身体的协调性、灵活性的提高，幼儿能灵敏、协调、正确地钻爬过障碍物。

正面钻的要求是，面向障碍物，屈膝下蹲，低头弯腰，团身，两脚交替向前移动通过障碍物；侧面钻时要求幼儿身体侧向障碍物，屈膝下蹲，靠近障碍物的一侧腿要尽量远伸，然后低头、弯腰，移动重心使身体通过障碍物（见图 5-25 和图 5-26）。关于爬的动作要求，无论何种形式的爬，都应该要求儿童动作灵活和协调性地爬。

图 5-25　正面钻

图 5-26　侧面钻

（2）钻爬的各年龄段目标和内容

钻爬能力各年龄段的教育目标和内容如表 5-16 所示。

表 5-16　钻爬能力各年龄段教育目标和内容

年龄班	教育目标	教育内容
小班	熟练掌握手膝和手脚着地等基本爬行动作，正确掌握正面钻的要点，钻时能低头、弯腰、屈腿，爬行速度不低于 10s/10m	钻山洞、手膝着地爬、小刺猬运果子等
中班	熟练掌握手脚、手膝着地爬行动作，初步掌握匍匐爬行动作，熟练掌握正、侧面钻；爬速度不慢于 8s/10m；能主动探索钻过不同形状的“洞”的合理方法和新的爬行方法	捞鱼、手脚着地爬、小猴子摘桃等
大班	学会侧身爬等爬行动作。提高钻“洞”能力，能较熟练地用较合理的方法钻过常见的“洞”圈；爬行速度不慢于 7s/10m；通过游戏发展爬钻兴趣和创新兴趣，培养竞争和合作精神	侧面、侧身爬、钻圈比赛、突破封锁线等

（3）钻爬的活动建议

教师要充分利用游戏教学来满足儿童的生理和心理需求。要注意儿童身体的全面锻炼，因为在钻爬教育时四肢和躯干肌肉负荷较大，对于发展力量和灵活性很有利，建议与跑、跳等运动方式结合起来以促进幼儿身体的全面发展。在借助器械进行钻爬活动时，要考虑器材的投放数量与儿童人数的合理比例，以此避免出现拥挤、碰撞等行为，让儿童在愉快的环境中进行活动。钻爬教育时要注意障碍物的经常更换，而且可以变换障碍物不同的深度和高度，以激发儿童参加活动的积极性。

7. 攀登

学前儿童在学会爬之后不久，就喜欢在家中攀登各种椅子、床等，到幼儿园后儿童可以借助各种攀登器械进行各种攀上爬下，动作也由不灵活、不协调逐步发展到灵活、协调地攀上爬下。攀登动作对儿童身体发展很有利，通过攀登可以增强儿童四肢的肌肉力量，发展儿童的平衡能力、灵敏性和协调能力，培养儿童勇敢、顽强的心理品质（见图 5-27 和图 5-28）。

图 5-27　儿童爬树

图 5-28　儿童攀岩

（1）攀登能力的年龄特点

攀登能力各年龄特点如表 5-17 所示。

表 5-17 攀登的年龄特点

年龄阶段	年 龄 特 点
3～4 岁	能在上下台阶的练习中多采用并步；在双手双脚的攀登中，动作不够灵敏，协调性较差
4～5 岁	逐渐学会在上台阶时使用交替脚的方法；在下台阶时仍然使用并步，因为下台阶时的动作要比上台阶复杂一些
5～6 岁	在攀登时能手脚交替进行，能够较熟练地攀登，动作的灵敏性和协调性较高，幼儿控制身体的能力较强

（2）攀登的动作要求和内容

攀登动作各年龄段的教育目标和内容如表 5-18 所示。

表 5-18 攀登的各年龄段教育目标和内容

年龄班	教 育 目 标	教 育 内 容
小班	攀登较低的器械、攀登架或者肋木等	上下台阶、玩低矮的滑梯等
中班	在各种攀登设备上自由地攀登	小猫钓鱼、利用桌椅的攀登练习等
大班	在幼儿园大型玩具和教具上用手脚交替的方法攀上爬下	爬攀岩墙、轮胎墙、攀登架等

（3）攀登的活动建议

在攀登活动过程中，教师要注意保护儿童的安全，让儿童懂得有序攀登，提高儿童的自我保护能力。一般攀登教育要安排在体育教学活动的前半部分，在儿童注意力高的时候进行。在有关攀登教育的活动中，尽量不要进行比赛，以免儿童由于求胜心切而出现危险。在攀登横木或者肋木的活动中，要首先教会儿童手握横木的正确姿势，这是保证儿童安全的前提。

8. 悬垂

悬垂是人体肩轴低于器械轴并对握点产生拉力的一种动作（见图 5-29 和图 5-30）。

图 5-29 儿童悬垂活动（1）

图 5-30 儿童悬垂活动（2）

《指南》中指出：学前儿童阶段是儿童身体发育和机能发展极为迅速的时期，不同年龄段的儿童应具备相应的平衡能力、协调能力、灵敏度、力量和耐力，(见表 5-19)。在体育活动中采用慢节奏的悬垂，支撑自身体重的各种练习，对增进上肢力量、耐力、协调、灵敏度、提高反应能力等均有很大的作用。

表 5-19 《指南》动作发展中悬垂的内容

3～4 岁	4～5 岁	5～6 岁
能用双手抓杠悬空起 10 秒左右	能用双手抓杠悬空起 15 秒左右	能用双手抓杠悬空起 20 秒左右

悬垂教育活动应该放在儿童精力充沛、注意力集中、体力好的情况下进行练习。教师在练习中既要教会儿童正确的动作姿势，还要注意提高儿童动作的协调性和灵活性。在该练习时可以结合大型玩具和教具，设定游戏情节来培养幼儿勇敢、自信、克服困难的精神。教师要注意儿童的安全保护，提高幼儿自我保护的意识和能力。

【案例 5-15】

"孙悟空本领大"(中班)

活动目标

(1) 尝试双手交替握杠纵向向前行进，发展上肢力量，提高身体的协调性和灵活性。

(2) 能够积极参加悬垂游戏，体验游戏的乐趣。

(3) 养成不怕困难、勇敢的良好品质。

活动重难点

(1) 活动重点：能够双手交替握杠纵向行进。

(2) 活动难点：尝试双手交替握杠纵向持续行进。

活动准备

经验准备：幼儿能双手交替握杠横向向前移动。

物质准备：钻筒、垫子、悬垂架、水果图片挂件、水帘、篮球网、轮胎、胸贴和自制火焰图片。

活动过程

一、开始部分

(1) 教师与幼儿一同慢跑热身。

(2) 准备活动：活动头部、上肢、腰部和下肢等关节部位，重点活动上肢。

二、基本部分

(一) 游戏"孙悟空练本领"。幼儿进行悬垂活动，发展上肢力量，体验体育器械。

(1) 幼儿进行横向悬垂活动(见图 5-31)，教师观察并进行个别指导。幼儿练习双手交替握杠连续横向向前前进。

(2) 幼儿和教师交流展示，请两种不同过法的幼儿进行展示。

(3) 教师对悬垂动作进行小结：身体摆动，双手交替挪动。

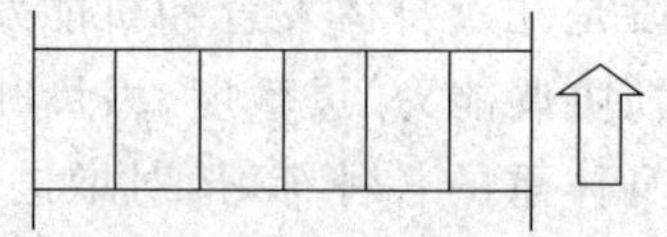

图 5-31 横向悬垂活动

(4) 幼儿再次进行不同方法的体验,提示幼儿按照动作要领行进。

(二) 游戏"孙悟空学本领"。尝试双手交替握杠纵向向前行进,提高身体的灵活性与协调性。

(1) 幼儿进行纵向悬垂活动(见图 5-32),教师观察并进行个别指导。幼儿尝试双手交替握杠纵向向前行进。

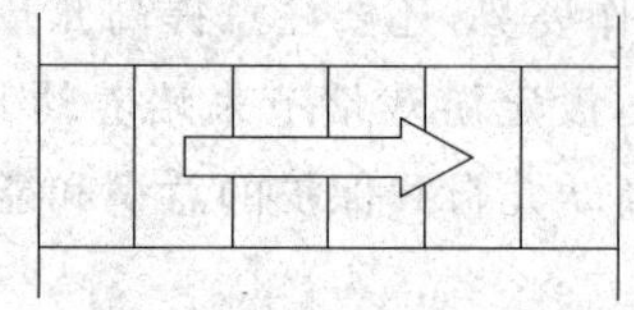

图 5-32 纵向悬垂活动

(2) 经验分享与交流:

①"你是怎么通过的?""怎么才能快速通过?"

② 请个别幼儿进行展示。

(3) 教师小结动作要领:身体摆动,双手快速交替换、握杠行进。

(4) 幼儿再次进行尝试,教师提示幼儿动作要领,鼓励幼儿不怕困难、勇敢。

(三) 综合游戏"孙悟空本领大",巩固练习双手交替握杠纵向向前行进,发展幼儿上、下肢力量,提高身体的灵活性与协调性。

(1) 教师讲解游戏玩法及规则

场地示意图如图 5-33 所示。

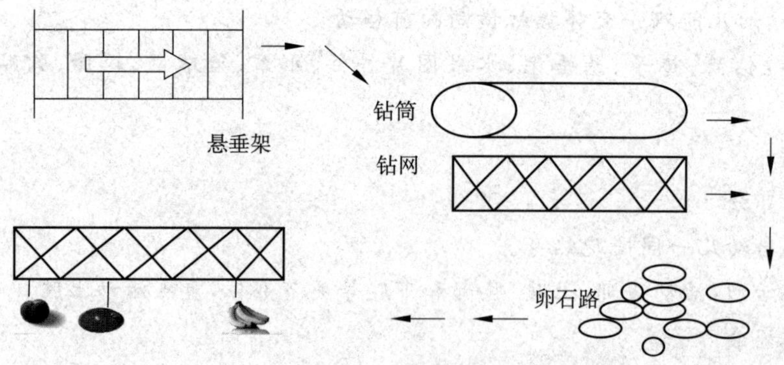

图 5-33 场地示意图

玩法:幼儿自选路线:双手交替握杠连续横向向前行进或从安全岛上通过,爬过山洞(钻筒或爬网),到达花果山采摘水果,每通过一次采摘一个水果。幼儿可连续进行尝试,以摘水果数量多者为胜。

规则：

① 尽量从悬垂架上通过，如不能通过可选择从安全岛通过。

② 双脚跳跃摘水果，每次只能摘一个水果。

(2) 幼儿进行游戏，教师观察并进行个别指导。

(3) 教师小结并对幼儿进行鼓励，帮助幼儿巩固双手交替握杠纵向行进的动作要领。

三、结束部分

放松活动，调整呼吸

案例来源：北京市昌平区工业幼儿园　高娜．

第三节　学前儿童体育活动的组织类型与设计

一、学前儿童体育活动的组织类型

幼儿园体育活动是通过许多不同的组织类型来进行的，是实现学前儿童体育目标的基本途径。幼儿园的体育活动组织形式主要有早操、晨练活动、集体体育教学活动、户外活动以及其他室内活动、远足等。

(一) 晨练活动和早操活动

晨练活动和早操活动是儿童一日生活的开始部分，是在幼儿教师的组织引导下进行的专门性的身体锻炼活动。一般来讲，晨练活动位于早操前，主要是通过散步、排队和队形变化、体育律动或者体育游戏进行，而后进行的是比较正规的集体早操活动，早操活动以简单的徒手操或者轻器械体操为主。

1. 晨练和早操活动的内容

(1) 晨练活动

晨练活动一般主要进行三个方面的活动：集体的负荷量不太大的体育游戏；集体的走、慢跑或者走、跑交替练习；自由或分组的小型器械活动。

(2) 早操活动

早操活动主要有三个环节：排队和队列练习；集体的模仿操、徒手体操或轻器械体操；简单的体育律动。

2. 晨练和早操活动的组织及指导建议

(1) 幼儿园的晨练活动一般在20～30分钟，早操活动时间一般在15分钟，在活动量安排上要循序渐进，负荷量要从小到中等，再由中等到小。

(2) 根据季节的变化，冬季晨练和早操时间可以适当推后，在室外活动前可以先在室内做暖身，及时添加衣物后再到户外进行活动。

(3) 队列队形变化要简单易行，避免小学化和成人化，不要过度强调队形的变换练习。

(4) 学前儿童早操内容的选择要面向全体儿童，能使全体儿童在短时间内掌握就可以，而且要配以欢快的音乐，要注意音响的清晰度和音量的适中。

(5) 在遇到恶劣天气时，可以安排儿童在室内进行晨练和早操活动。

(二) 户外体育活动

《指南》中指出幼儿每天的户外活动时间不少于两个小时，其中体育活动时间不少于1个小时，季节交替时要坚持。气温过热或过冷的季节或地区应因地制宜，选择温度适当的时间段开展户外活动，也可根据气温的变化和幼儿的个体差异，适当减少活动的时间。

户外体育活动主要进行比较自主、自由的体育活动，幼儿教师在活动过程中起到直接或者间接指导的作用，是对相对限定性比较强的晨练和早操活动的一个延伸和补充，更好地满足不同儿童的需要。户外体育活动不同于集体体育活动，而是指非正规的、非结构化的儿童体育活动，在时间安排和活动安排上相对灵活和宽泛。

1. 户外体育活动的内容

(1) 各种大、中、小型运动器械活动

随着社会和经济的快速发展，幼儿园配备的运动器械类型、数量较之以前都有了很大的进步，幼儿户外体育活动时可选择的余地更大。利用大型运动器械的活动如攀岩墙、攀登墙、滑梯、平衡木等；中型运动器械如独轮车、自行车、高跷、羊角球等；小型器械如自制的球、圈、纸棒、沙包等（见图 5-34～图 5-38）。

图 5-34　小型器械活动

图 5-35　中型器械活动(1)

图 5-36　中型器械活动(2)

图 5-37　大型器械(1)

图 5-38　大型器械(2)

(2) 利用环境和大型设施的户外体育活动

随着幼儿园环境创设的不断发展,幼儿园利用环境和大型设施的活动越来越丰富,利用的环境和大型设施可以涉及楼梯、游泳池、假山、田埂、土坡、树林等,有的幼儿园还在空余的场地上埋上树桩或者废旧轮胎等让幼儿练习平衡(见图 5-39 和图 5-40)。

图 5-39　幼儿园土坡

图 5-40　幼儿园沙地

(3) 体育游戏

在户外活动时,由于场地、器械数量等原因,有时需要幼儿教师与儿童进行特定的体育游戏,例如:"老狼老狼几点了"、"吹泡泡"、"狡猾的狐狸"等。这些游戏可以由幼儿教师传授,也可以由儿童自己"发明"。如:"跳小房子",还可以利用一些自制的玩具和教具开展体育活动,如利用废旧报纸制作的纸球、纸棒,利用废弃饮料罐制作的用于发展平衡或者跳跃能力的障碍物等。

(4) 幼儿体操

户外活动时间一般会组织三个年龄段的幼儿集体做操,主要是以徒手操、模仿操或者轻器械体操为主。

2. 户外体育活动的组织

(1) 户外体育活动的时间

根据儿童的年龄特点以及生理和心理方面的特点,我国大部分幼儿园一般安排上午、下午各一次户外体育活动,上午一般安排在 9:30～10:30,下午一般安排在 14:30:～15:30。户外活动时间根据地区和季节的差异可以进行时间上的调整。

(2) 户外体育活动的场地

我国大部分幼儿园尤其是城市幼儿园能够用于户外活动的场地有限,多数幼儿园一般会采用按照班龄交叉使用场地的方式使有限的场地得到充分利用。这种形式要求各年龄班在事先划分好的场地内进行活动,并按照之前约定好的时间进行自觉流动。目前也有的幼儿园打破了这种按年龄班划分场地的方式进行混龄教育,将活动区域划分为球类活动区、投掷区、钻爬区、攀爬区等,儿童可以进行自由选择,每个区有一名到两名幼儿教师进行必要的指导和保护。

3. 户外体育活动的指导建议

(1) 尊重儿童的自主性,让儿童根据自己的兴趣、爱好和运动水平自主选择运动项目和器材,引导和帮助儿童在活动中学会选择和与人交往。

(2) 要注意废旧利用,及时用自制的玩教具激发幼儿的体育活动兴趣,也鼓励幼儿不断发明新的运动形式或者将从幼儿园外获得的运动形式分享出来(见图 5-41 和图 5-42)。

(3) 高度重视儿童的安全,及时排除安全隐患。要经常清扫和检查户外体育活动场地,对户外活动器械进行定期的检查与维护。对儿童进行必要的指导和引导,指导儿童学会器械的使用方法,引导儿童与同伴交往,并对儿童的活动量进行监督和调控。

(三) 集体体育教学活动

集体体育教育活动是指幼儿教师有目的、有计划的指导下,发展基本动作、增强体质,学习运动技能,培养品德、发展智能和形成个性特征的一个过程。一般幼儿集体体育教育活动的时间根据班龄不同,时间也有所调整,小班为 15～20 分钟、中班 20～25 分钟、大班 30 分钟左右。

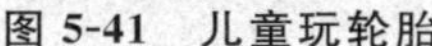

图 5-41　儿童玩轮胎

图 5-42　户外幼儿集体操

1. 集体体育教学活动的结构

体育教学活动的组织与普通体育课的结构一样，均是由准备部分、基本部分和结束部分三部分组成。

(1) 准备部分

准备部分又称开始部分，主要任务是将儿童组织起来，通过一些律动或者徒手操使得儿童从生理和心理上都做好参与体育活动的准备。该部分时间不宜太长，一般占整个集体体育教学活动的10%～20%。

(2) 基本部分

基本部分主要任务在于完成本次教育活动的主要教育和教学任务，通过一定的动作练习发展幼儿某一或几方面的运动技能，提高幼儿身体素质、增强体质，并通过集体教育培养幼儿遵守规则、合作乐群的优良品质。

该部分内容主要包含新授课和巩固复习课，一般新授课要放在儿童注意力集中、情绪饱满和体力充沛的时间进行，位于课的前半部分；巩固复习课或者活动量较大的活动一般位于新授课的后面。基本部分的时间一般占整个集体体育教学活动的70%～80%。

(3) 结束部分

结束部分又称放松整理部分，主要是通过一些放松身体的舒缓的律动或徒手操来缓解幼儿身心高度兴奋或紧张的状态。此外，幼儿教师要在本环节对于整个教育活动儿童的表现进行简单的小结，激发幼儿参与下次活动的欲望。结束部分占总体教育活动时间的10%。

2. 集体体育教学活动的指导建议

(1) 儿童肌体体育教学活动的活动量应由小到大，再逐渐减小，要合理安排运动负荷和强度，避免儿童疲劳。

(2) 要注意儿童身体的全面发展，体育活动时要对游戏进行综合规划，让儿童的上下肢活动衔接起来，促进儿童身体的全面发展。例如在安排跑的练习时，尽量不要再选择跳跃的练习，因为二者都属于腿部的练习，可以适当选择投球、拍球等上肢动作。

(3) 要树立“大体育”意识，在加强儿童身体练习的同时，还要注重对儿童认知、情感、个性和社会适应性发展的教育，促进儿童全面、和谐地快乐成长。

(4) 要做好区别对待，儿童的身体发育和运动水平有差别，要注意到个体差异，在体育教学活动中要有针对性地设计教学活动，力争让所有儿童都能在自己的原有水平上有所提高。

(5) 要根据气候、季节的变化灵活实施集体体育教学活动，如在冬季可以适当增加一些奔跑和跳跃的练习；在夏天天气炎热时可以选择一些诸如钻、平衡、投掷等强度相对较小的练习。

3. 组织学前儿童体育教学活动应遵循的原则和规律

幼儿园体育作为学前儿童全面发展教育的一个重要组成部分，是通过身体练习增强儿童体质，并直接或者间接地达到促进学前儿童全面发展的作用。幼儿园体育教学活动只有按照特定的原则、遵循体育教学的科学规律，才能更有效地提高教育效果。

(1) 学前儿童体育教学活动应遵循的原则

① 身体全面协调发展原则。身体全面协调发展原则是指学前儿童体育活动应该使儿童身体各部位、各器官系统的机能以及各种基本身体素质和基本活动能力都得到全面、协调的发展；在增进身体健康的同时还要促进儿童在认知、情感、态度、社会性和个性等方面的良好发展。贯彻这一原则时要做到以下三点。

- 利用游戏的形式组织学前儿童进行各类动作练习和器械练习，重视儿童身体素质的提高。
- 在选择体育教学活动内容时要避免成人化和小学化，注意选择游戏内容的丰富性和灵活性，使儿童身体得到全面锻炼。如在教授投掷基本动作时，可以结合跑、跳等基本动作。
- 在强化上肢训练的同时注意学前儿童下肢力量的发展，从而促进身体的全面发展。在制订学前儿童体育教学计划时应考虑幼儿各项体育活动内容和教材的相互搭配和有机结合，考虑多种形式和方法的灵活运用与综合利用。

② 经常性原则。经常性原则是指学前儿童的体育活动应该合理地安排在其每日的生活之中，保持体育活动的连续性。在贯彻该原则时要做到以下两点。

- 根据《指南》和《纲要》中的要求，保障儿童每日户外活动的时间不少于1小时。学前儿童只有每天都坚持参加体育活动，才能促进身体的生长发育、促进身体各器官和机能的协调发展、促进儿童心理和社会性的健康发展。
- 注意儿童一日生活中的动静结合。科学研究表明，运动不足，会影响儿童正常的身体生长发育，而且如果安静的活动太多的话，会造成神经细胞的疲劳；而另一方面如果儿童运动过量的话，也会引起学前儿童身体的疲劳，影响生长发育。因此科学的幼儿一日生活要求儿童要经常性地参加体育活动，而且注意活动中的动静结合。

③ 适宜负荷原则。适宜负荷原则是指在组织学前儿童体育活动时，教师要合理安排儿童的活动内容和时间，使得学前儿童的负荷量和强度适宜，以达到最佳锻炼效果，促进学前儿童身心全面发展。因为运动训练学上已经证明只有科学、适宜的活动负荷才能促进人

体机能的良性发展;过小的运动负荷起不到锻炼身体的作用,而过度的体育活动负荷则会引起人体机能的劣变性。在贯彻该原则时需注意以下几点。

- 正确处理好负荷量和负荷强度的关系。负荷量主要是指身体进行运动的次数、距离和数量等,通常在幼儿园根据练习的重复次数、活动的时间长短来确定负荷量;而负荷强度则是指人体完成身体运动所用力量的大小和身体紧张的程度,在幼儿园经常采用的强度是根据儿童运动结束后的即刻心率来做出判断,如儿童在跑的游戏结束后心率达到 180 次/分,而在进行耐力跑后儿童的心率达到 130 次/分,则很明显表明前者的运动强度要明显高于后者。一般来说在幼儿园体育活动的负荷量大时则负荷强度相对较小,反之亦然。
- 学前儿童体育活动时活动量要由小到大,再由大到小,活动前后儿童的心率变化幅度在 50 次范围内。
- 在体育教学活动组织时,幼儿教师要处理好教授基本动作和儿童活动时间的关系,教师要精讲多练,减少幼儿排队和等待的时间。此外,教师还应做到区别对待,照顾到每个儿童的差异,灵活地安排活动量。
- 幼儿教师可以利用心率指标来监控体育教学活动,判断运动负荷是否适宜、合理。一般在幼儿园的体育活动中,儿童的心率维持在 130～170 次,在运动后 3～5 分钟学前儿童的心率能恢复到正常心率,表明活动的运动负荷和强度适宜。

④ 多样性原则。多样性原则是指幼儿体育活动的内容、形式和方法应该丰富多彩。贯彻这一原则时应注意以下几点。

- 学前儿童体育活动的内容要包括幼儿体操、基本动作练习、体育游戏、器械活动以及各种创造性身体活动等。
- 学前儿童体育活动的形式要包括早操、户外体育活动、室内体育活动、远足、运动会、三浴锻炼、民族民间体育活动以及各种利用环境的活动。
- 学前儿童体育活动的指导方法也应多样化,包括语言指导法、讲解示范性、游戏法和探究法等。

(2) 学前儿童体育活动应遵循的基本规律

学前儿童体育活动只有充分考虑到人体在运动过程中的基本规律,而且根据这些规律组织和设计好,这样的幼儿体育活动才是安全和科学的。

① 人体生理机能的变化规律。人体在运动过程中,生理机能也是不断变化的,一般分为上升、稳定和下降三个阶段。在上升阶段,幼儿通过条件反射,在运动开始前学前儿童就开始精神振奋、心跳加快、体内的器官机能也在悄悄发生变化;另外,通过体育活动的准备活动,内脏器官的惰性得到克服,神经活动变得兴奋,活动能力得以提高。在平稳阶段,当运动器官的机能水平达到较高水平时,儿童的身体活动效率较高且得以维持,学习动作的效果好,能适应较激烈的体育比赛。为此,难度较大、运动强度较高的一些体育练习或者比赛均安排在此阶段。在下降阶段,随着体育活动接近尾声,儿童由于身体疲劳、体内能量物质消耗等原因出现了活动能力下降,结合幼儿教师的放松整理活动,使得学前儿童的各器官的机能稳步下降,直到运动结束后 3～5 分钟心率恢复到运动前水平。上升—平稳—下降是人体在体育活动中的客观规律,学前儿童体育教学也要遵守这个规律,科学、合理地安

排教学活动，提高教学的效能。

② 动作技能形成规律。动作技能也称为运动技能，其形成过程是由简单到复杂的过程，并有着建立、形成、巩固和发展的阶段性变化与生理规律。动作技能的形成，通常要经历三个相互联系的阶段。

- 粗略掌握动作阶段。此阶段儿童对于动作有了初步的印象，在完成动作时表现出比较紧张，动作不协调、不准确，缺乏灵活的控制能力，多余动作较多。因此在儿童学习动作技能的初期，幼儿教师要把握住主要环节动作的示范和讲解，让儿童有一个初步的知觉和印象，多让儿童练习，多给儿童体验和实践的机会。
- 改进和提高动作阶段。通过动作技能的强化和练习的增多，儿童的紧张动作或者多余动作减少，对于身体的控制力明显有所增强，能较顺利、较正确地完成动作，逐步在头脑中形成正确的动作概念。在此阶段，儿童的动作还不够稳定，如果遇到新异刺激或者活动条件的变化，容易出现动作变形的现象，原有的错误动作也有可能出现。因此在此阶段，幼儿教师要多强调动作的细节，注意纠正儿童的错误动作，让儿童体会动作的细节，促进分化抑制的进一步发展，使动作更加准确。
- 动作巩固和运用自如阶段。在经常、反复练习的基础上，儿童的动作会更加准确、熟练和协调，同时还能较省力地完成动作。动作的概念已经明确，大脑皮质的兴奋和抑制趋于合理，有时甚至不需要有意识地加以控制也能顺利、正确地完成动作。在这一阶段，幼儿教师要注意巩固和发展幼儿的动作，可以进一步变化条件和环境，使学前儿童在新的条件下自如地运用动作技能。动作技能形成的三个阶段是有机联系在一起的，各个阶段之间没有明显的界限，是逐步过渡、发展的。

（四）室内体育活动

室内体育活动是在室内开展的各种形式的体育活动的总称，是对户外体育活动的一个补充。当气候不利于在户外体育活动时，尤其是空气污染比较严重时，室内体育活动就成为锻炼幼儿身体的一种有效的形式。有条件的幼儿园可以开设专门的体育活动室、室内攀岩墙、舞蹈房或体操房等。

1. 室内体育活动的意义

在气候不利于户外活动时，保障儿童每天不少于1小时的体育活动。对于户外体育活动的形式和内容的补充，有的体育活动在室内进行会更好一些，如幼儿基本体操的训练、感觉统合训练的一些专门的器材等。

2. 室内体育活动的内容

(1) 室内的中大型运动器械，如攀登架、蹦蹦床、充气城堡等。

(2) 室内中小型器材，如走平衡板、跳绳、垫上滚翻滚动等（见图5-43和图5-44）。

图 5-43　室内垫子爬

图 5-44　室内梅花桩走

(3) 借助于室内椅子、桌子进行的钻、爬教育活动(见图 5-45 和图 5-46)。

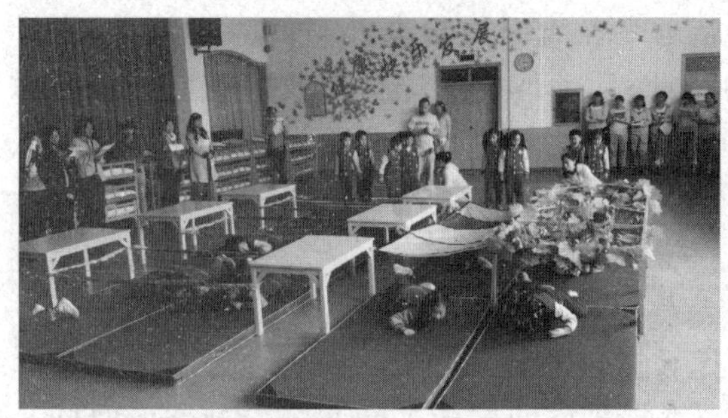

图 5-45　室内桌子钻

图 5-46　室内桌子爬

(4) 室内的表现性和创造性的活动,例如体育律动,根据音乐体会各种形式的爬、滚等动作。

3. 室内体育活动组织及指导建议

在选择活动教室时,要考虑场地的大小和儿童人数的合理比例,避免拥挤而不利于体育活动的开展;要在学期开始前就及时做好室内体育活动的计划,以便于遇到特殊天气时教师能够及时应对;充分利用幼儿园教室、走廊以及特殊教室,开辟好体育活动场所,投放一定数量的运动器械以满足于室内体育教学活动;要注意培养儿童良好的体育活动常规,保证室内体育活动有序、有效地开展;可以发动幼儿布置和整理场地、器材,发挥幼儿的主体作用和创造性。要重视活动中的安全与卫生。由于室内环境有限,要注意开窗通风并提醒儿童注意观察周围的环境,避免碰到桌椅而受伤(见图 5-47 和图 5-48)。

图 5-47　室内综合活动

图 5-48　室内脚玩气球

（五）其他体育活动

除了上述体育活动外，幼儿园体育活动还有许多，如远足、运动会、亲子体育游戏、短途旅游、劳动以及集体舞蹈等。这些体育活动极大地丰富了儿童的体育活动需要，提高了儿童的运动兴趣。

1. 远足活动

《纲要》中指出：幼儿园应与家庭、社区紧密合作，综合利用各种教育资源，即充分利用自然环境和社区的教育资源，扩展儿童生活和学习的空间。目前我国部分省市的幼儿园正逐渐开展远足活动，让儿童走出幼儿园，到社会中去开阔视野，去学习知识和经验，逐步学会适应社会和生活。

远足活动存在一定的安全隐患，因此在实施远足教育时要根据儿童的身心特点，设计好远足的路线，采取循序渐进的原则进行活动设计；活动地点的选择以及路途应充分考虑到儿童的安全，在活动前应做好全面的准备，同时在活动中幼儿教师要做好幼儿的管理工作，培养幼儿良好的组织纪律性。

2. 运动会

幼儿园运动会的内容一般包括体操表演、体育竞赛和区域活动三种类型，而且不仅儿童参与，幼儿教师、家长也可以参与其中，与儿童进行良好的互动。幼儿园运动会的时间一般安排在春季或者秋季进行。

幼儿园运动会相对而言还是比较复杂的一项体育活动，因此在组织时要注意：①运动会要面向全体幼儿，人人参与，重在娱乐、健身健心。②运动会上体育活动的内容难度要适中，要贯穿于平常的教学活动中，是对教学的一个补充和检验，减少因排练而付出较多的时间和精力。③运动会体育活动的项目要注意集体项目和个人项目的集合。④要控制好运动会的各个环节，内容不宜过多，控制在两个小时内，时间不宜过长。⑤运动会前要及时和家长进行沟通，得到家长的支持和配合是很有必要的，让家长了解和关心孩子在体育活动中的表现。⑥注意运动会的安全和幼儿的卫生保健工作，保健医要做好防范意外的准备。

3. 亲子体育活动

亲子体育游戏是在幼儿园教师的指导、帮助和家长的积极配合、支持下开展的生动、有趣的体育活动。亲子体育游戏在促进幼儿生长发育的同时，进一步促进了家庭成员之间的情感交流，这对于健全幼儿人格，影响幼儿的人际交往都有着比较现实的意义。

对于亲子体育游戏，建议有条件的幼儿园要经常开展，幼儿园要调动家长积极参与到运动游戏中来；幼儿教师可以在游戏进行前和家长进行有效的沟通并及时进行指导和帮助，在游戏中要提醒家长注意培养幼儿的集体意识和良好的人际交往能力。

二、学前儿童体育活动的设计

《纲要》中明确指出："幼儿园的教育活动，是教师以多种形式有目的、有计划地引导幼

儿生动、活泼、主动活动的教育过程。”因此，设计幼儿园各项体育活动是幼儿教师必须具备的基本技能和能力；幼儿教师只有掌握了体育活动设计的基本原理、原则和方法，才能满足职业的需要。

（一）幼儿园体育活动设计前的准备工作

只有根据学前儿童健康领域的目标，科学、合理地设计出符合学前儿童各年龄特点的体育活动才能不断地提高学前儿童体育活动质量和效果。为此在体育活动设计前，要做好以下备课工作。

1. 了解儿童

幼儿教师要深入了解教育对象的年龄、体质、兴趣、体能状况等方面的现状和水平，明确在每个年龄段要达到的教育目的，借此选择有利于促进儿童身心和谐发展的教育内容、形式和方法。

2. 明确目标

幼儿教师在了解幼儿、明确了教育目的后，要根据儿童的实际情况确定不同年龄段、不同学期以及每周活动所要达到的目标，并结合幼儿园的实际条件，有针对性地选择和设计体育教育活动。

3. 细化活动内容

体育活动不同内容可以以各种形式进行练习，但不同的活动内容，其侧重点也有所不同，为此幼儿园教师要充分考虑教育内容的选择。例如在体育教学活动中一般安排 2～3 个基本动作练习，以教学、指导新内容和巩固复习已学内容为主；在户外体育活动中，就可以安排各种不同的内容，既可以是集体活动，也可以是分组活动。

（二）幼儿园体育活动的具体设计

幼儿园体育活动的设计根据不同的时间段划分，可以分为幼儿园学年体育工作计划、幼儿园学期体育工作计划、幼儿园月工作计划、幼儿园周工作计划以及单次体育教学。本书主要解决单次体育活动设计的问题。

1. 幼儿园体育教学活动设计的格式

目前幼儿教师普遍采用的体育教学活动设计格式主要有两种：表格式和文字叙述式。

(1) 表格式教学设计的特点和案例

表格式教案的优点在于能把教案的整体结构罗列清楚，划分明确，凸显教师的主导作用与幼儿的主体作用（见表 5-20 和表 5-21）。

表 5-20 表格式体育教学活动设计(1)

<table>
<tr><td>日期</td><td colspan="2"></td><td>幼儿教师</td><td></td></tr>
<tr><td>班级</td><td colspan="2"></td><td>儿童人数</td><td></td></tr>
<tr><td>教学目标</td><td colspan="2"></td><td></td><td></td></tr>
<tr><td rowspan="2">教学内容</td><td colspan="4">教学重点</td></tr>
<tr><td colspan="4">复习</td></tr>
<tr><td rowspan="4">教学组织</td><td>准备部分</td><td></td><td colspan="2" rowspan="4">场地布置</td></tr>
<tr><td rowspan="2">基本部分</td><td>重点指导部分</td></tr>
<tr><td>巩固复习</td></tr>
<tr><td>结束部分</td><td></td></tr>
<tr><td>观察分析</td><td colspan="4"></td></tr>
</table>

表 5-21 表格式体育教学活动设计(2)

<table>
<tr><td colspan="2">任课教师:</td><td>时间</td><td>第　　周</td><td>第　　节</td><td>日期:</td></tr>
<tr><td colspan="2">教学内容</td><td colspan="3">课的内容</td><td>组织与要求</td></tr>
<tr><td colspan="2">教学任务</td><td colspan="4"></td></tr>
<tr><td colspan="2">教学目标</td><td colspan="4"></td></tr>
<tr><td colspan="2">活动准备</td><td colspan="4"></td></tr>
<tr><td colspan="2">活动重点</td><td colspan="4"></td></tr>
<tr><td>基本部分</td><td></td><td colspan="3"></td><td></td></tr>
<tr><td>结束部分</td><td></td><td colspan="3"></td><td></td></tr>
<tr><td>教学反思</td><td colspan="5"></td></tr>
</table>

(2) 文字叙述式教学设计特点和案例

文字叙述式教案一般是按上课的顺序依次书写，比较容易，但不如表格式教案一目了然。

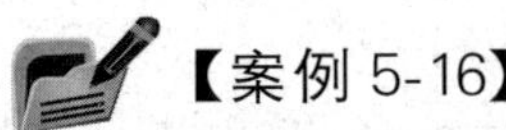【案例 5-16】

巧玩报纸(大班)

活动目标

(1) 能自由结伴玩报纸体验集体活动创造的快乐。

(2) 在报纸上探索各种玩法。掌握跑、钻等技能，发展动作的灵活性和协调性。

活动准备

(1) 旧报纸若干；

(2) 音乐。

活动过程

一、热身运动

儿歌：请你像我这样做！1、2、3，点点头；1、2、3，拍拍肩；1、2、3，扭扭腰；1、2、3，蹲一蹲；1、2、3，踢踢腿；1、2、3，蹦蹦跳。

二、引入活动

1. 教师提出问题。

报纸有什么用处？

报纸可以怎样玩？例：折飞机、装扮。

2. 幼儿自由探索玩法。

三、结伴游戏

(一) 神奇小报纸

1. 教师示范并提问

“小朋友们看老师的小报纸神奇不神奇啊？”

“那你们想不想让自己手中的报纸也神奇起来啊？”

2. 教师指导幼儿学习这种神奇的方法。

3. 幼儿对这个方法基本掌握之后，教师组织比赛。

将幼儿分成两组，人数一样多。采用跑的形式手推报纸进行两个小组之间的比赛，比赛时要听教师口令，听到口令开始比赛。每组最后一名幼儿先跑回起点获胜。

(二) 钻山洞

将幼儿两两分组，每对幼儿拿一张报纸。一人拿一边，幼儿排成纵队。两人拿报纸举起。排在第一的一对幼儿从报纸下钻过，到队尾继续把山洞搭起来，第二对幼儿以此类推。

四、游戏结束

在优美的音乐声中回到班级。

案例来源：幼儿园快乐与发展课程编写组．幼儿园快乐与发展课程教师指导用书——大班[M]．北京：北京师范大学出版社，2009.

2. 幼儿园体育教学活动设计流程以及注意事项

幼儿园体育教学活动设计流程及注意事项如图 5-49 所示。

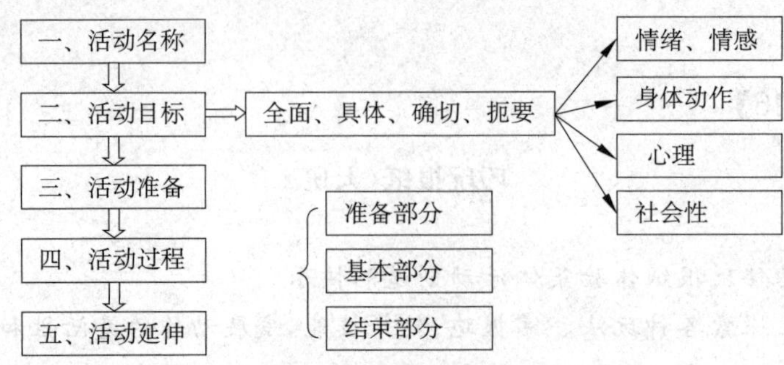

图 5-49　幼儿园体育教学活动设计的流程

在进行儿童体育教学活动设计时的注意事项如下。

(1) 制订体育教学活动目标时要做到全面、具体、确切、扼要。一般教学目标要包含四个维度,即情绪情感、动作技能和身体发展、心理和社会性。有的教师在制订目标时往往只关注了身体和动作技能发展方面的目标而忽略了其他目标,例如案例《小青蛙跳荷叶》——中班 目标:通过游戏进行双脚跳,发展儿童动作的协调性,在这个案例中目标仅有动作及身体发展方面的,而忽视了其他方面的目标,而且该教案制定目标时动作发展定义也不准确,就双脚跳这个动作可以分为双脚向上、向前跳,直线两侧双脚行进跳等。

(2) 体育教学活动的设计要突出 1～2 个重点教授的基本动作,在整个教学活动设计中涉及的基本动作不要太多,要控制在 3～4 个以内,要突出重点动作。例如在大班体育教学活动“猫捉老鼠”中所涉及的动作练习多,容易导致失去重点,在其目标中定义:通过猫捉老鼠的游戏,进一步发展幼儿走、跑、跳、钻、平衡等动作技能和能力,提高动作的灵敏性、协调性和稳定性;初步学习“肩上挥臂投掷”动作技能。

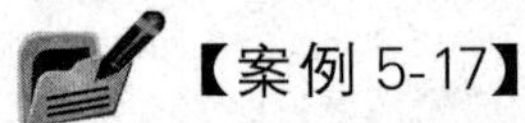
【案例 5-17】

兔宝宝学本领(小班)

活动目标

1. 喜欢参加游戏活动,感受跳跃游戏带来的快乐。
2. 练习双脚连续跳,发展下肢力量。
3. 在游戏过程中有初步的规则意识。

活动重难点

(1) 活动重点:练习幼儿双脚连续跳,发展下肢力量。

(2) 活动难点:在游戏过程中养成良好的规则意识,感受跳跃游戏带来的快乐。

活动准备

经验准备:幼儿玩过双脚跳的游戏活动。

物质准备:萝卜、兔子头饰、兔子舞音乐磁带、纸板、绳子;长方体的酸奶盒、体操圈(也可以用其他材料代替)。

活动过程

一、开始部分:活动身体各个关节,做好活动前准备。

儿歌:今天天气真正好,小兔子们来做操,

小手举起来,摆一摆,摆一摆;

小手放肩上,转一转,转一转;

小手叉好腰,扭一扭,扭一扭;

小手摸膝盖,转一转,转一转。

小脚抬起来,踏踏踏,踏踏踏。

二、基本部分

(一)音乐活动:《兔子舞》。引导幼儿跟随音乐有节奏地跳。

(二)游戏:兔宝宝学本领

1. 角色扮演:教师做兔妈妈,幼儿做兔宝宝,并戴上头饰。教师示范游戏的动作,讲解游戏的规则。

2. 选择小路。教师请幼儿说一说,在我们的面前,都有什么样的小路。你想从哪一条小路双脚跳到对面去(见图 5-50)。

图 5-50 儿童双脚跳

(1) 幼儿自由选择小路,站在路端的标志线前。

(2) 幼儿在跳跃过程中,放音乐《兔子舞》。

3. 体验跳不同的小路。

幼儿:幼儿充分进行尝试和体验,感受在不同小路上跳跃的快乐。

教师:注意观察幼儿双脚跳跃的动作是否规范,为下一步活动做好准备。第一次游戏后,教师示范幼儿的动作,请幼儿说一说哪一种是正确的。

4. 运萝卜。

(1) 教师:孩子们,我们跳了这么长的时间,跳那么长的路,我们该吃点东西了,我们一起去前面的地里拔萝卜吧。

教师和孩子一起双脚跳到场地一端。捡起地上的萝卜,请幼儿相互比较,互相说说萝卜的大小，粗细。

(2) 孩子们，想一想，我们把萝卜带回家用什么方法？

(3) 教师：今天我们就用双腿把萝卜夹回家。教师示范双腿夹住萝卜的动作：跳一跳

(4) 幼儿模仿老师一起做。

教师：怎样跳萝卜不会掉下来？幼儿在原地体验双腿夹物跳。

(5)运萝卜回家

放音乐《兔子舞》，教师和幼儿一起把萝卜放在两腿之间跳跃回到活动开始的场地。

三、结束部分

1. 教师肯定幼儿在活动中的表现及成功，让幼儿感受到游戏带来的快乐。

2. 幼儿听音乐做一些自由的放松动作。

资料来源：北京市昌平区工业幼儿园　赵亚娟.

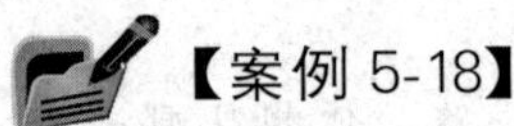

【案例 5-18】

好玩的百变条(中班)

活动目标

1. 通过百变条丰富多样的玩法来激发幼儿参加体育运动的兴趣。

2. 通过练习跳跃动作来锻炼幼儿双脚跳的基本技能，发展幼儿下肢肌肉力量，增强幼儿身体协调性及灵敏性。

活动重难点

(1) 活动重点：通过双脚连续跳锻炼幼儿的跳跃能力。

(2) 活动难点：使中班幼儿在双脚连续跳时脚下节奏与上肢摆臂达到一致，动作流畅。

活动准备

(1) 经验准备：幼儿在小班时已有双脚连续跳的练习经历。

(2) 物质准备：百变条若干，塑胶场地。

活动过程

一、热身活动

1. 游戏“大森林冒险”。幼儿和教师一起集体做热身活动，为活动做准备。

“大森林冒险”玩法介绍：所有幼儿围成一个圆圈做齐步走，根据教师提出的口令来作出相应的反应，例如：老虎来了——跑步前进、蛇来了——双脚连续跳前进、老鹰来了——迅速蹲下抱住头、老鼠来了——高抬腿前进等。通过一系列热身动作来达到使幼儿进入体育活动状态的准备(见图 5-51)。

2. 介绍玩具名称，引出本次活动主题。

二、活动过程

1. 游戏：“好玩的百变条”，引导幼儿熟悉材料并探究玩法，练习跳的动作，发展幼儿腿部力量及身体的协调性。

(1) 每个幼儿有序自取一根百变条，探究百变条的玩法。教师提出安全要求。

图 5-51 百变条玩法(1)

图 5-52 百变条玩法(2)

(2) 集中幼儿,组织幼儿进行分享交流:百变条可以怎么玩?并请个别幼儿进行展示。

2. 游戏:"松鼠快跳",练习双脚连续跳的动作,发展幼儿腿部力量及身体的协调性(见图 5-52)。

(1) 玩法介绍:幼儿把百变条用腿夹住扮作松鼠长长的尾巴,然后以双脚跳形式前进。

(2) 幼儿体验玩法,掌握游戏规则。

(3) "松鼠快跳",幼儿尝试快速双脚连续跳,发展腿部肌肉力量。

3. 复习游戏:"电棒捉鱼",锻炼幼儿反应能力以及跳跃能力,提高幼儿躲闪能力及身体的灵活性。

(1) 玩法介绍:由一人充当捕鱼者手拿"电棒"去追捕鱼池中的"小鱼们",被电到的"小鱼"应退出游戏。

(2) 启发幼儿在游戏过程中如何闪躲"电棒"的攻击。

三、结束部分

放松游戏"我爱洗澡",并作简单小结。

1. 教师带领幼儿模拟冲水环节放松全身,拍拍胳膊,抖抖腿。

2. 模拟涂沐浴露环节轻拍身体各个部位,做简单放松。

3. 模拟擦干水珠环节做全身肌肉放松。

案例来源:北京市昌平区工业幼儿园 丰静.

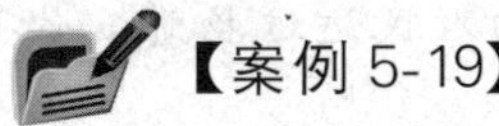

【案例 5-19】

玩轮胎(大班)

活动目标

1. 通过合作玩轮胎游戏,提高幼儿手臂和下肢的力量及平衡协调能力。

2. 培养幼儿与同伴合作的能力,体验帮助他人的快乐。

活动重难点

(1) 活动重点:合作抬轮胎跑。

(2) 活动难点:抬轮胎节奏的一致性。

活动准备

(1) 经验准备:在平时体育活动中开展各种形式的合作游戏,幼儿已具备一定的合作游戏的经验。

(2) 物质准备:轮胎若干。

活动过程

1. 开始部分

引导幼儿对身体的各个关节进行热身,做好幼儿心理和身体的准备。

(1) 场地布置:让幼儿摆放每个轮胎。

(2) 热身跑:两路纵队变一路纵队跑、圆形跑、蛇形跑。

(3) 教师带领幼儿充分活动各个关节。

2. 基本部分

(1)"洪水来了"——站轮胎:通过站轮胎游戏,培养幼儿的合作及平衡能力。

教师引导:小朋友模仿各种动物在绿草地里围绕轮胎在跑步,跟着老师拍手的节奏跑,教师拍手停止就代表洪水来了,这时幼儿就迅速站在高地上(轮胎上),规定一个轮胎只能站2～4个人等,没能站在轮胎上的小朋友,在绿地里模仿游泳的样子。

(2)"运物资"——抬轮胎:通过合作抬轮胎游戏,提高幼儿手臂和下肢的力量,培养幼儿与同伴合作的能力,体验帮助他人的快乐(见图5-53)。

图 5-53 合作抬轮胎

① 教师导入:洪水来了,今天我们要做小小的救援队,去给灾区的人民运送物资。你们敢不敢去?

② 探索运送物资的最好办法。方法是两个人抬一个轮胎从场地的一边运到另一边,讨论两人抬轮胎最安全、最快速的方法。

③ 练习两个人合作抬轮胎。

④ 4人运3箱物资;7人运6箱物资等。

小结:表扬小朋友与同伴合作完成任务和不怕苦不怕累的品质。

3. 结束部分

让幼儿身体得到放松,帮助幼儿尽快消除疲劳、恢复体力,使幼儿精神愉快。

（1）幼儿跟老师一起做放松运动，调整呼吸。

（2）师生共同回收运动器材。

案例来源：北京市昌平区工业幼儿园　刘岩．

【案例 5-20】

我是小小宇航员（大班）

活动目标

1. 能积极主动地参加体育锻炼。

2. 练习跑的动作，发展腿部力量及全身的灵活性和控制能力。

3. 增强幼儿勇敢、不怕困难的良好品质，激发幼儿对宇航员的热爱和崇敬的情感。

活动重难点

（1）活动重点：练习跑的动作，发展腿部力量及全身的灵活性和控制能力。

（2）活动难点：能够勇敢地挑战自我，不怕困难。

活动准备

（1）物质准备：在地上画好标志线、宇宙飞行物、大陀螺 10 个、自制树、标志筒、高板凳、梯子、轮胎、平衡木、大型器械、宝盒。

（2）经验准备：幼儿对宇航员和飞船有简单的了解。知道我国“神十”宇航员的名字：聂海胜、张晓光、王亚平。

活动过程

1. 热身活动，和教师一起活动身体各关节，为活动做准备

（1）队列练习：两队→四队→圆形→十字→四队。

（2）幼儿和老师一起听音乐活动身体各部分。（从上到下，重点下肢）

2. 游戏：“我是小小宇航员”

（1）宇航员练本领

① 游戏：开飞船。练习四散躲闪跑，发展幼儿腿部力量及身体的灵活性（见场地图一）。

第一遍游戏，用提问的方式引出学本领的内容，练习四散躲闪跑。

玩法：小宇航员要观察空中情况，当发现陨石从高空掉下后，要迅速躲闪，被击中的小宇航员到一边的太空医疗站治疗，停止游戏一次。

规则：躲闪跑时不要相互碰撞，被击中的宇航员要退出游戏。

第二遍游戏，陨石数量增加并且高度降低（幼儿腿部），提示幼儿遵守游戏规则。

第三遍游戏，陨石数量增加同时方向不一，增加游戏难度。

② 游戏：摇摇乐。模仿宇航员对震动及眩晕耐受力的训练，发展幼儿身体的控制能力、平衡能力。

第一遍游戏：幼儿分成两组，一组参加训练；另一组控制摇摇乐的转速。

玩法：小宇航员要分成两组，一组进仓就是大陀螺里进行训练；另一组负责控制训练舱的转速。当听到快转的口令时负责控制的宇航员要快速旋转训练舱；当听到慢转的口令时要慢速旋转训练舱；听到停的口令时让训练舱停止旋转。

规则：提示小宇航员在训练仓里手要抓牢，脚要登稳。负责控制的小宇航员要注意听口令控制训练仓的转速。

第二遍游戏，两组互换角色。

(2) 游戏："登上月球"，练习跑的动作，提高幼儿身体的灵活性和控制能力

① 幼儿自由尝试不同的登月球"轨道"(见场地图二)。

● 幼儿合作讨论设置轨道。

教师：小宇航员的本领已经练得特别棒了，但要有轨道才能通向月球。我这里有三张搭轨道示意图，请你们自由分成三组，每组选择一张，按照示意图来搭建不同的轨道。

● 幼儿根据自己的兴趣选择飞行轨道。

教师：小宇航员们的轨道搭得真棒，请小朋友们去尝试哪一条轨道适合你。

② 选择一条轨道，登上月球寻宝。

● 幼儿选择适合自己的轨道去月球寻宝(见图 5-54)。

图 5-54　儿童跨越"轨道"寻宝

教师：小宇航员们，你们的本领已经练得特别棒了，下面我们的飞船马上就要发射了，去月球寻宝。当听到我倒计时说："发射"后再出发，到达那边的月球拿一个宝盒从两边返回。你们准备好了吗？10、9、8、7、6、5、4、3、2、1、发射！

● 小结：培养幼儿勇敢、不怕困难的良好品质，激发幼儿对宇航员的热爱和崇敬的情感。

教师：请你打开宝盒看一看，里面是什么宝物？

幼儿：(打开宝盒并读出上面的字)他们都是我国宇航员的名字。

教师：今天小宇航员们都非常勇敢、不怕困难，希望你们长大了也做一名宇航员登上月球去探索更多的宇宙奥秘。

3. 结束部分

放松身体关节，结束游戏。

(1) 教师带领幼儿听音乐做放松活动。

(2) 带领幼儿收放活动器械。

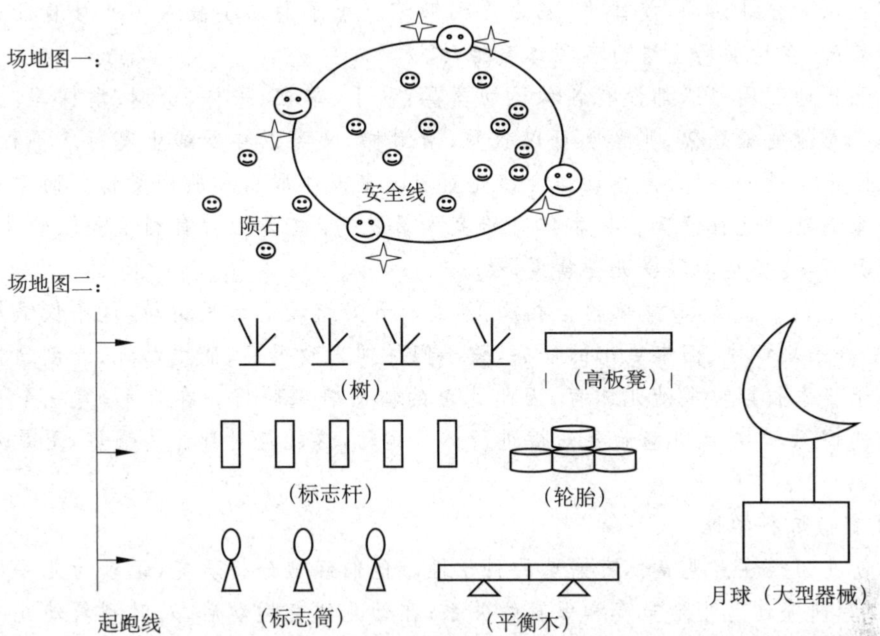

案例来源：北京市昌平区工业幼儿园 杜军，张津京.

【延伸阅读】

美国：家庭重视幼儿体育教育

1. 体育活动多元化

美国家长对孩子的教育，包括多种多样的体育运动。他们不是把幼儿的体育运动看作单纯的身体运动，而是把它看成教育的一部分。

体育运动的种类很多，有些运动注重培养孩子的耐力，比如游泳；有些注重培养孩子的勇敢和主动，比如冰球；有些是要培养孩子的竞争和谦让，比如跆拳道；有些是要培养孩子的团体精神，比如足球和篮球。

2. 健康第一，家长做陪练

美国家长重视孩子的健康，认为孩子良好的身体素质是决定一切的基础。他们在孩子体育运动上的开支很大，并支持孩子从事各种各样自己喜欢的运动。

一般来讲，美国小孩子都会喜欢几种不同的运动。很多家长会安排好自己的时间，每天下班后家长就成了孩子的司机，到家还要充当"陪练"。孩子学习体育，也学到了体育精神，不仅体格强健，而且意志也变得坚强，无形中增强了孩子的心理素质。

日本：在幼儿园好好玩体育

1. 室外运动和远足，不怕受伤不怕累

在日本，大量的室外体育运动、远足是幼儿园的重要科目。使儿童从小就对体育兴趣浓厚，身体素质和体育能力也普遍较强。

孩子们每天早晨8点入园，一般有两个小时的户外自由活动时间。在这段时间里，每个幼儿都可以充分地活动,使体力、脑力得到锻炼。孩子们从早晨入园就身着汗衫、短裤,有的还赤着脚,在运动场上进行各项体育活动。

幼儿园场地四周一般都设有各种运动器具:秋千、单杠、平梯、山洞、滑梯等,此外还有一个大型多功能的攀登架,儿童既可以攀登,滑滑梯,又可以在网绳上爬行。单杠、平梯在我国幼儿园很少设置,担心悬吊动作会使儿童肩关节发生脱臼和肌肉受伤。而据日本同行说他们并未遇到过这种情况。日本体育研究人员认为,这类活动有利于锻炼幼儿的臂力。从实际情况看,这类运动很受儿童喜爱。

我们很怕孩子累着,日本则恰恰相反,幼儿园开始就设有远足运动,这不仅锻炼儿童的体力,还配合采集标本、回来展出的任务,孩子们往往兴致很高,能主动地、有创造性地参与活动。由于日本长期重视幼儿体育,因此儿童的体质普遍较好。在日本,有一个我们看似无法接受的惯例,即冬天儿童也穿短裤进行体育运动,这既是对身体的锻炼,更是对毅力的培养。

2. 体育锻炼科学性

日本幼儿园很注意儿童体育锻炼的科学性。他们经常分析研究,记录幼儿一周中的心率变化,观察研究幼儿生活节奏和保育的关系;在幼儿体育运动后,及时测量幼儿机体生理活动反应,为掌握体育锻炼的运动量和时间提供科学依据;通过拍摄幼儿体育活动的录像,分析体育活动对幼儿身体发育的影响,分析幼儿动作发展情况,研究如何教予儿童正确的动作。

俄罗斯:让幼儿形成稳定的运动兴趣

1. 引入体育训练项目

现在在俄罗斯,幼儿园一般面积宽敞,运动器械丰富。为了使儿童的活跃天性得到满足,幼儿园里一半时间安排运动项目;为了保证每个儿童的身体最大限度地得到发展,教师力求选择适合的训练方式和方法,教育过程有创造性,他们把传统的体育项目与非传统的结合起来。俄罗斯的幼儿园普遍的体育项目如下。

早操、韵律操和健美操:所有年龄的孩子都适合;羽毛球:在中、大班的孩子中开展;

排球:多在大班进行,不一定严格遵守比赛规则;乒乓球:大班幼儿2～4人同时玩;

滑雪和雪橇:在条件允许的幼儿园,大班的孩子可以进行这些训练;跑楼梯:在一些条件不太理想的幼儿园开展;此外,还有跳绳及日光浴等。

2. 注重幼儿耐力发展

俄罗斯的幼儿园很重视跑步训练。他们认为该项运动对器械没有特别要求,几乎所有的幼儿园都可以开展。根据他们的经验,匀速跑步可以在早操或孩子自主活动过程中进行,慢慢加大运动量。小班可以任幼儿选择喜欢的学习方式。中班开学时在30～50秒内连续上跳,到期末可以达到50～60秒钟。六七岁时,幼儿已经可以在相当长的时间内匀速慢跑了。

同时,他们很重视耐力的训练。他们认为耐力是长时间高质量地完成某种运动的能力,在孩子的各项运动中都应该包括对其耐力发展的训练。训练耐力的基本方法有:循环练习,如跑步、跳高等,在下雪的日子,教师甚至要求儿童在雪地里跑步。他们认为这样的训练有助于促进血液循环,锻炼儿童意志,增强幼儿的耐力负荷。

3. 运动与游戏相结合，机构与家长重合作

重视运动与游戏相结合，也是他们幼教体育的特殊处之一。有专家指出：运动与游戏结合对幼儿智力发展大有好处，借助情感影响对心理的矫正作用可以使幼儿形成积极的个性。

俄罗斯的幼教机构也很注重在儿童体育方面与家长的合作。教育工作者把适合儿童年龄和心理特点的知识传递给家长，使他们了解孩子取得的成绩和存在的问题。通过直观的宣传、咨询、座谈等，让家长认识到如何让孩子的家庭生活既丰富多彩，又有利于孩子的身体健康。

资料来源：新浪博客 . http://blog. sina. com. cn.

【复习要点】

◆ 你会解释吗？

学前儿童体育

◆ 你能回答吗？

1. 你知道学前儿童体育教育的总目标吗？
2. 学前儿童体育教育活动的内容有哪些？
3. 如何理解学前儿童体育在学前教育中的地位？
4. 学前儿童体育教育的组织形式有哪些？
5. 常见的学前儿童体育活动设计的类型有哪两种？
6. 户外体育活动与体育教学活动有什么区别？

◆ 思考与练习

1. 结合学前儿童的年龄特点设计一个中班或者大班的体育教学活动。
2. 调查走访幼儿园，了解当前幼儿园体育活动存在哪些问题，并提出对策。

第六章 学前儿童心理健康教育

本章知识点

1. 学前儿童心理健康的标准和影响因素。
2. 学前儿童心理健康教育的目标和内容。
3. 学前儿童心理健康教育的实施途径和方法。
4. 学前儿童性教育内容。
5. 学前儿童心理健康问题的预防及矫治策略。

《纲要》明确指出，要重视学前儿童的身心健康，身体健康和心理健康是密不可分的。心理健康教育是学前儿童健康教育的重要组成部分。对学前儿童进行心理健康教育，创设有利于他们成长的环境和条件，控制和消除种种不利因素，不仅有可能纠正学前儿童的心理障碍和行为问题，更为重要的是，有利于增进他们的心理健康，培养健全的人格，使他们获得认知、情感、社会适应等方面的和谐发展。

【小故事】

儿童心理问题现状

儿童心理疾病发病率比较高，切不可忽视，据联合国卫生组织统计，在发达国家，3～5 岁儿童中有心理问题的占 5%～15%，其中语言发育迟缓的占 1%～5%；阅读困难的占 3%～5%；明显智力缺陷的 4‰；轻度智力缺陷的占 3%；10 岁儿童遗尿的占 3%。我国于 1980 年在南京地区的调查结果：注意力不集中、活动过多的儿童占 8.9%；学习成绩差的占 8%；情绪不稳、容易激动的占 16.8%；有依赖心理的占 21%；挑食偏食的占 34.1%；吮、咬指甲的占 11.6%；其余问题有睡眠不安、夜惊、遗尿、说谎、逃学、吸烟、饮酒等。北京医学院调查了 113 名 7～8 岁的小学生，发现口吃者占 4.4%；遗尿者占 11.85%；情绪不稳、任性者占 45.65%。儿童多动症在上海调查为 13.4%；济南为 6.25%。

随着经济社会的发展，科学文化的进步，家庭结构的变化、生活方式的改变，儿童心理受到各种各样的影响，产生各种各样的变化，儿童的健康成长事关国家的兴盛，民族的未来，我们不可不对此引起足够的重视。

思考：阅读上述材料，你有什么想法？幼儿园可以做哪些方面的努力呢？

第一节　学前儿童心理健康教育概述

一、什么是学前儿童心理健康教育

学前儿童心理健康教育是运用心理科学原理与方法，根据学前儿童的年龄特点、有目的、有计划地预防和矫治学前儿童的行为偏异和心理障碍，培养儿童健康心理品质的一系列教育活动①。

二、学前儿童心理健康教育的重要性

学前儿童正处于迅速生长发育时期。他们虽然已经具有人体的基本机构和生理结构，但是各器官、各系统尚未发育完善，解剖、生理和心理特征与学龄儿童有很大的区别。因此他们处在心理发展初步形成的关键时期，可塑性大，心理极不成熟，自我调节及控制水平较低。

学前儿童极易受到外界环境的影响，容易受到各种不良因素的伤害。当今父母比较注重对孩子生活的关心和呵护，但是很少认真地了解孩子的心理状况，使儿童容易形成以自我为中心、缺乏责任感、抗挫折能力差等，从而影响儿童的健康发展。

因此，对儿童进行心理健康教育，就需要为儿童创设有利的条件，控制和消除各种不利因素，使每个儿童都能受到良好的心理健康教育，使他们逐步形成健康的心理和良好的心理素质，从而促进儿童的健康发展。

三、学前儿童心理健康的标准

学前儿童心理健康的重要标准是儿童智力发展正常、情绪反应适度、动作发展正常、人际关系融洽、无心理健康问题、性格特征良好。

（一）智力发展正常

正常的智力水平是儿童与周围环境取得平衡和协调的基本心理条件。现代研究显示，儿童智力是可以通过慢慢培养得到提升的。美国著名心理学家布卢姆对近千名婴幼儿进行跟踪显示：5 岁以前是儿童智力发展最迅速的时期。布卢姆认为，如果把 17 岁时人所达到的智力水平定为 100%，那么出生后的前 4 年他已经获得了 50%的智力；到 8 岁时已经获得了 80%的智力。

---

① 庞建萍，柳倩．学前儿童健康教育[M]．上海：华东师范大学出版社，2011.

在智力发展中遗传是儿童智力发展的自然前提，环境和教育是儿童智力发展的决定条件，教育起着主导作用，抓住儿童各种能力发展的关键期，施行早期教育，为儿童创造更为优越的客观条件，儿童的智力潜力就会得到更大的发挥，会起到事半功倍的效果，并可提高儿童的智商。

（二）情绪稳定、情绪反应适度

美国心理学家德莱弗(Drever)认为情绪是有机体的一种复杂状态，涉及身体各部分发生的变化，在心理上，伴随着强烈的情感及想以某种特定方式去行动的冲动。良好的情绪状态反映了个体中枢神经系统功能的协调性，也表明个体的身心处于良好的平衡状态。

学前儿童的情绪具有很大的冲动性和易变性，随着年龄的增长，情绪的自我调节能力有所增强。情绪会影响到儿童多方面的发展，例如：身体形态、智能的发展等，儿童只有处于良好情绪状态时才会表现出对外界事物的好奇、好动、好问，从而提高交往能力，发展思维，促进个人良好性格的形成和能力的提高。如果忽视或压制儿童的负面情绪，这种负性情绪长时间积压就会变成痛苦的能量，不能释放和宣泄将给儿童带来很大的身心伤害。因此，需要让儿童合理地宣泄不良情绪。

（三）动作发展正常

个体动作的发展与脑的形态及功能的发育是息息相关，因此，学前儿童粗大动作和精细动作的发展水平是否正常，是儿童心理健康的重要标志(见图 6-1 和图 6-2)。

图 6-1　儿童悬垂动作练习

图片来源：北京市昌平区工业幼儿园．

图 6-2　儿童攀爬动作练习

图片来源：北京市昌平区工业幼儿园．

儿童动作发展与身体发育规律类似，体现了自上而下，自中心到边缘(远近法则)、由整体到分化、从无意识到有意识等规律[①](见表 6-1)。

(1) 从上到下(头—尾)：儿童最早发展的动作是头部动作；其次是躯干部动作；最后是

① 朱家雄．学前儿童卫生学[M]．上海：华东师范大学出版社．2006．

脚的动作。任何一个儿童的动作总是沿着抬头—翻身—坐—爬行—站立—行走的方向发展。

(2) 由中心到边缘(近—远):接近身体中心(躯干)部分的肌肉和动作总是先发展,远离身体中心的肢端部分的动作最后发展。比如孩子先会抬肩,然后会用手取物,从肩、腰部的动作向手、腕、足、踝的过渡都是这一规律的体现。

(3) 由整体到分化,从无意识到有意识的规律。儿童最初的动作是全身性的、笼统的,以后逐步分化到局部、准确、专门化的动作。2 个月以下的小婴儿对外界刺激的应答是手舞足蹈,全身活动。比如眼前有一个鲜艳的玩具,小婴儿会兴奋地全身乱动,但他很难抓到玩具;4～5 个月后他开始学习抓握玩具,并从不准确的动作渐渐形成手眼协调、准确无误的动作。这些能力的发展有赖于神经、肌肉的不断发育和成熟。

表 6-1　婴幼儿粗大运动发育的顺序

年龄段	具体内容
3 个月	可保持头部立直,竖头稳定
4 个月	竖头时头部可自由转动
4～6 个月	会翻身
6 个月	可双手前撑坐
7 个月	可放手独坐
8 个月	可从俯卧位向坐位转换
9 个月	可完成腹爬,能扶物站立
10 个月	可手膝位爬,可扶床栏行走
12 个月	可独自站立
14 个月	可独自行走,能不扶物弯腰拾物
15 个月	可退后行走
18 个月	牵单手可上楼梯
2 岁	可跑步,会踢球,可自己扶栏杆上楼梯
2 岁 6 个月	会独自上楼梯,会用脚尖行走
3 岁	可单足站立,可以蹬三轮车,能从高处向下跳

(四) 人际关系融洽、无心理健康问题

儿童的人际关系虽然简单,人际交往的技能也较差,但是心理健康的儿童乐于与人交往,能与同伴合作,会跟同伴快乐地游戏(见图 6-3 和图 6-4),通过交往获得他人的信任和尊重。而心理不健康的儿童,容易出现离群、攻击他人等问题。同时心理不健康的儿童常常会以各种行为方式表现出来,比如吮吸手指、口吃、多动、遗尿等障碍。

图 6-3　与同伴快乐地“钻”

图片来源：北京市昌平区工业幼儿园．

图 6-4　与同伴快乐地“骑马”

图片来源：北京市昌平区工业幼儿园．

（五）性格特征良好

心理健康的儿童，一般具有热情、勇敢、自信、主动、诚实等性格特征。反之，往往具有冷漠、胆怯、自卑、被动、孤僻等性格特征。在日常生活中，一个心理健康的儿童应该表现出心情开朗、愉快、乐观；有充沛的精力；态度积极主动；与小朋友和睦相处；能较好地适应环境的变化；没有不良行为、习惯；注意力集中；睡眠好等。

四、影响儿童心理健康的因素

（一）生理因素

1. 遗传因素

遗传因素是指那些先天继承的、与生俱来的机体构造、形态、感官和神经系统等通过基因传递的生理解剖特点，是儿童心理发展的生物前提和自然条件。先天大脑缺陷的婴儿，也不能发展成为一个正常的人；智力严重落后的儿童，常常有遗传上的缺陷，如基因病——苯丙酮尿症；染色体异常——先天愚型等。任何一种基因的缺陷，对精神、神经、病理性行为障碍的发生都可能是危险因子。由此可见，没有正常人的遗传素质，就没有正常人的心理。遗传因素是学前儿童心理发展的必要物质前提，说明了儿童发展的高低限度。

2. 先天的非遗传因素

胎儿在妊娠期间，容易受到外界因素的影响，例如药物刺激、烟酒、不良情绪等，可使胎儿先天畸形。妊娠高血压综合征、产前出血都可能对胎儿造成伤害，使儿童出现行为问题。

3. 儿童感觉统合失调症

感觉统合失调症（sensory integration）是由美国南加利福尼亚大学临床心理学专家爱

尔丝博士(Jean Ayres)于1969年提出的。感统失调症是指外部进入大脑的各种感觉刺激信息如视觉、知觉、触觉、肌肉关节的本体感觉和前庭的方位、平衡等信息不能在中枢神经系统内形成有效的组合,使机体不能和谐的运作而产生的一种缺陷。多发生在5～12岁的儿童身上。通常,这些孩子智力发育正常,却有学习或行动上的障碍,最明显的表现是,平衡反射发展迟缓,使身体的反应出现严重异常,造成知觉机能和注意力的障碍。

(二)心理因素

1. 需要

儿童除了基本的生理需要如吃饱、穿暖等,还有更高层次的需要,如安全感、被关注、被赞扬、被尊重等,如果儿童的多层次需要得到不满足,就会产生不良的情绪(见图6-5)。

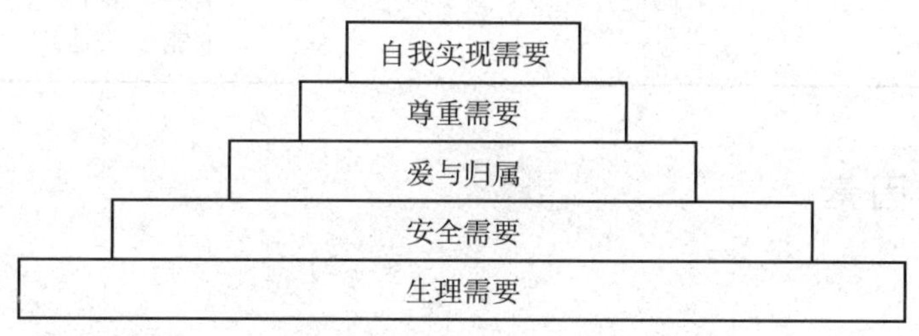

图6-5　人类需要层次图

2. 情绪

情绪包括情感感受力、情感控制力和理解、影响他人情绪的能力。

情感感受力正常的儿童对受到别人的爱抚、关爱、照顾会感到幸福,从而心情愉快(见表6-2)。反之,则表现出与亲人不亲近、冷漠、紧张、恐惧等。

情感控制力正常的儿童能合理宣泄自己的不良情绪,而不是摔东西、攻击其他儿童、在地上打滚等。

表6-2　《指南》情绪安定愉快各年龄目标

3～4岁	4～5岁	5～6岁
1. 情绪比较稳定,很少因一点小事哭闹不止 2. 有比较强烈的情绪反应时,能在成人的安抚下逐渐平静下来	1. 经常保持愉快的情绪,不高兴时能较快缓解 2. 有比较强烈的情绪反应时,能在成人提醒下逐渐平静下来 3. 愿意把自己的情绪告诉亲近的人,一起分享快乐或求得安慰	1. 经常保持愉快的情绪,知道引起自己某种情绪的原因并努力缓解 2. 表达情绪的方式比较适度,不乱发脾气 3. 能随着活动的需要转换情绪和注意

3. 儿童自身的调节

在儿童心理从低级到高级、从简单到复杂的发展过程中,其自身的调节与实践活动是一个关键的因素。儿童通过自身的调节来平衡来自机体内外的各种影响，并且通过自己的实践活动主动作用于环境，使环境适合于自己的发展。如果一个儿童在生活中遭受重大的创伤，超出了他的心理所能承受与顺应的范围，平衡化的机制失效，则有可能出现心理障碍，影响心理的正常发展(见表 6-3)。

表 6-3 《指南》中关于适应能力的各年龄目标

3～4 岁	4～5 岁	5～6 岁
1. 能在较热或较冷的户外环境中活动 2. 换新环境时情绪能较快稳定，睡眠、饮食基本正常 3. 在帮助下能较快适应集体生活	1. 能在较热或较冷的户外环境中连续活动半小时左右 2. 换新环境时较少出现身体不适 3. 能较快适应人际环境中发生的变化。如，换了新老师能较快适应	1. 能在较热或较冷的户外环境中连续活动半小时以上 2. 天气变化时较少感冒，能适应车、船等交通工具造成的轻微颠簸 3. 能较快融入新的人际关系环境。如，换了新的幼儿园或班级能较快适应

(三) 社会因素

1. 家庭

家庭是儿童心理发展中最重要、最基础的环境，家庭成员特别是父母的行为、教养方式、教育观念、亲子关系等都会影响到儿童的心理健康。

(1) 父母的行为

从孩子身上发现的心理问题，家长首先要分析一下自己的行为是否有不当之处，因为家长的言行在孩子身上会起到潜移默化的作用。例如，离异家庭对孩子的心理影响非常大，孩子看见了离婚父母之间的冲突，感到很害怕，会变得非常胆小。也有孩子为避免受欺负而主动出击，打骂同伴。

(2) 教养方式

有家长认为：家长的任务是让孩子吃好，穿好，不生病。对孩子的衣食舍得投资，却忽视了儿童的心理需要。同时还存在重知识的灌输，轻行为习惯培养；重饮食营养摄入，轻情感需要的满足；重包办代替，轻儿童独立性培养。

(3) 家长的教育观念

儿童在幼儿园出现问题，幼儿园教师找家长，父亲可能回家批评一下，让下次改正就可以；而找母亲的话，孩子回家就免不了要受皮肉之苦，孩子就总结出来可以从父亲那里得到好处。久而久之，孩子在父亲和母亲面前就说不一样的话，在老师和家长面前也说不一样的话。说谎的坏习惯就养成了。

(4) 亲子关系

一般情况下，父母忙于工作都让老人或保姆帮忙照看孩子。由于知识水平等多种原因，他们的主要任务是看管孩子而不是教育孩子，所以他们给孩子心理成长上的帮助远不如父母；另外，祖辈和保姆为避免孩子受伤，总是限制孩子的活动或吓唬孩子，这也会使孩

子的生理、心理发展受到影响，比如运动能力差、胆小懦弱、依赖等。

2. 托幼机构

托幼机构是学前儿童最早进入的集体，与家庭教育的自发性和随意性相比，托幼机构的幼儿教育在课程设置、生活常规、健康安全等方面都能结合幼儿年龄特征和认知发展规律进行，因此科学适时的幼儿教育在孩子成长历程中能发挥积极有效的作用。在托幼机构中，儿童的独立生活能力、社会适应能力、学习能力以及人际交往能力得到了培养和锻炼，对儿童的心理发展起着极为重要的作用。

3. 社会

社会对学前儿童的影响是十分广泛和复杂的。不良的社会舆论导向、腐朽的意识形态和道德观念，对儿童的心灵起着腐蚀和潜移默化的影响。社会上坏人的影响、品行不良同伴的诱惑、不良文化的影响，都会给儿童带来严重的精神污染，导致心理障碍。

总之，影响学前儿童心理发展的因素是多方面的，各种因素相互作用，共同影响着学前儿童心理的发展，对其产生着复杂多变的影响。因此，不仅要了解每一种因素对学前儿童心理发展的影响作用及其发挥作用的方式，也要了解不同因素之间的相互作用及其对学前儿童心理发展的影响。只有这样，才能全面把握学前儿童心理发展的前提条件与现实条件，找到促进学前儿童心理健康发展的有效途径与措施。

【延伸阅读】

家庭教育方式对儿童心理发展的影响

幼儿阶段是个体人格塑造和心理机制发展的关键时期。在这个阶段，家庭教育的方式直接影响着幼儿心理能否健康发展。正确的家庭教育方式直接作用于儿童自我概念的确立，而错误的家教方式则会使幼儿形成错误的价值观。美国学者布鲁尔曾经说过："培养孩子的心理健康甚至比培养孩子的身体健康更重要。孩子只有具备了健康的心理，才能挑战未来，走向成功。"

"父母是孩子的第一任教师，家庭是孩子的第一所学校，"因此，孩子在家庭中受到的教育会直接影响其成长过程。良好的教育方式、和谐的家庭环境能够帮助孩子建立积极向上的价值体系，使其形成健全的人格，并具备良好的心理承受能力。

当前，积极探索家庭教育的正确方式，帮助家长正确地引导孩子学习和成长十分重要。如何把孩子培养成可持续发展的人才，是当今家庭教育中最重要的问题。随着社会的进步，家庭教育的重心也逐渐由智力开发转移到人格心理机制的构建上。

家庭教育方式的现状及其影响

1. 简单粗暴型家长对儿童心理发展产生消极的影响

简单粗暴型家长大多脾气不好，而且不善于检讨自己。他们对待孩子如同对待家庭财产一般，以致孩子没有发言权。这种家长不与孩子沟通、交流，只是一味地把自己的思想强加于孩子，不管孩子接受与否。当孩子有了成绩、进步时，这种家长既不表扬也不奖励，认为都是应该的，不值得夸；当孩子稍有差错或不尽如人意时，他们便暴跳如雷，对孩子进行讽刺、挖苦甚至打骂，伤害孩子的自尊心。

当心理压力达到自身无法承受的程度时，这些孩子的心理便会扭曲。有的孩子性格变得粗野、乖戾，把同伴作为发泄的对象；有的厌学、撒谎、自暴自弃；有的甚至走向邪路。由此可见，棍棒底下出的多数是问题孩子。可是，一些孩子家长偏偏不明白这个道理：一个在成长过程中不快乐的孩子是不可能取得成功的。

2. 望子成龙、包办代替型的家长对儿童心理发展有着不良的影响

有些家长望子成龙的心情迫切，只让孩子读书，不让孩子参加社会活动，甚至不让孩子参加家务劳动。在家里，什么都替孩子包办，不肯放手让孩子做自己应该做而又有能力做好的事。上述原因导致一些孩子动手能力很差。有的孩子在学校里连扫地、摆放桌椅这样的小事都干不好，因此被同学耻笑。这种教育方式导致孩子对家长的依赖性不断增加。这些家长没有认识到，在自己的这种教育方式下，孩子将来是不能应付这个复杂的世界的。

实际上，劳动是培养孩子心理素质和动手能力、动脑能力及身体协调能力的一种方式。比如叠衣服，就是一个锻炼孩子的分析能力、想象能力和美感的好机会。

3. 循循善诱型家长对儿童心理发展能产生积极的影响

这种类型的家长既注重自身的修养及言行，又注重家庭气氛对孩子的影响，尽可能使家庭变得温馨、和睦，以便培养孩子良好的心理素质。

(1) 循循善诱型家长比较尊重孩子的人格、个性，乐意以朋友的身份与孩子交流、沟通，关心孩子并能给孩子以信心，能让孩子明白哪些是应该做的、哪些是不应该做的。

(2) 循循善诱型家长能理解同学之间的竞争给孩子带来的压力，并能与孩子一起听音乐、看电影、逛公园或聊一些轻松的话题。当孩子遇到挫折、困难时，他们能与孩子一起分析问题的所在，并且找出解决的办法。

(3) 循循善诱型家长能创造一个宽松的家庭环境，营造“书香门第”的良好家风。例如，有一个家庭，家长带着孩子每月去一次书店，让孩了淘几本自己喜爱的书；每天吃饭的时候，家长让孩子把自己见到的有趣的事情或取得的成绩讲一讲，或者把自己遇到的问题说出来。由于孩子在遇到困难和挫折时愿意与父母探讨，因此增强了敢于面对挫折、困难的心理承受能力。

(4) 循循善诱型家长注意批评的方式方法。这种类型的家长从来没有打骂过孩子，无论出现什么问题都用委婉的语气或讲故事的方式分析问题并提出建议。因此，他们的孩子往往能够较认真地分析问题并反省自己，最终解决问题。同样，这种孩子在学校里和社会上也会心平气和地对待问题、解决问题。这种教育方式如同绵绵细雨，滋润着孩子的心田。

如何掌握良好的家庭教育方法呢？

(1) 家长自身要有良好的素质。这是因为，孩子和家长的接触是最早的，而且是连续不断的影响过程。马克思说：“孩子的发展能力取决于父母的发展。”从发生的时间看，家庭教育开始最早，持续最长；从作用的空间看，家庭教育范围最大，内容最广。许多成人的心理问题都可以追溯到其儿童时期的经历。这证明，家庭心理健康教育具有重要性和不可替代性。

(2) 家长在实施心理健康教育方面要发挥自己的优势。由于父母与子女有血缘关系，

因此家长在家庭中实施心理健康教育具有天然的权威性和深厚的影响力。因为孩子的心理异常往往是父母的心理病态引起的，所以家长要从自身做起，以健康的思想境界影响孩子，从而让孩子拥有健康的身体和心理，阔步走向社会。

资料来源：《山东教育报》综合版2011.

第二节　学前儿童心理健康教育的目标和内容

一、学前儿童心理健康教育的目标

学前儿童心理健康教育的目标应以发展性教育模式为主，从儿童成长需要出发，解决他们在成长中的问题，促进其心理机能的开发与发展。即根据学前儿童生理、心理发展特点和规律，运用心理学、教育学、社会学和医学等多种学科的理论与技术，为儿童提供健康、丰富的生活和活动环境，改善他们对待个人和群体的态度，培养他们的各种有益于个人、社会的行为方法和习惯，满足他们多方面发展的需要，使他们在快乐的童年生活中获得有益于身心发展的经验，形成良好的情绪情感、行为习惯、个性心理品质和社会适应能力，激发学习兴趣和求知欲，逐步发展解决自己心理问题的能力。

根据学前儿童的心理发展特点，儿童心理健康教育各年龄阶段教育目标各有不同（见表6-4）。

表6-4　学前儿童心理健康教育各年龄阶段教育目标①

年龄阶段	具体教育目标
3～4岁	1. 培养儿童的生活自理能力，初步培养良好的卫生习惯 2. 引导儿童用适当的方式表达情绪，初步学会排解自己的不愉快，喜欢与别人分享快乐 3. 愿意与同伴合作玩玩具和游戏，能勇敢地玩一些户外大型玩具 4. 知道男女在外形上的不同，知道并认同自己的性别角色
4～5岁	1. 喜欢幼儿园的集体生活，能与小朋友互相合作，团结友爱，愉快地与同伴一起进行各种活动 2. 能自觉遵守活动的规则和要求，初步形成良好的日常行为习惯 3. 培养求知欲，初步形成良好的学习习惯 4. 关心周围的人、事、物，学会爱亲人、朋友、老师
5～6岁	1. 学会与人合作、分享的能力，学会用积极的心态去理解别人、帮助别人 2. 学会思考，培养独立学习、生活的能力 3. 正确对待挫折、困难，勇敢顽强。能体验到成功的快乐，对力所能及的事情有自信心，具有较强的竞争和合作意识

① 高庆春，梁周全．学前儿童健康教育[M]．北京：高等教育出版社，2012.

二、学前儿童心理健康教育的任务①

学前儿童心理健康教育的任务是围绕幼儿园的培养目标和心理健康教育的目标来确定，是实现目标的根本保证。

（一）面向全体幼儿实施发展性心理健康教育

培养儿童有益于心理健康的态度、情感、行为习惯方式以及良好的个性心理品质和社会适应能力，促进幼儿情感、态度、能力、知识和技能等方面整体素质的发展，自觉抵制各种不健康行为，增强自我心理保健意识和能力，努力提高儿童心理素质和心理健康水平，这是学前儿童心理健康教育的基础和工作重点，也是主要任务(见图 6-6 和图 6-7)。

图 6-6　感统训练室

图 6-7　教师指导儿童进行感统训练

（二）面向有心理与行为问题的幼儿开展补偿性心理健康与辅导

要使这些幼儿尽快恢复和提高心理健康水平，增强发展自我能力。对极少数有严重心理问题的幼儿，能够及时识别和转介，密切配合专业心理治疗机构，尽早治愈心理问题，让他们都能以健康的心理面貌出现在日常生活中，这是学前儿童心理健康教育具体而现实的任务。

三、学前儿童心理健康教育的内容

学前儿童心理健康教育的内容是心理健康教育目标的具体化，直接体现心理健康教育目标，为实现心理健康教育目标服务。儿童心理健康教育内容的选择，一方面受心理健康教育目标的制约；另一方面也考虑儿童年龄特征和心理发展水平以及儿童心理健康状况。

（一）帮助学前儿童学会表达情感和调整情绪

创设良好的情绪、情感环境是培养儿童心理健康的重要手段。帮助儿童学会对情感

① 姚本先，邓明．幼儿心理健康教育的目标、任务、内容与途径[J]．教育科学研究，2004(1)：44

进行恰当的表达。要使儿童在不同的场合、不同的氛围中对行为进行自制，培养对自身情绪的控制能力。例如家里来客人了，要有礼貌，不能无故发脾气；在公众场合不大声喧哗等。

1. 丰富幼儿情绪体验，学会调控情绪，培养积极情绪

鼓励幼儿积极参加集体活动，教会他们学会调控自己的情绪，懂得哪些要求合理，哪些要求不合理，引导他们通过面部表情、身体动作、语言和活动等方式表达情绪，培养如快乐、高兴、满足等积极情绪。在早期注重培养幼儿的积极情绪，对幼儿期乃至今后一生的心理健康发展具有重要意义。

【延伸阅读】

儿童情绪调节策略

近十多年来，儿童在社交情境中所表现出来的行为差异越来越多地引起了家长和老师的关注。有的儿童更容易被同伴喜爱和接受，比其他人拥有更健康的友谊；有的儿童却表现出更多的攻击和欺负行为；还有些儿童在面对恐惧和愤怒情境时只会一味地回避和退缩。不少研究发现，这些行为表现和能力发展都是以情绪为基础，尤其是情绪调节能力的发展。而缺乏情绪调节能力的儿童，在压力情境下更易出现各种问题行为。因此当儿童面临一些异常刺激时是否能根据一定的情境选择合适的方式，主动地控制和调整自己的情绪，就成为一种非常重要的能力。甚至有研究者提出，情绪调节是社会情绪能力和心理健康的整合过程，它对儿童后来的情绪、个性和社会性发展都会有着极其显著的影响。

儿童情绪调节策略分为六种：自我安慰、替代活动、被动应付、发泄、问题解决和认知重建。

(1) 自我安慰包括行为和语言上的、以自我为导向的安慰。

(2) 替代活动指儿童把注意力从引发挫折感或消极情绪的情境中转移开并积极主动地投入其他活动之中。

(3) 被动应付指儿童试图离开或回避引发消极情绪的情境，或是面对问题和挫折“不作为”。

(4) 发泄是指儿童运用破坏性或伤害性的行为来宣泄自己的消极情绪。

(5) 问题解决则是指儿童采取一切可能的适应性行为和手段来消除挫折来源、摆脱所面临的困境。

(6) 认知重建是指儿童对消极情境中的各项参数进行重新思考或重新解释。

资料来源：陆芳，陈国鹏．学龄前儿童情绪调节策略的发展研究[J]. 心理科学 2007(30).

2. 合理发泄不良情绪，学会应付对策

在生活中，幼儿经常会遭受各种形式的心理压力。家长和教师要为幼儿提供机会，培养幼儿适应环境的能力，学习以支持的方式应付心理压力的策略，以保持自身与环境之间的平衡。合理宣泄情绪的方法不影响幼儿身心发展，同时也符合社会行为规范。

【案例 6-1】

观察幼儿情绪

活动目标

(1) 引导幼儿以合理的方式宣泄自己的情绪。

(2) 引导幼儿能用语言大胆表达或与人交流自己的心情和感受。

指导建议

(1) 早晨来园主动热情地与幼儿和家长问好。细心观察幼儿的情绪和表情,及时调整幼儿的情绪,有针对性地与幼儿进行简短对话,注意倾听幼儿的表达,为幼儿提供自由交流的机会。

(2) 播放不同类型的轻快音乐,创设宽松、愉快、和谐、自由的精神环境。

(3) 树立同伴之间的榜样,为幼儿创设快乐的生活和学习环境。

(4) 活动区开放图书区指导幼儿阅读图书,利用文学作品中的人物感染幼儿。

(5) 利用区域活动为幼儿提供自我表达的空间、时间、机会和环境,如绘画、表演、音乐等方式表达情感、合理宣泄。

(6) 在幼儿一日生活活动中有针对性地与幼儿进行简单对话,注意倾听幼儿表达。

(7) 为幼儿提供自由交流与分享的机会,如提供手头玩具、图书等,幼儿可以相互交流。

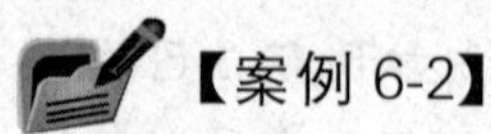

【案例 6-2】

“生气怎么办”(大班)

活动目标

(1) 通过对生气图片的观察,能够大胆进行猜想并完整表达出生气的原因。

(2) 能知道生气时寻找适合自己的方法缓解情绪,学习调节自己的不良情绪。

(3) 了解生气过多会影响身体健康,学会使自己保持快乐的情绪。

活动重难点

(1) 活动重点:了解生气的原因,寻找适合自己的方法缓解情绪,学习调节自己的不良情绪。

(2) 活动难点:学会运用正确的方法调节自己的不良情绪。

活动准备

(1) 经验准备:幼儿对自己生气时,有初步的调节方法。

(2) 物质准备:网上下载的生气图片,制作成 PPT 演示文稿、“幸福拍手歌”音乐。

活动过程

(1) 为幼儿播放 PPT,引导幼儿观察图片,大胆进行猜想与表达。

① 幼儿完整观看 PPT,鼓励幼儿说出自己观察、看到的内容。

教师提问:你刚才看到什么了?表情是什么样子?

② 幼儿根据观察的内容,大胆猜想、表达图片中人物生气的原因。

教师提问:你知道图片中的人物为什么生气吗?

(2) 幼儿说说自己生气的经历,讲述自己生气的原因,帮助幼儿寻找缓解情绪的方法,

学习调节不良情绪。

① 教师提问

- 你在生活中生过气吗？为什么生气？
- 你觉得生气好不好？为什么？

② 引导幼儿分组讨论如何缓解生气的情绪？

③ 交流、分享缓解生气的方法。

(3) 运用绘画形式记录缓解生气的方法，帮助幼儿了解生气过多会影响身体健康，学会使自己保持快乐的情绪。

① 教师提示幼儿绘画要求：以小组形式进行记录，幼儿之间相互合作、分工，有说的、有画的、有进行介绍的等。

② 小组开始进行绘画、记录，教师进行个别指导与帮助。

③ 幼儿进行缓解生气方法的记录介绍。

④ 教师小结：生气是一种自然情绪，并不是一件坏事，人人都有生气的时候，我们可以哭一哭、叫一叫，把生气的事告诉老师、小朋友、爸爸妈妈，他们会安慰你，你的心里就会好受些。还可以吃点东西、玩一会儿玩具、看看电视，做自己喜欢的事情，使自己变得快乐，我们的身体就会更健康了。

(4) 鼓励幼儿将记录的方法制作成画册，投放在图书区，帮助幼儿学会控制、调节自己的情绪。

(5) 师幼一起演唱“幸福拍手歌”歌曲，引导幼儿做个快乐的孩子。

案例来源：北京市昌平区工业幼儿园　李迎春.

（二）帮助儿童学习社会交往技能

儿童通过学习而获得的社会交往技能对其一生的社会适应能力具有非常重要的作用。大量证据表明：人际交往对儿童身心健康有很大影响，儿童与小朋友交往得越多，患精神疾病的可能性越小。

1. 感知和理解他人的情感

帮助儿童感知和理解他人的情感对于增进他们的社会交往技能很有价值。在日常生活中要鼓励儿童积极参加集体活动，体验共同活动的乐趣，正确地认识、感知与理解自己及他人的情感和愿望，初步学会人际交往技能。

【案例 6-3】

“多变的情绪”

活动目标

(1) 初步学会谦让，能尝试解决游戏及生活中出现的问题。

(2) 注意同伴的不同心情，关心他们的情绪变化。

活动准备

镜子若干，哭、笑、生气等不同表情的脸谱。

(1) “变脸游戏”：出现不同表情的脸谱，请幼儿说出是什么表情。

(2) “贴脸谱”：幼儿每人贴一个脸谱，说一说是什么表情。请幼儿说一说，平时游戏中，出现过这样的表情吗？

(3) 画自己的表情。照镜子做不同的表情，并画下来。

(4) 你看到过谁哭过(笑过、生气过)，为什么？

(5) 游戏“幸福拍手歌”。

2. 学会互助、合作与分享

儿童需要通过人际交往认识、体验、理解并遵守日常生活中的基本社会行为规则，学习自律和尊重他人。应指导他们在活动中学会合作与分享，在交往中养成友好、合作、宽容、热情的心理品质。这对于改善儿童的人际关系，增进其社会交往能力大有益处。

教师在生活环节中，有意识地观察幼儿遇到什么困难或问题，重点引导幼儿有自己解决问题的意识，指导幼儿相互帮助与合作，共同解决问题。例如，如厕时相互帮助整理衣裤；穿衣服时相互帮助拉拉链、拽袖子等。对于帮助他人的幼儿，教师引导幼儿要先征求对方的同意后再动手，同时引导被帮助的幼儿说“谢谢”！

3. 恰当的自我评价

儿童的自我评价能力是逐步发展起来的，反映儿童对自己在环境中所处地位的认识和评价自身能力的价值观念，在其个性形成中占重要地位。家长和教师对于儿童自我评价的发展起着至关重要的作用，他们的正确评价和恰当期望直接影响儿童自我评价的正确性。

(1) 鼓励幼儿自我评价

相同年龄段的不同幼儿存在着普遍的个体差异，不同年龄段的幼儿更是存在着先天素质、个性、能力差异，这就导致幼儿在活动中会出现不同的表现。如在钻爬区，同样一个“山洞”，有的能够很快就钻过去，有的却钻来钻去把“山洞”撞翻，此时，老师就应鼓励幼儿进行自我评价，帮助他们找出原因，从而总结点滴个人经验，为下次游戏取得胜利奠定基础。通过幼儿的自我评价，他们总结出了顺利通过“山洞”的原因，同时也找到了各种失败的原因。这样的评价结果，既培养了幼儿分析问题、解决问题的能力，同时还促进了幼儿自主性的发展。

(2) 鼓励互动评价，为幼儿提供评价机会

通过结对模式，加强同伴间的交流与合作。例如在跳跃区的跳圈活动中，发现有的哥哥姐姐会主动带领弟弟妹妹玩，而且还会和同伴商量，用圈拼搭出各种形状，这样不仅可以双脚跳、单脚跳，还可以单双脚交替跳，这样的活动形式更能吸引幼儿。同时，鼓励幼儿大胆进行互动式评价，不仅可以评价哥哥姐姐(弟弟妹妹)，也可以被评价，形成一种良性的互动，有效促进混龄区域活动的顺利开展。这样的评价机会和内容多了，幼儿在评价别人的过程中也能认识自己。经过多次反复练习，幼儿自我评价的能力就会逐渐提高。

（三）帮助儿童形成良好行为习惯

儿童的心理健康与良好的行为习惯密切相关，对儿童来说，行为习惯主要指生活与卫生习惯。良好的生活与卫生习惯有益于儿童身体健康，保持情绪饱满、稳定和愉快，是在家长和教师指导下，通过反复练习、持久积累而形成的，本身包含着一种理性地应付外界环境的倾向。

1. 建立科学、规律的日常生活习惯

培养幼儿良好的睡眠、盥洗、饮食、排便以及室内外活动的生活习惯和生活自理能力，使他们的机体活动能按照一定的生物节律进行运转，维持正常的生理与心理平衡。

2. 养成良好的卫生习惯

养成勤理发、勤洗手、勤洗脚、勤洗澡、勤剪指甲、早晚刷牙、饭后漱口、用自己茶杯和手帕、不挖鼻孔及耳朵等良好的个人卫生习惯，以及必要的安全、营养和保健方面的教育。

3. 开展丰富多彩的户外游戏和体育活动

组织形式多样的户外游戏和体育活动，增强体质，发展基本动作，提高动作的协调性、灵活性和对环境的适应能力，培养幼儿对活动的兴趣及坚强的意志品质和主动、乐观、合作的态度。

（四）学前儿童性教育

学龄前期是儿童性角色发展的重要时期，这一时期培养孩子正确的性观念是其成人后形成健康性心理行为的基础。性教育就是对受教育者进行有关性科学、性道德和性文明教育培养的社会化过程。学龄前儿童性教育不仅要向儿童传授性器官的基本知识，培养儿童的性别角色，还要给儿童灌输粗浅的性道德等内容。详见本章第四节。

第三节　学前儿童心理健康教育的实施

一、学前儿童心理健康教育的途径

（一）创设良好的成长环境

学前儿童心理健康教育应通过环境的创设和利用，有效地促进儿童健康发展。不仅要为儿童创设清新、直接、丰富和优美的生活物质环境，诸如改善空气、饮水、居住与活动场所的环境条件，改善膳食结构及进食环境，更要净化社会大环境，消除不良文化对儿童心理发展的危害，提高幼儿教师的心理健康水平，端正教育态度和方式，为儿童营造一种温暖、关

爱、民主和平等的心理气氛，创造相互尊重、理解、信任、关爱和民主的教育环境，使儿童的基本权利得到保障，人格得到尊重。许多研究表明，和谐的师幼关系将对儿童社会性观念的初步形成、口语能力、个性以及智力发展都具有十分重要的意义。

（二）开设心理健康课程

对需求儿童开设心理健康教育课程以活动课程为主，寓心理健康教育于活动之中。活动性是心理健康教育活动课程突出的特点，充分发挥需求儿童的主体性是其优势。其教学目标、教学内容、教学组织形式以及教学效果评价等方面都不同于一般教育，重视幼儿直接经验的获得和实践的锻炼，强调儿童心理素质的整体提高，是幼儿园心理健康教育理想、有效的载体。隐性课程也是其必要的组成部分，对儿童心理健康的发展和心理健康教育的顺利实施具有潜移默化的影响。因此，必须树立大课程观念，把各种类型的心理健康教育课程作为一个有机整体，统一于幼儿园心理健康教育整体课程体系的设计和实施中。

（三）寄寓于各类活动中

幼儿园的各类活动都是实施心理健康教育的方式，如运动会、幼儿广播体操比赛、献爱心活动、参观活动、室外游览活动、文艺演出活动和各类竞赛活动等，都可突出心理健康教育内容，拓宽幼儿活动的范围和领域，让儿童通过亲自参加、亲临现场、亲身感受、亲自动手，在生活中学会交流、学会体验、学会交往、学会寻找快乐。

其中，游戏是幼儿社会实践活动最主要的形式之一，是学前儿童最喜爱的主导活动，既可单个进行也可集体进行，对幼儿认知、情绪情感和社会性发展都起着积极的促进作用。教师应该为学前儿童提供活动和表现能力的机会与条件，支持儿童的各种活动，把直接指导的活动与间接指导的活动结合起来，努力成为儿童活动的支持者、合作者和引导者，尊重儿童在发展水平、能力、经验、学习方式等方面的个体差异，因材施教。

（四）多领域渗透

科学、合理地安排和组织好儿童一日生活，不仅有利于儿童形成相对稳定的生活秩序，也可以满足他们的心理需要，培养其独立性，提高自我管理能力。通过日常生活常规指导和训练，可以帮助儿童养成良好的行为习惯。儿童日常生活的各个环节都蕴涵着丰富的教育内容，既有德育、智育和养育等教育因素，也有心理健康教育因素；既有兴趣、情感成分，又有意志、个性成分，是心理健康教育不可忽视的重要资源，应充分利用一日常规生活来实施心理健康教育。教师要善于挖掘和运用蕴涵在教学内容中的心理健康教育因素，将主题活动的教育目标渗透或延伸到幼儿的一日常规生活中，使幼儿把积极的态度、情感落实在自己的实践活动上，真正形成健康的行为。

总之，全面渗透就是把心理健康教育融合到幼儿教育的全过程，使儿童日常生活的各个环节和幼儿园教育工作的方方面面都能体现对儿童心理健康的维护，都注重培养儿童良好的心理素质，使之潜移默化、耳濡目染。全面渗透是儿童心理健康教育的主渠道和最基本途径。

（五）家园合作

台湾地区心理学家张春兴指出：心理健康问题，根源于家庭，形成于社会，表现于学校。儿童心理发展取决于儿童所处的心理环境，而家庭是其中相当重要的部分，早期环境留给儿童的影响主要是通过父母的渠道实现。在家庭教育中，家长不仅要关心儿童身体健康，更应当有意识地掌握一些心理健康的知识和技能，树立正确的儿童观、教育观，给孩子提供与同龄人交往和参与社会生活的机会，提供良好的示范榜样，良好的家庭氛围对孩子适当的情绪发展必不可少。如果孩子得不到父母的情感抚慰，缺乏充分的安全感，就会被焦虑、抗拒的情感所包围，由此产生一系列心理健康问题。

幼儿园可以通过开设专门的心理健康教育活动、讲座、座谈、宣传栏等，提高父母自身掌握的心理健康知识，充分利用社区的教育资源，拓展儿童的生活与学习空间。儿童心理健康的发展是家庭、幼儿园、社会环境等多方面教育因素合力的结果，要尽可能做到家园教育一致，保证幼儿心理健康教育的延续性和有效性，家园携手共同关注儿童的身心健康成长。

（六）心理咨询

心理咨询是学前儿童心理健康教育的重要组成部分，它是指在幼儿园开设专门的心理咨询机构，经过专业训练的人，运用心理学的理论和技术，借助语言、图片等媒体，与幼儿进行信息交流，帮助幼儿消除心理健康问题与障碍，提高其心理素质，发挥自身的潜能，有效地适应社会生活环境。它可以面向全体幼儿，开展小组或团体心理咨询和辅导，更主要的是以遇到心理困惑或有强烈心理冲突与矛盾的个别幼儿为对象，关注他们的现在，通过教育者针对具体问题和行为进行的辅导，提高应付挫折和各种不幸事件的能力，使之能自己面对和处理生活中的问题，改善自身心理机能，恢复心理健康水平。教师要在专业指导下开展活动，积极矫正幼儿心理健康问题，促使他们的心理健康发展。

二、学前儿童心理健康教育的方法

实施儿童心理健康教育的方法很多，在实际教育教学活动中，只有科学、合理、灵活、创造性地运用教育方法，才能真正实现儿童心理健康教育的目标。开展儿童心理健康教育常用的方法主要有以下几种。

（一）讲授法

用具体、形象、生动的口头语言，结合直观教具或实物（模型）向儿童说明、解释有关心理健康的一些粗浅知识，告诉儿童一些简单的道理，提高其对维护自身心理健康的认识水平，以改善其对心理健康的态度，形成正确的认识和观念。在采用讲解法时，应该注意语言要简明、生动、具体，语音、语调、语气要富有变化。可以借助讲故事、念儿歌、猜谜语、观察等灵活多样的形式，通过启发性提问，帮助儿童理解，加深已有的知识和经验，达到情感的交流与沟通，促进心理健康发展。

讲解说理要符合儿童的实际生活，适合他们的年龄特点和发展水平。如培养儿童学会分享，可以先讲述一个故事“我们一起玩”，然后向儿童提出问题：你喜欢故事中的谁？为什么？如果你有好吃的食物或好玩的玩具会怎么样？让儿童在讨论中懂得有了心爱的东西不能一个人独占，应该与别人分享，而且不提出“交换玩”等附加条件。

（二）行为练习法

行为练习法就是对儿童已经学过的有关健康行为和生活技能进行反复练习，加深和巩固对心理健康知识、技能的理解和掌握程度，并逐步在日常生活中形成稳定的行为习惯。行为练习以直接、具体、典型等特点，使儿童反应快捷，减少了中间环节，符合儿童好模仿的心理特征，有利于进行个别教育。

在采用行为练习法时应该注意避免枯燥单一的训练方法，通过提出不同的要求和具体的指导来进行反复的训练，使儿童真正在行为训练中得到不同程度的提高。“我自已睡”则是要在生活中培养儿童良好的睡眠习惯及独立生活的能力，尽量做到不依赖成人。

（三）情境表演法

创设一定的生活情境或故事情境，让儿童以表演的方式，思考和表现在不同的社会情境中应做出的相应的行为对策。儿童通过各种角色、情节的体验，对遇到的问题和冲突进行分析和思考，产生情感上的共鸣和认识上的共识，并做出合乎社会行为规范的反应。由于情境表演法直观、形象、有感染力，情境来源于儿童的现实生活，因而容易激发儿童的兴趣和表演欲望。

通过儿童的表演，帮助他们摸索和领悟解决问题和冲突的方法与技能，提高决策和辨别是非的能力。应注意不能仅停留在同情、理解与共鸣上，必须转化为儿童良好的行为习惯，以增强其社会适应性。如培养儿童爱和关心的情感，激发其责任感，就可以设计这样的表演：一个大哥哥和一个大姐姐在认真玩玩具，一个小妹妹走来，找大哥哥要玩具，大哥哥不给，并且不耐烦地说：“走开，走开，别在这里挡路。”就把小妹妹赶走了。小妹妹又去找大姐姐，大姐姐非常热情，连忙把手中的玩具让给小妹妹，陪着小妹妹一起愉快地玩。让儿童在表演中体验到要关心、爱护、帮助比自已小的孩子，学会照顾他们。

（四）讨论评议法

组织引导儿童就某些心理健康方面的现象或问题自由地发表自已的感受和意见，以自由讨论的方式，让儿童真实地表达自已的见解，评价他人的思想，从而达到相互沟通、理解，提高辨别是非的能力，增进心理健康的认识，指导健康行为。它可以使儿童拥有更广阔的空间和主动权，积极地参与到心理健康教育的活动中，理解和尊重他人的情感与观点，有利于培养儿童的交往能力和口语表达能力。

讨论的主题应选择与儿童日常生活联系最为紧密的心理健康内容。如要求儿童做到有礼貌、讲道理，知道应该如何与人相处，可以出示几幅图片，引导儿童观察图片内容：举手发言、碰撞他人、把果皮扔进垃圾箱内、抢玩具、撕图书、帮助别人系鞋带等，让他们说出哪

些是好的行为，哪些是不好的行为。再请儿童围绕自己或他人的平常行为讲述、评议。最后归纳总结，突出人际交往和行为后果之间的关系，说明行为的好坏直接影响自己与他人的关系。

（五）游戏法

利用各种游戏活动引导儿童以自身的感受和经历去体验社会生活，巩固和丰富对周围生活的基本知识，促进身体、智力、品质、创造力的发展，领会心理健康教育内容。游戏以其直观、形象、灵活、内容丰富、实践性强等特点，能充分满足儿童参与社会实践生活的需要，让他们感到自由、快乐、自主、轻松，这在儿童心理健康教育中起着不可替代的作用。

游戏虽然是对儿童进行心理健康教育的主要实践活动，但只是一种教育手段，要有意识地将游戏融于其他教育教学形式，相互配合，相辅相成，发挥教育手段的整体影响功能。既要为儿童创设宽松、自由的游戏气氛，又要适当地参与、观察、指导儿童的游戏。游戏也是对儿童问题行为进行矫正教育的有效手段。个体性的游戏矫治对解决由儿童本身的情绪而导致的问题较有效，而集体性的游戏矫治则对解决由社会适应困难而引起的问题较为有效。如进行户外体育活动时，要求两人为一组搬运“粮食”，通过孩子的交流和合作，看哪组运的“粮食”多。这种游戏对培养儿童的合作精神及人际交往能力有一定的积极意义。

（六）个别矫正法

个别矫正法主要针对个别儿童出现的心理问题，这种方法适用于儿童情绪、学习、交往、品行等各个方面的问题。在采用个别教育法时应注意，必须以发展的眼光看待儿童的心理问题，不要轻易地定性，要准确把握问题产生的原因，采取适当的教育手段和方式，并力争家长的支持配合，持之以恒，才能取得好的效果。如矫正儿童爱发脾气的问题，要仔细分析原因，然后制定矫正方法及措施，采用心理治疗，帮助儿童逐步学会控制自己的行为，避免和克服冲动。在矫正过程中，每当孩子发脾气时，“暂时隔离”、“冷处理”、“注意迁移”等的手段可以让儿童安静下来，要不断地提醒他学会控制、转变自己的情绪，对每一点进步都给予肯定和表扬，适时地鼓励和巩固他良好的行为。

实践证明，心理健康教育更重要的是体现了一种先进科学的教育理念，心理健康的普及有助于教育理念的更新和方法的改善。因此，必须加大幼儿园课程改革、幼儿师资培养的力度，进一步提高教师、家长的心理健康教育水平，从儿童心理发展的特点与规律出发，家庭、幼儿园、社会共同关注、积极参与，全方位地发挥教育功能，适时地进行心理健康教育，为素质教育打下坚实的基础，带动儿童整体素质的全面提高。

第四节　学前儿童性教育

儿童早期的性教育是人生中十分重要的一个时期，它将在很大程度上决定儿童今后一生的有关性的一切，影响到他们的性认识，性别自我表现，性别角色行为，动情反应以及今后的性目标选择。

一、学前儿童性教育的目标

学前儿童性教育的目标从性别角色、自我护理与保护方面进行制定。终极目标如下。

(1) 培养幼儿正确的性别认同能力,帮助幼儿建立符合性别角色的行为。

(2) 帮助幼儿获得基本的生理常识,改善幼儿对个人卫生特别是对外生殖器和排泄器官的卫生态度,形成自己也有责任保障自身健康的初步意识;形成自我保护意识,避免性侵害的发生。

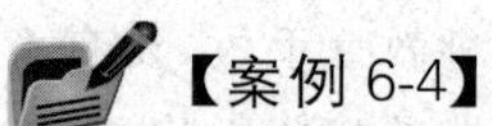
【案例 6-4】

过家家

活动目标

(1) 正确认识自己和他人的性别。

(2) 认识自己的性别不随年龄、情境而改变。

(3) 认同自己的性别,能表现出与自己性别相符的行为。

活动项目 1:你来做爸爸,我来做妈妈

(1) 通过游戏中的角色扮演,知道自己和他人的性别角色。

(2) 通过角色扮演,男孩了解自己长大后会成为爸爸,女孩了解自己长大后会成为妈妈。

(3) 喜欢自己所扮演的与自己性别相符的角色。

活动项目 2:男孩女孩猜一猜

(1) 知道自己的性别角色不随衣着打扮的改变而改变。

(2) 喜欢选择符合自己性别的衣着、道具来打扮自己。

资料来源:幼儿园快乐与发展课程编写组. 幼儿园快乐与发展课程教师指导用书——中班[M]. 北京:北京师范大学出版社,2009.

二、学前儿童性教育的内容

儿童期性教育的主要内容是让儿童开始认识自己的性别,初步进入性别角色并对性知识有一定程度的理解,学会自我护理和自我保护。《指南》教育建议里对儿童的性教育要求是不允许别人触摸自己的隐私部位。

对儿童进行完善的性教育,使儿童形成健康的性教育观,只有这样儿童才能从小就生活在一个充满健康信息的环境中,形成正确的性价值观和性别取向。性教育从儿童抓起,对于个人素质的提高和国民整体素质的提高都具有重要意义。

(一) 性别认同和性别角色教育

儿童发展心理学中的某些观察资料表明:2~3 岁的儿童已经对与自己同性或异性的

孩子采取不同的态度。如 3 岁的男孩可以和别的男孩打架,但却不去触犯女孩,有时还会突然拥抱和亲吻她。在无法辨别和判断他人的性别时,会引起紧张、抗拒和不快的感觉。虽然儿童对自己的行为和心理是无意识的,但是,这足以表明儿童已具有区分性别角色的内在倾向。因此,这时的儿童已经具有接受性教育的心理基础。

柯尔伯格将儿童认识性别的过程概括为三个阶段:第一阶段,性别认同性,2～3 岁的儿童能够正确地指出自己的性别;第二阶段,性别的稳定性,3～5 岁的儿童逐渐清楚地认识到,一个人的性别是不会随年龄的增长而改变的;第三阶段,性别的坚定性,5～7 岁的儿童认识到一个人的外貌或活动的变化与性别无关,即开始了解性别的本质区别。

父母或教师要帮助儿童正确认识自己的性别,即能说清楚自己是男孩还是女孩(见表 6-5)。然后,就要进行认同教育,让儿童形成正确的性别角色(见表 6-6)。特别要强调的是,父母决不要根据自己的喜好把男孩打扮成女孩,或相反。现代儿童心理行为研究表明:由于父母这种无意间的失误很容易造成儿童的角色混乱,男孩会类同自己为女孩并有可能对自己的男性身份和特征从内心深处产生误解和排斥,甚至厌恶心理;相反女孩会培养明显的男性气质,自认为是男孩。更令人担忧的是这种情形会影响到他们成年后的行为(较多见的是男性行为的女性化)。由于父母亲教养方式不当,致使男性在语言和行为方式上具有女性特征。

表 6-5 各年龄阶段性别认同教育内容

年龄阶段	性别认同教育内容
3～4 岁	1. 教幼儿认识自己的性别,并让幼儿初步认识自己身体外形以及外生殖器的特点 2. 教幼儿认识爸爸、妈妈、老师、同伴等自己所熟悉的人的性别 3. 告诉幼儿即使自己长大了,性别仍不会改变,男孩还是男孩,女孩还是女孩
4～5 岁	1. 告诉幼儿他们与同性别的人在身体外形、外生殖器的形态结构上存在相似之处 2. 教幼儿根据身体外形结构区分他人的性别 3. 告诉幼儿爸爸、妈妈、老师、同伴等身边的人变老了或是长大了,性别也不会改变
5～6 岁	1. 告诉幼儿不同性别的人身体外形、外生殖器的形态结构是不相同的 2. 告诉幼儿衣着打扮不会改变人的性别,穿上女孩的衣服、扎着辫子不会使男孩变成女孩;穿上男孩的衣服、剪成男孩的发型也不会使女孩变成男孩

表 6-6 各年龄阶段性别角色教育内容

年龄阶段	性别角色教育内容
3～4 岁	1. 告诉幼儿女孩一般都喜欢布娃娃等玩具;男孩一般都喜欢卡车、飞机、坦克等玩具 2. 告诉幼儿女孩一般都喜欢穿漂亮的花衣服,扎漂亮的长辫子;男孩一般都喜欢穿简洁大方的衣服,剪干净利落的短发
4～5 岁	1. 告诉幼儿搬运、建筑、飞行员、武警、工程师等工作一般都由男性来承担;照料病人等需要耐心细致才能完成的工作一般由女性来承担 2. 告诉幼儿男性应该说话响亮、富有进取心、坚强、独立、自信、有能力;女性应该文静、温柔、善良、富有情感
5～6 岁	1. 告诉幼儿如果女性认为自己有力气和能力,也可以从事搬运、建筑、工程师等工作;如果男性认为自己有耐心、很细致,也可以从事护士的工作 2. 告诉幼儿坚强、独立、自信、有能力的男性也可以有温柔和善解人意的一面;温柔、善良的女性也可以有坚强、独立、自信的一面

（二）教育儿童正确认识自己的生殖器官

随着儿童的成长，他们开始对自己的身体产生兴趣，会有许多关于身体器官的疑问。这个时期是教儿童认识自己身体的最好时机。一些专家认为，如果家长在学前儿童期就教孩了认识他们的性器官，并且像认识眼睛、鼻子那么自然，就可以破除儿童的性神秘感，使儿童在今后的性知识学习中表现得更加自然、大方。应当注意的是在学习性器官时要用正规的科学术语，而不要用方言俚语(见表6-7)。

另外，儿童期的儿童可能有玩弄生殖器的现象，这是性萌芽的一种表现，不必过分担心或紧张。父母和教师不要采取恐吓和惩罚的方式对儿童进行压制；过分反应或责骂，会使孩了以为自己做了坏事，影响将来心理健康的发展。

表 6-7　各年龄阶段认识身体教育内容

年龄阶段	认识身体教育内容
3～4岁	1. 让幼儿了解男孩和女孩身体的外形特点 2. 学习身体外部器官的科学名称 3. 学习男孩和女孩外生殖器的科学名称
4～5岁	1. 认识男孩和女孩外生殖器的外形结构 2. 让幼儿初步了解身体外部器官的功能 3. 让幼儿初步了解外生殖器的功能
5～6岁	1. 让幼儿了解男孩和女孩身体外形以及外生殖器的不同之处 2. 让幼儿了解自己与同性别成人身体外形以及外生殖器的相同之处和不同之处

（三）性知识的传播

发展心理学的观察表明：4～7岁的儿童由于性方面的萌芽，开始表现出对性的好奇。此阶段的儿童喜欢向父母或者老师提一些与性有关的问题。比如，我是怎么生出来的？为什么她是蹲着小便，而我是站着小便？为什么公鸡要追母鸡？对于这样的问题家长如果感到惊奇和气愤并加以斥责，就会引起孩子更大的好奇。如果随意欺骗敷衍不仅会失去儿童对自己的信任，而且还可能使儿童形成错误的性观念。正确的方法是家长应利用自己的每一次回答来对孩子进行性教育，科学而巧妙地回答幼儿的问题，回答得水平越高，越有技巧，对孩子的心理健康成长就越有利。对于这类问题，家长或者老师应该以平静的态度告诉孩子："你是妈妈生的"，"站着小便的是男孩，蹲着小便的是女孩"。

（四）自我保护教育

《纲要》指出：幼儿园必须把保护幼儿的生命和促进幼儿的健康放在首位，抓好安全工作是幼儿身心健康发展的重要保证。使儿童知道必要的安全保健常识，学会保护自己。密切结合幼儿的生活进行安全、营养和保健教育，提高儿童自我保护意识和能力。

儿童性侵害问题越来越受到人们的关注。越来越多的研究表明儿童性侵害是导致身体健康问题、社会适应不良的一个很重要的因素。要使幼儿免受性侵害，成人对儿童的保护是必不可少的，但儿童自身保护意识的培养显得更为重要。要培养儿童较强的保护意

识，初步具有自我保护的能力，确定恰当的教育内容是最为关键的一步（见表 6-8）。

表 6-8　各年龄阶段自我保护教育内容

年龄阶段	自我保护教育内容
3～4 岁	1. 告诉幼儿每个人的身体都有隐私部位，这些部位包括腹部、臀部、大腿内侧、还有女性的胸部和生殖器，以及男性的生殖器等 2. 让幼儿知道，通过电话可以与家人或其他人讲话。当自己需要帮助的时候，可以向爸爸、妈妈打电话求救 3. 教育幼儿外出活动由父母或其他家长全程陪同
4～5 岁	1. 告诉幼儿保护隐私部位不被他人随便看和触摸是我们每一个人的权利（除了在我们年龄小的时候父母帮助我们清洗，或当我们身体不适时父母照顾我们，或是为了健康的原因，医生检查身体） 2. 教会幼儿如何使用电话，将爸爸妈妈的手机号码写在随身携带的卡片上，自己需要帮助时，拨打卡片上的号码寻求帮助 3. 教育幼儿外出活动时由父母或其他家长陪同前往，等父母确认环境安全后，再自己单独活动
5～6 岁	1. 教导幼儿不应该随便向别人暴露自己的身体，也不窥探或触摸他人的隐私部位 2. 告诉幼儿除了拨打爸爸妈妈的电话可以寻求帮助以外，还可拨打其他电话寻求帮助，急救电话是 120；报警电话是 110。拨打 110 或 120 电话时，要向接线员说出自己的名字，住在什么地方，一直等到接线员说可以挂断了，再放下电话 3. 教育幼儿外出活动时要征得父母的同意，并告诉父母去什么地方，行走路线，活动时间

三、学前儿童性教育的途径

儿童性教育的实施途径有专门的课程、生活的指导（以家长、老师等为主）、遇到问题的单独咨询、游戏中同伴的影响以及媒体知识的阅读等。

（一）专门的性教育课程

主要以讲授科学系统的、根据多数孩子身心发展需要而应具备的知识、技能和价值观念。

（二）利用生活现象进行性教育

儿童天性敏感好奇，父母或老师可以利用这一特征，用身边的各种现象生动而自然地进行性教育。豆荚因成熟而爆裂开来，里面躺着成熟的籽种，父母或老师可以引导孩子观察，并告诉孩子这很像母亲孕育孩子。家里鱼缸里的鱼产卵了，邻家的小猫、小狗生崽了，都是向儿童进行性教育的好机会。

（三）咨询

针对某一个孩子的个性问题进行深入指导。

（四）同伴影响

活动中同伴的影响是孩子性观念、性信息、性知识等信息最多、最快以及影响力最大的来源渠道；媒体对孩子的性观念和行为的影响，是对主动性教育效果的检验。

第五节　学前儿童心理健康问题的预防及矫治策略

一、学前儿童常见心理问题的鉴别

学前儿童的问题行为是儿童发展过程中特有的问题和障碍，它们在儿童发展的一定阶段出现，可以看做正常现象，但是如果表现过分突出，或者在不适宜出现的发展阶段出现，就可以被认为是问题行为。正常心理和异常心理的区别是相对的，并非泾渭分明，很难划分一条严格的界限。可以从以下三个方面来综合判断学前儿童的心理是否正常（见图 6-8）。

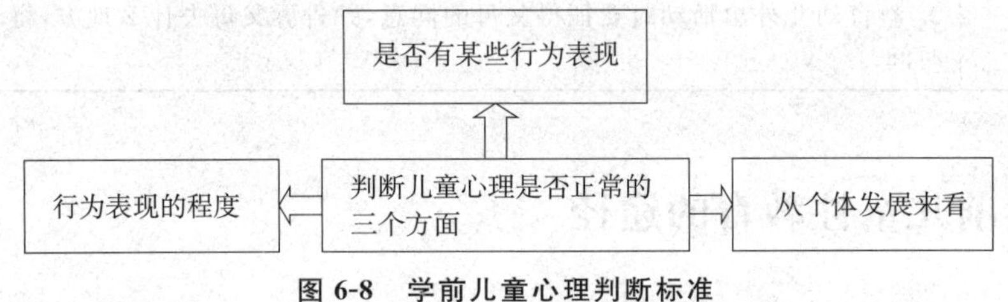

图 6-8　学前儿童心理判断标准

（1）看是否有某些行为表现

大多数儿童都有某些行为表现，他却没有，或大部分儿童没有，他却有，都可能不正常。

（2）看行为表现的程度

行为表现的严重性超出了大多数孩子的表现程度，也属于不正常。

（3）看个体的发展状况

身心发展出现长期停滞不前，甚至不进反退的现象，很可能不正常。

二、学前儿童常见心理问题的表现及矫治

学前儿童常见的心理卫生主要有：情绪障碍、睡眠障碍、进食障碍、品行障碍、言语障碍、神经性习惯等问题。

（一）情绪障碍

学前儿童在其成长的过程中，都有过恐惧、担忧、焦虑等情绪体验，这是正常的，但是当这些情绪发展成为过度的、削弱身体机能状态的不良情绪时，则会影响个体的健康成长。

1. 儿童期恐惧

儿童期恐惧是指向当前的危险情绪，具有强烈的逃离倾向。产生的原因有多方面的：特殊刺激引起的直接经验；由共鸣性的方式学习而得到；受到惊吓的结果等。不同年龄儿童的恐惧对象见表 6-9。

表 6-9 不同年龄儿童的恐惧对象(米勒)

年龄	恐惧对象	年龄	恐惧对象
0～6 个月	巨声、失去支持	3 岁	狗、孤独一人
6～9 个月	陌生人	4 岁	黑暗
1 岁	分离、外伤、如厕	6～12 岁	上学、外伤、自然灾害、社交
2 岁	幻想中的生灵、死亡、坏人		

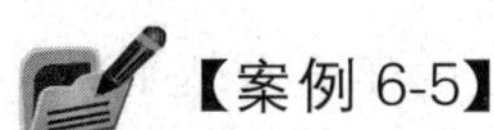
【案例 6-5】

幼儿惧怕雷声

刚开学不久的一天中午，正是睡午觉的时间，孩子们都在自己的小床上安静地熟睡着，一张张小脸都沉浸在美梦之中。突然，狂风大作，电闪雷鸣。所有的小朋友都被这轰隆隆的雷声惊醒了，但谁也没有其他异常的表现，有的幼儿翻了翻身子就又睡着了。唯有小明，吓得捂着被子哭了起来！对于雷声，他表现出了一种不同于其他幼儿的恐惧。

原因分析

幼儿害怕打雷、大火、打针都属于正常现象，很多幼儿都会对这类现象有恐惧心理。这跟幼儿的心理发展还不成熟有一定的关系，也跟幼儿 3 岁以前与家长之间的依恋有一定的关系。幼儿早期不稳定的依恋关系会导致幼儿内心产生不安全感。在跟小明的家长作了详细的沟通之后，了解到，在他的幼儿早期并没有经历过与主要依恋者(母亲)的分离，而且，他的妈妈一直都没有上班，一直在家带他，他早期的依恋关系是稳定而安全的。

小明害怕打雷是因为当时他身边没有熟悉的人，没有安全感。那时候刚开学，小朋友们刚上大班，老师都是新的，教室、睡眠室也都是新的。跟老师不熟悉，而熟悉的小朋友又不能保护自己，孩子心里一时害怕，所以才会哭。如果有熟悉的人在身边，他就不会那么害怕了。或许也可以说小明的心理发展还不够成熟。

对儿童期恐惧的预防，关键在于教育。鼓励儿童观察和认识自然现象；任何情况下都不要恐吓儿童，禁止儿童看恐怖影视、图片；同时通过集体活动，培养儿童不畏困难，勇敢坚强的意志，来克服恐惧情绪。

2. 屏气发作

屏气发作又称呼吸暂停症，是指儿童在遇到发怒、惊恐、不如意的事或剧烈哭闹时，突然出现急剧的情绪爆发，旋即发生呼吸暂停的现象。屏气发作时，由于屏气导致高碳酸血症和脑缺氧，而且哭泣时脑血管收缩和继发性呼吸道痉挛，使心跳减慢引起血流量减少，最后出现昏厥及抽搐。

导致儿童屏息发作的原因一方面可能由某种心理诱因触发；另一方面是机体缺铁所导致。预防屏息发作，应尽量消除可引起儿童心理紧张的各种因素；正确教养，不溺爱孩子；补充铁剂，纠正贫血，同时注意合理膳食；孩子发作时，家长需镇静，待其恢复后设法转移其紧张情绪。

3. 儿童暴怒发作

儿童在欲望或要求得不到满足时，或受到挫折时，可能会出现剧烈的情绪变化，如哭闹、在地上打滚、尖叫、用头撞墙、撕东西、扯头发等过火行为，短时间内无法通过劝说而终止的行为，称为暴怒发作，又称发脾气。在儿童期尤为常见，男孩女孩均可发生，没有明显的性别差异。预防学前儿童的暴怒发作行为，应从小培养儿童懂道理、讲道理的品质，不要溺爱和迁就儿童。对于正在发作的儿童可以尝试以下方法。

（1）冷处理法

当儿童发脾气时，暂时冷处理，这样，儿童发现自己发脾气达不到目的便会自然平息。切莫在儿童发脾气时向他发火，那样，一方面会使儿童的情绪更加激动；另一方面也会让儿童误认为发脾气是解决问题的正确方式，以后也用发脾气对付别人。

（2）转移注意法

如果儿童因想要玩而发脾气，可用他喜爱看的动画电视节目或其他事情来吸引他，转移注意力。待其暴怒发作过后再给以安慰，并加以教育。

（3）暂时隔离法

如果儿童的暴怒发作无法控制时，可将他放入设置简单的房间内，在暴怒发作消除数分钟后再解除隔离。但要随时注意观察，防止儿童自伤、撞伤、触电、跳楼等意外情况发生。

4. 分离焦虑

分离焦虑是儿童时期较常见的一种情绪障碍，主要是指儿童与亲人分离而引起的焦虑、不安或不愉快的反应。而这种不适应行为或情绪，依不同年龄，会有不同的行为反应，例如：越小的孩子，会表现出来紧紧抱着父母不放、害怕、非常爱哭；而较大的孩子，则会有惧怕的表情出现，情绪非常不稳定、又叫又跳、耍赖、大哭、躺在地上不起来等。

过度依恋

蕾蕾刚入园，她一进教室，就哭："我想妈妈。"妈妈一走，她就会找上一个老师，嘴里说："抱抱，抱抱。"而老师不可能一直抱着她，但她还是跟着老师，拉着老师的手，她喜欢单独跟着一个老师或阿姨。如果老师抱抱她，她就不哭了，或者哭得声音小了。

原因分析

蕾蕾进入了幼儿园这个陌生的环境，离开了家人，恐惧、忧虑等情绪油然而生，情感上如断乳期一般无法适应。蕾蕾主动要求老师抱抱的想法是可以理解的，老师的拥抱使她感受到类似母亲般的爱抚，感到了安全，满足了蕾蕾的情感需要，让蕾蕾对老师产生亲切感和依恋感，从而得以缓解入园焦虑，逐渐适应幼儿园生活。

【案例 6-7】

孤　单

成成到幼儿园来的第一天，总是静静地坐在自己的座位上，眼泪时不时地要往下掉，显得很孤单。第二天哭得没有那么厉害了，但还是独自一个人静静地坐，不去与别的小朋友玩。如果发现有人在看着他，他会马上走开，嘴里说："不和你们玩了。"

原因分析

成成是个胆小的孩子，一时间离开了家，离开了自己熟悉的环境，会感到不适应，对陌生的环境，他感到害怕，不敢主动去接触人。老师应尽量给他创设宽松、和谐的心理环境，让他产生安全感、信任感。每天来了都对他笑一笑，拉一拉他的手，摸摸他的头，每天主动找他聊聊天，说一些轻松的话题，让他感受到老师在关注他，老师喜欢他。

对于过度焦虑的儿童可以进行心理治疗；对于焦虑反应程度较轻的儿童，主要采取心理上给予支持以及教育的方法。

(1) 积极的引导。在孩子入园之前要让孩子知道幼儿园是个有趣的地方，家长可以不断地跟宝宝说：老师像妈妈一样地爱你，老师就像是你的朋友，你有什么不高兴的事，都可以和老师说，等等。首先要让宝宝在心理上不排斥老师，这样老师才可以接近宝宝并加以引导。同时放低对老师的排斥心理。有很多小伙伴在一起玩游戏，老师、阿姨还会和大家一起做很多有意义的活动，可以学本领，也可以玩游戏，使孩子对幼儿园留下一个好印象，并且产生向往与期待。

(2) 形成新的依恋关系。分离焦虑主要是孩子失去了所依恋的人，出现了不安全感。要让孩子不产生焦虑，适应父母不在场的环境，就要让孩子与老师建立新的依恋关系。

(3) 增强幼儿园的吸引力。家长来接孩子时，不要接了孩子马上就回家。幼儿园一般允许家长陪幼儿在户外活动场地的活动器械上玩一会儿，但要注意安全。当孩子玩得高兴时，家长要表示应该结束了，并答应他明天再来玩。这样，幼儿可能会怀念在幼儿园玩耍的情景，明天就有了去幼儿园的动力。

(4) 注意培养孩子的生活技能。焦虑的产生有时还因为孩子的生活能力差，在幼儿园需要自己动手的事情不会做。尤其是在吃饭和睡觉的时候，自然就会想妈妈了。所以在孩子入园前，家长应该给予生活技能上的指导，如要求他坐在桌子旁自己吃饭，不能在吃饭时随意走动等。指导孩子试着在大小便后自己提裤子，自己洗手，自己睡觉，认识自己的物品等。家长在指导时不要心急，因为你越着急，孩子就越紧张，越怕上幼儿园。

（二）睡眠障碍

儿童睡眠障碍时常表现为在临睡前不愿意上床，上床后不能入睡、浅睡、易醒或早醒等，在睡眠时，全身或四肢不停地翻动、讲梦话、磨牙或哭喊等。

1. 梦魇

梦魇是学前儿童中较为多见的一种睡眠障碍，以儿童做噩梦为主要表现。儿童在做噩梦时，伴有呼吸困难，心跳加快，自觉全身不能动弹，在惊醒或被唤醒后，仍有明显的情绪不安、焦虑和恐惧，出冷汗，脸色苍白。诱发儿童梦魇的因素很多，例如，儿童患上呼吸道感染或肠道寄生虫病等。消除儿童的内心矛盾冲突，缓解心理紧张，对其身体疾病进行及时治疗，都是预防和消除梦魇的必要措施。

2. 夜惊

夜惊是学前儿童中常见的另一种睡眠障碍。儿童在入睡后不久，突然坐起来，尖叫哭喊，两眼瞪直或紧闭，极为惊恐，并伴有心跳加快，呼吸急促，全身出汗等症状。难以唤醒或哄他安静下来，数分钟后自行入睡，醒后完全遗忘。导致儿童夜惊的原因有多方面的因素。心理因素：儿童紧张或受惊。如与父母分离，亲人伤亡，父母吵架或离异，受到严厉惩罚，外伤；睡前看了惊险的电视节目等。环境因素：室温过高、空气污浊、手压胸口或者晚餐吃得过饱。

对于夜惊的儿童主要是要消除引起紧张不安的心理诱因，减少情绪紧张；改变不良环境，注意培养良好的睡眠习惯等，及时预防和治疗躯体疾病。

（三）进食障碍

1. 异食癖

异食癖是学前儿童的一种饮食障碍，一般随着年龄增长而逐渐消失，很少持续到成人期。这些儿童嗜好异食，比如吃泥土、石块、蜡笔、纸张、玩具等，对小物体做吞食，较大食物则放嘴中咀嚼。对于这种儿童，可以采取矫枉过正法等行为治疗，如责罚或捆缚儿童的手足，不仅不能改善儿童的症状，反而会使其暗中偷吃。

2. 神经性呕吐

神经性呕吐是由于心理因素和教育不当而引起的胃肠道功能障碍，表现为反复性呕吐。有些由饮食不当或过饱引起；当学前儿童心理紧张和情绪不安时，如受到强烈惊吓，家庭关系紧张，对新环境不适应，突然离开亲人等，可发生呕吐。由于饮食不当造成的就要改变不良的喂养方式，不要强迫小儿进食。消除引起紧张的各种因素，营造轻松、愉快的进餐环境。对于孩子的呕吐，要保持镇定，避免语言、表情等暗示和强化。对于呕吐严重者需要及时送医院诊治。

（四）品行障碍

品行障碍是在儿童时期出现的有攻击他人、偷窃、破坏等行为。随着年龄增加，一般儿童的品行障碍问题的出现率有所下降，儿童的心理发展水平有相应的提高，这是符合儿童心理发展规律的。下面主要介绍攻击性行为的分析。

攻击性行为是学前儿童最为常见的一种品行障碍。主要表现在当儿童遭受挫折时显得焦躁不安，采取打人、咬人、抓人、踢人，引起同伴或成人与其对立和争斗。男童攻击行为的发生率明显高于女童。学前儿童的攻击行为有的是针对教师或同伴，有的则是针对自己的父母。

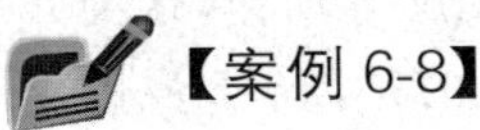
【案例6-8】

教师手记"他先打我的"

午睡时间到了，小朋友在准备如厕。男孩子有序地站在小便池前排起队，小明站在伟伟后面挨得很紧。伟伟转过头对小明说："小明，你往后面站一点行吗？"小明没理他，仍然贴在伟伟身上。伟伟上完厕所提裤子的时候，胳膊肘不小心碰到了挨着他的小明，小明不由分说从背后紧紧勒住伟伟的脖子，伟伟大喊："放开我，你干吗？"教师立刻走上前，一边叫小明松开手，一边观察着伟伟的脖子。幸好及时，要不准得出事。教师问小明："你为什么要勒伟伟的脖子？"小明理直气壮地说："他先用膀子打我。"

原因分析

儿童攻击性行为的发生主要依赖于具体情境和儿童的认知因素。认知行为理论认为某些具有攻击行为的儿童可能缺乏社会信息的处理能力，或者是对社会信息的解释出现了偏差。高攻击性的儿童在社会交往中，倾向于带着敌意的眼光去解释伙伴的行为和意向，存在着归因偏差。具体来说，他在下列五个步骤的社会信息处理模式中容易发生错误或偏差：对环境中社会交往线索的译码；做出相应的解释和归因；搜寻可能的行为反应；决定一种可能的反应；执行这种反应。如果儿童在以上任何一个步骤上出现偏差或有缺陷，都可能导致攻击行为。此案例中小明的行为可以用这种理论来解释，他将他人一个无意的动作看成对自己的"威胁"，错误的判断使他做出了错误的攻击反应。

那么该如何矫正学前儿童的攻击性行为呢？

(1) 正面引导。优化儿童的活动环境，减少环境中的不利刺激，如：提供给儿童足够的活动材料，避免提供有攻击性倾向的玩具(如刀枪、棍棒等)，选择富有教育意义的健康的影视节目。儿童辨别是非的能力差，要教会儿童识别好与坏，知道哪些行为是对的、受人欢迎的，哪些行为是错的。

(2) 正确引导与遵守规则相结合。用移情训练法正确引导。引导儿童观察和感受别人的情绪、情感体验，并由情绪、情感的变化而带来积极的行为变化，幼儿逐渐懂得有利于别人的事就去做，不利于他人的事就不去做。轻度的惩罚与合理科学的规则相结合，以矫正幼儿的攻击性行为。如：值日轮流规则；小组长竞赛规则等。使幼儿自觉遵守规则，以规则来约束自己的行为，从而减少攻击性行为。

(3) 家园合作。家长和老师齐心协力，通过教师正确的引导和家长的配合与沟通，并采取一系列的措施，社会、家庭、幼儿园形成合力。幼儿一定能逐渐学会适应他人，不断地调整自己的行为，掌握良好的行为准则，学习与他人建立融洽的关系，形成关心他人、与他人通力合作的良好品质，从而在源头上减少攻击性行为的发生，成为一个健康、活泼的孩子。

(五) 言语障碍

言语障碍包括发育性语言障碍、发音性语言障碍和口吃。下面主要介绍学前儿童常见的口吃的预防及矫治。

口吃是学前儿童常见的一种语言节律障碍，表现为说话时声音、音节或单词往往较不正确的重复、延长或停顿，以致中断了有节律的语流，伴有跺脚、摇头、拍腿等动作，这类儿童大多自卑、羞怯、孤独、不合群。口吃大都发生在2～5岁。需要注意的是，2～5岁的学前儿童言语功能还不完善，说话常有迟疑，一般到学前发育正常，就不属于口吃。

【案例6-9】

口　吃

小鹏，男，6岁，大班，父母都是国家干部，大专文化程度。据母亲介绍，孩子的语言发展从小就较晚，1岁半以后才开始说话，2岁以后才会讲完整的句子。之前便有口吃现象，但不严重，没有引起家长的注意。上学之后口吃现象比以前突出了。平时与小朋友交谈，越着急越说不出话来；遇到集体讨论发言的情况，说上几个字便卡壳，急得满脸通红，嘴唇颤抖。有时还直流口水。不过，在朗读课文或唱歌时并不口吃。孩子的性格较内向。

儿童口吃是由什么原因引起的？主要是遗传因素、躯体因素、精神因素、心理因素、模仿、家庭教育、错误的认知、基因突变等。如果家长在孩子出现口吃时，经常批评或立即叮嘱孩子纠正，反而容易加重孩子紧张焦虑的情绪，慢慢地还会导致语言中枢正常功能失调，口吃也会越来越严重。一般男孩发生口吃多于女孩。对儿童口吃的矫正，主要是通过家长、幼儿园教师的正确指导。矫正口吃的方法很多，大多是从解除口吃的原因与不良发音入手。

(1) 消除不良环境的影响。

(2) 讲话吐字清楚。

(3) 勿催促孩子讲话、勿打断孩子讲话。

(4) 消除紧张感。

(5) 尽量避免接触其他口吃病患者。当孩子有口吃现象苗头时，要避免与其他口吃病患者再接触。

(6) 鼓励孩子多唱歌，唱歌可使孩子吐词准确快捷，增加自信心。

(7) 尽量慢慢对话。与有口吃的孩子对话应连续、匀速，不可断断续续。

（六）神经性习惯

在学前儿童中，神经性习惯，如吮吸手指、咬指甲、习惯性阴部摩擦等都是常见的问题行为，这类问题的发生、发展和消失与儿童的年龄存在一定的关系。

1. 吮吸手指

在婴幼儿时期，吮吸手指是一种很常见的不良行为，到2～3岁以后，这种现象大大减少，但是仍然有一部分儿童会吮吸手指。如果偶然发现这种行为，或持续时间不长，属于正常现象，随着年龄的增长会逐渐消失。但如果随着年龄的增长，孩子依然吮吸手指玩乐，说明孩子出现了行为上的偏移。如果孩子的这种不良行为得不到及时纠正，那么，这种不良行为就会固定下来，形成顽固性的习惯。

预防儿童吮吸手指的习惯。首先要从小养成良好的卫生习惯，不要让孩子以吮吸手指来取乐，要耐心告诫孩子，吮吸手指是不卫生的，而且容易把大量的脏东西带入口内，引起消化系统疾病及其他传染病。

如果属于喂养方法不当，应纠正错误的喂养方法、不良的哺喂习惯。要培养孩子有规律的进食习惯，做到定时定量，饥饱适度。家长要耐心、冷静地纠正儿童吮吸手指的行为。对于这类儿童切忌采用简单粗暴的教育方法，不要嘲笑、恐吓、打骂、训斥，更不要采用在儿童手指上涂抹苦味剂的方法。不仅毫无效果，并且会使儿童感到痛苦、压抑、情绪紧张不安，甚至产生自卑、孤独等情况。

最好的方法是了解儿童的需求是否得到满足。除了满足孩子的生理需要（如饥渴、冷热、睡眠）外，要丰富孩子的集体生活，还应该提供有利条件，让孩子多到户外活动，和小朋友一起玩，使孩子生活充实、生气勃勃。分散对固有习惯的注意，保持愉快活泼的生活情绪，使孩子得到心理上的满足。

【案例 6-10】

“不干净的手指”（小班）

按设计思路，想让宝宝们感知吮吸手指是一种坏习惯为第一活动目的。

教师：“老师平时经常看到有些小朋友把小手指放在嘴巴里。小朋友们有没有看到呀？”

幼儿：“璐璐、小鱼儿、杰杰……”

教师：“哇！有这么多呀！那你们说你们的小手指干净吗？”

幼儿：“不干净。”

教师：“为什么不干净呀？你是怎么知道的呢？”

幼儿：“手指上有虫子，吃了会生病，生病要打针的”

教师：“小朋友们说得都很对。那你们说吃手指是不是一种坏习惯呢？”

幼儿：“是”

孩子们在老师的有效提问中初步感知吮吸手指是不卫生的，是一种坏习惯。

原因分析

小班幼儿的思维水平仍处于直觉行动阶段，他们需要直接感知事物才能获得相关经验、认识。因此，在教学活动中要充分考虑孩子的年龄特点和心理发展水平。吮吸手指在小班是常见的行为习惯。教师要懂得把生活中的东西转化为有价值的学习内容，从教学活动中让幼儿得到相关认识。

2. 咬指甲

咬指甲是儿童时期很常见的不良行为，男女儿童均有。程度轻重不一，重者可引起局部出血，甚至甲沟炎。爱咬指甲的儿童常伴有睡眠不安和抽动。儿童爱咬指甲，有时反映的是一种心理情绪，如紧张、抑郁、沮丧、自卑感、敌对感等情绪状态，其根源可能是受关注不够或缺乏安全感。而有些孩子，由于咬手指甲经常受到老师和家长的批评、训斥，反过来又会产生紧张、焦虑的情绪，成为继发性精神刺激因素。

【案例 6-11】

吃手指

小洋，男，5 岁，性格内向、胆小、害怕孤独、不合群，尤其受到成人指责时表现得紧张。上课、睡觉时，经常将手指放在口中，入神地咬指甲。从周岁起，他先是咬衣角、被角，后来由于大人的阻止，虽不再咬衣角、被角，但又换成了吮吸手指。小洋出生后由于母乳不足，由人工喂养，1 岁半后由外婆抚养。父母在外打工，每周到外婆家去看望他一次。长大一些后，跟父母同住，但大多数时间都是一个人在家玩耍。

纠正孩子咬指甲的习惯可采用心理疗法和行为矫正法，以耐心说服和鼓励为主，平时多给予孩子心理上的关注，消除造成孩子紧张的因素。引导孩子多参加一些娱乐活动，多交朋友，如让孩子和其他小朋友一块儿做游戏等，转移其注意力。

家长要有耐心和信心，千万不可体罚，不可大声训斥，不要粗暴地强行将孩子的手指从嘴里拉出，这样可能会在潜意识中加重孩子咬指甲的习惯。

要培养孩子良好的卫生习惯，如常修剪指甲，对大一点的孩子，可通过讲道理告诉他们咬指甲的危害。纠正孩子咬指甲的坏习惯需要一个过程，年龄越小越容易纠正，所以，发现孩子有咬指甲的坏习惯时要尽早矫正。

【延伸阅读】

当前幼儿园心理健康教育存在的误区

误区之一：把心理健康教育片面地理解为对有心理行为问题儿童的行为矫正和心理疏导，从而局限了心理健康教育的任务范围，忽视了对幼儿良好心理品质和心理素质的培养。

由于个体差异其理解、承受能力也不一样。因此，心理健康教育的任务不只是对出现心理、行为问题的幼儿的教育和疏导，更重要的是要培养幼儿良好的心理素质和健全的人格，开发其心理潜力，促进幼儿智力的发展，只有这样才能从根本上预防幼儿的心理、行为问题，创造幼儿健康成长的心理环境。具体来说，幼儿心理健康教育应包含以下三方面的任务。

(1) 矫正与预防。对于已经出现的心理与行为问题，通过心理疏导和行为训练来加以矫正。对于那些尚未出现问题但有可能出现问题的幼儿，要及时打“预防针”，防止心理与行为问题的出现。

(2) 培养幼儿良好的心理素质和健全的人格。良好的心理素质与健全人格包含多方面的特征：自主坚强的人格、关爱品格、良好的社会兴趣和交往技能、开朗的性格特征。

(3) 开发幼儿心理潜能，促进幼儿智力发展。包括：利用幼儿的好奇心，培养幼儿的求知欲与学习兴趣；培养幼儿良好的学习方法与学习习惯；训练幼儿的思维，开发幼儿智能。

误区之二：开设心理健康课程相对较多，而实际情境中的教育少，忽视心理健康在幼儿一日活动中的渗透，从而使教育的效果大打折扣，难以发挥其应有的作用。

心理健康教育的目的和任务决定了进行健康教育的途径不是单一的，开设专门课程进行心理健康教育和在日常生活中进行心理健康渗透是两条基本途径。而当前幼儿园心理健康教育只停留在开设为数不多的相关课程而已，在日常具体的教育情境中对幼儿的心理教育鲜有提及。实际上，健康心理和人格教育的养成，是多方面的影响、多种行为活动综合作用的结果。这种整体性决定着心理教育必须通过幼儿生活的各个方面协同培养，渗透在幼儿教育的全过程。具体体现在以下方面。

(1) 教学活动中心理健康教育的渗透。要充分挖掘教学内容中的心理健康教育因素，根据幼儿的心理特点、发展需要更好地发挥教学活动中心理健康教育的作用。比如在组织模式上采用融合模式，打破班级界限，由大、中、小各级间和各班级间幼儿互相参与活动，从单一的同龄伙伴交往发展到混龄伙伴交往，扩大了幼儿的交往场合和交往范围，增多了交往机会，提高了幼儿对集体活动的适应性，能够有效地避免幼儿孤独、不合群的行为倾向。

(2) 游戏活动中心理健康教育的渗透。游戏是幼儿最喜欢也是最主要的活动形式，同时也是培养幼儿合群性、独立性的极佳手段。比如在角色游戏、体育游戏及表演游戏中能让幼儿体验到合群的愉悦、增强和群意识、提高合作能力。

(3) 日常生活中的心理健康教育渗透。日常生活是幼儿交往频繁和心理品质自然显现的时刻，利用日常生活进行随机教育会收到事半功倍的效果。比如在生活管理中培养幼儿的自主自理能力、合作团结精神，使儿童在共同合作中锻炼能力，形成集体感。

(4) 利用体育活动促进幼儿心理健康。体育活动能够促进幼儿大脑的发育，更是促进幼儿良好心理特征形成的有效方法。比如利用集体活动培养幼儿的团队精神、合作能力、人际沟通能力等心理品质。

误区之三：心理健康课程教学对幼儿的情感体验关注少，心理健康活动按教师预设计划进行，致使课程的开设流于形式。

目前幼儿园心理健康教育专门课程开设较少，开设的课程主要以活动的形式组织，这虽符合幼儿园教学特点，但是开设的课程中幼儿的实际操作活动较少，大都是教师唱主角。在教学中也只是"为教而教"，教师在教学过程中也只是按部就班，根据自己设计的教学计划、一个教学环节接着一个的进行，对幼儿出现的意外情况也不闻不问，也不会考虑这样的教学有没有意义，能不能达到预期的教学目的。比如有一节大班的心理健康活动，活动重点是让幼儿在游戏中体会快乐的情绪，在活动过程中教师让幼儿听完音乐后谈听音乐的感受，谈找到朋友的感受，又让幼儿互相倾诉生活中的开心事。活动本身设计得挺好，关注了幼儿的生活经验和实际体验，但遗憾的是活动刚开始一会儿，幼儿们谈得兴高采烈的时候，老师就喊停，原来，按照教学计划，该进行下一个活动环节了。这样一种"完成任务"的教学使得课程的开设流于形式，失去了原本的意义，难以真正达到促进幼儿心理健康的目的。

幼儿良好心理品质的形成离不开知、情、意、行这样一个连续的认识和转化过程。单纯从知识上入手的教学往往使幼儿知与情、知与行相分离，难以培养幼儿知、情、意三者有机结合的良好心理品质。因此，心理健康教育的课程教学应重视幼儿的实际操作活动，主张在"做"中学。活动课程的设计要求向幼儿提供各种实践活动的机会，让幼儿在亲身实践、亲自体验的基础上提升自己的认识，促进情感的共鸣，在认同的基础上以愉悦的情绪接受引导、改变消极的态度和行为。另外，由于课程关注的是幼儿的心理健康，而幼儿具有情绪不稳、易变的特点，会不断随外界情景的变化而发生变化，在教学中教师应根据幼儿的反应和行为及时进行教育和疏导，还要善于根据幼儿的反应及时调整教学内容和教学策略，使得教学内容更贴近幼儿实际，方法更能产生预期的效果。

资料来源：李晓梅．幼儿园心理健康教育存在的误区刍议．

【复习要点】

◆ 你会解释吗?

学前儿童心理健康教育

◆ 你能回答吗?

1. 学前儿童心理健康教育的标准是什么?

2. 影响学前儿童心理健康的因素有哪些?

3. 学前儿童心理健康教育的目标和任务是什么?

4. 如何在幼儿园开展儿童性教育?

5. 学前儿童常见的心理健康问题有哪些? 如何进行预防和矫治?

◆ 思考与练习

阳阳对班里的小朋友频频发起攻击:打脸,捶肚子,踩脚,嘴里还不停地嘀咕:"大坏蛋,打他,大坏蛋……"有一天,他发起了十多次攻击性行为,涉及七八名幼儿。尤其是他认准了同组的一个女孩,一上午打了她五次,不是捶她的肚子,就是踢她的腿,嘴里还反复念叨:"大坏蛋……"教师只好时时处处对他采取特殊看护措施。

四人为一组,根据材料内阳阳的表现,判断他属于哪种常见的心理问题,分析其产生的原因,并提出对策。最后以组为单位进行分享。

第七章 学前儿童健康教育评价

本章知识点

1. 学前儿童健康教育评价的内涵、作用。
2. 学前儿童健康教育评价的内容和方法。
3. 学前儿童健康教育评价的实施。

学前儿童健康教育评价是考核学前儿童健康教育的重要方面，是科学制订学前儿童健康教育计划的基础和依据，通过评价活动能了解学前儿童健康水平和状况，把握学前儿童健康教育的客观现状，准确发现存在的问题，及早采取干预措施，改善学前儿童的健康水平，促进学前儿童的健康发展。

第一节 学前儿童健康教育评价概述

【小故事】

教育家泰勒

泰勒(Ralph Tyler)(见图 7-1)，美国著名教育学家、课程理论专家、评价理论专家。他是现代课程理论的重要奠基者，是科学化课程开发理论的集大成者。由于对教育评价理论、课程理论的卓越贡献，泰勒被美誉为“当代教育评价之父”、“现代课程理论之父”。

泰勒 1902 年出生于芝加哥，在内布拉斯加州成长并接受教育。19 岁大学毕业后，在南达科他州教自然科学的时候，泰勒迷上了教学，后来便将他的专业从医学转向了教育。

在读研究生期间，他认识了受人敬仰的教育家 Charles Judd 和 W. W. Charters。两位教育学家关于教育和考试的思想对他后来的工作颇有影响。1927 年，他成为了俄亥俄州立大学的老师，在那里他进一步研发了一种新的考试方法。1938 年泰勒开始闻名全国，受 Robert Hutchins 之邀，他带着他八年来的工作成果从俄亥俄大学到芝加哥大学。Tyler 是斯坦福行为科学高等研究中心的第一任主任，在位 14 年。他坚信为了获得研究上的独立精神，研究人员应该有充分的自由。

虽然泰勒在 1967 年正式退休，实际上他一刻也不曾退休过，因为他仍然工作于许多国内外的教育组织，甚至在他 80 岁的时候还游历全国，给教师和管理人员关于如何在各自学校确立开展最佳教学的目标给以建议。

资料来源：百度百科 . http://baike. baidu. com/subview/51376/8335511. htm.

图 7-1　美国著名教育学家、课程理论专家、评价理论专家泰勒

图片来源：百度图片 . http://image. baidu. com.

一、教育评价与学前儿童健康教育评价

（一）什么是教育评价

1929 年美国教育家泰勒首次提出教育评价的概念，认为教育评价可以为实现理想的教育目标起到促进和推动作用。旨在根据教育目标评价教育效果。

（二）什么是学前教育评价

学前教育评价是对学前教育的社会价值作出判断的过程。它以学前教育为对象，对其效用给予价值上的判断。学前教育评价可以解决比如教师的教学效果如何、儿童的发展水平是否达到目标的要求等一系列问题。

（三）什么是学前儿童健康教育评价

学前儿童健康教育评价是指在系统地、科学地和全面地收集、整理学前儿童健康教育信息的基础上，对学前儿童健康教育整体规划的评价，对学前儿童教育目标、内容、组织形式和方法的评价、对进行健康学习的学前儿童的评价，对进行健康指导的幼儿园教师及其

相关人员的评价。[①]

二、学前儿童健康教育评价的原则

（一）实效性原则

评价必须注重实际效果，这是学前儿童健康教育评价最大的特点。实际效果的评价：一是通过健康教育活动的开展，重点评价学前儿童的知识、态度、行为习惯的改善情况，其中以健康行为习惯的形成为最重要的评价指标；二是注重评价学前儿童生长发育水平、身心健康状况、疾病的控制情况等结果，从而分析健康教育的效果。

（二）评价与指导相结合的原则

健康教育评价是对被评价对象的健康教育效果和健康教育目标的达到程度进行判定，目的在于肯定进步，找出问题，明确方向，提高教育质量。

（三）科学、客观性原则

评价前要客观、科学地确定评价标准，不能主观臆断或掺杂个人感情，不在评价过程中随意改变标准，也不能因评价对象不同而随意变化评价标准。

（四）定量与定性评价相结合的原则[②]

定量评价采取定量的方法，收集和处理数据资料，对评价对象作出定量的评价结论，目的是使健康教育评价尽量客观、科学。定性评价是对评价对象的谈话、观察的基础上，直接得出定性的评价结论。教育现象异常复杂，有的可定量测量，有的只能定性描述；有的需先定性再定量；有的可以直接定性；有的需先定量再定性。比如对儿童生长发育等的评价主要采用定量的评价方法；对学前儿童心理发展、学前教育机构健康管理制度的动态性的评价采取定性评价的方法。因此，坚持定量与定性相结合既是进行科学评价的重要方法之一，又是一条重要原则。

（五）单项与综合评价相结合原则[③]

学前儿童健康教育内容复杂多样，每一方面又有其相对独立性。因此，我们在进行评价时，必须对每个方面进行评价。如表 7-1 就是对儿童穿脱衣服能力的教育评价。

---

① 顾荣芳．学前儿童健康教育论[M]．南京：江苏教育出版社，2011.

② 庞建萍，柳倩．学前儿童健康教育．[M]．上海：华东师范大学出版社，2011.

③ 麦少美．学前儿童健康教育活动指导[M]．上海：复旦大学出版社，2012.

表 7-1　儿童穿脱衣能力的评价

年龄	评价标准(1分)	评价标准(2分)	评价标准(3分)
3～4岁	孩子完全不会穿衣服,全由成人帮助	能穿脱衣服、开衫,但不会系纽扣、叠手帕,不会穿鞋袜	在成人帮助下,经常能按次序穿脱衣服、鞋袜;会穿开衫、扣大纽扣、叠手帕,知道衣服的前后
4～5岁	完全需要成人帮助,或者独立完成时不正确	能独立穿脱衣服、鞋袜,但需要成人帮助整理,速度较慢;被子叠得不太整齐	独立、有序穿脱衣服、鞋袜并整理好放在指定的地方,会叠被子、拉拉链、系纽扣
5～6岁	独立完成时不整齐、不正确或完全需要成人帮助	能有序、独立地穿脱衣服、鞋袜,会穿套衫、系鞋带、系小纽扣、系简单的蝴蝶结,但动作不够熟练,较慢	迅速、独立、有序地完成以上动作

同时,健康教育活动的复杂性又要求必须对健康教育活动总体情况进行考察,只有使单项评价与综合评价结合起来,才能全面协调学前儿童的健康教育。综合评价就是综合运用多种评价方法、运用多种指标进行评价,并综合分析健康教育各要素的协同作用和效果。在评价健康教育活动时,要综合进行过程评价、影响评价和终极评价;在评价某项健康教育活动的效果时要选择多种指标进行综合评价;在评价学前儿童健康教育总体功能时,必须在评价各要素功能的基础上,综合分析各要素功能之间的相互关系、相互作用的情况,在资料统计分析时则应该进行多因素分析;在评价儿童健康状况和影响因素时,应该在生理、心理和社会适应等方面进行综合评价。

(六)自我评价与他人评价相结合

自我评价是评价者根据一定的标准对自己进行评价。如教师对自己健康教育活动的设计、实施的评价和反思。他人评价是由被评价者之外的人进行评价,如卫生部门、教育部门的管理者对学前教育机构健康教育状况进行的评价,园长对教师进行的评价,以及家长对教师健康教育工作进行的评价。由于自评和他评各有优缺点,因此一般将自评和他评结合起来使用。

第二节　学前儿童健康教育评价的内容和方法

一、常用学前儿童健康的评价指标

(一)儿童健康知识—健康态度—健康行为状况

(1) 健康知识。围绕健康教学以及日常教育的内容对学前儿童进行口头测验。

(2) 健康态度。包括儿童对现实和周围的卫生、安全、营养、运动有关的健康问题所反

映的态度特征。

(3) 健康行为状况。包括儿童是否形成了自主的健康行为;儿童是否已经养成相对稳定、不需他人提示,在一定时间、地点、情境条件下自动做出的适当反应的健康行为习惯。这是健康教育过程中最重要的评价指标。

(二)儿童身体与运动发展情况

身体与运动发展情况涉及身体健康成长、动作发展、创造性运动能力等方面,见表 7-2。

表 7-2 儿童身体与动作评价指标

一级指标	二级指标	三级指标
身体生长	生长发育形态	身高、体重、胸围、头围、坐高、上臂围等
	生理功能	脉搏、血压、握力、肺活量、呼吸差
	疾病或缺陷	有无贫血、佝偻病、龋齿、斜视、弱视、脊柱弯曲等常见缺陷
动作发展	大肌肉动作	走;跑:自然跑;障碍跑; 跳:跳远、高处跳;跨栏;单脚站立 拍球:单手拍、左右手交替拍
	小肌肉动作	描线、剪、折纸、穿珠子
创造性动作	运动节奏	根据乐器节拍同步动作;根据固定或变化的音乐同步动作
	表现力	根据音乐做出不同的动作;用动作表现自我感受

1. 儿童身体健康生长

儿童身体生长主要指儿童在生理方面的发展状况。通常包括以下几个方面。

(1) 生长发育形态指标用以评价儿童生长发育的水平和速度。包括:身高、体重、围度(头围、胸围)、坐高等。

(2) 生理功能指标用以评价儿童身体各系统器官的生理功能。包括:血压、脉搏、肺活量、握力和呼吸差等。

(3) 疾病或缺陷,包括:有无贫血、佝偻病、龋齿、斜视、弱视、脊柱弯曲等常见缺陷等。

2. 儿童动作发展

儿童动作发展评价涉及两个方面:大肌肉动作和小肌肉动作。

大肌肉动作是以大肌肉群所组成的随意动作,常伴有强有力的大肌肉的收缩、全身运动神经的活动以及肌肉活动的能力消耗。儿童时期,比较常见的大肌肉动作有走、跑、跳跃、投、钻爬、踢球等。

小肌肉动作也称精细动作,是由小肌肉群组成的随意动作。儿童的小肌肉动作主要是手的动作,包括指尖动作、手指屈伸以及眼手协调。

3. 创造性运动能力

创造性运动强调培养儿童在运动中的创造性，主要关注运动的节奏和表现力。主要包括对节奏的敏感性、动作表现力、动作创意等方面。

（三）心理健康教育评价指标

心理健康教育指标包括：动作发展正常；认知发展正常；情绪健康；情绪反应适度；乐于交往，人际关系融洽；行为统一和协调；性格特征良好，没有严重的心理卫生问题。

（四）卫生保健工作状况

卫生保健工作状况包括对健康环境和健康服务的检查与评价。

二、常用学前儿童健康教育活动的评价指标①

常用的学前儿童健康教育活动的评价指标包括：学前儿童健康教育活动是否适应学前儿童的需要、兴趣、接受能力；学前儿童参与健康教育活动的程度等；学前儿童健康教育活动所选定的目标和各级分目标的合适程度，各级目标轻重缓急的顺序的合理程度；学前儿童健康教育活动的策略和实施措施是否正确和合理，是否适合教育对象以及其他各方面的客观情况。表 7-3 和表 7-4 列举了一些健康教育活动具体评价指标。

表 7-3　常用的学前儿童健康教育活动评价指标

评价项目	指 标 项 目
教师对儿童活动的安排	1. 让儿童使用玩具材料的时间占非餐点时间的比重 2. 伙伴可交往时间占非餐点时间的比重 3. 安静、纪律与等待时间占非餐点时间的比重 4. 无目的、无教师差异的自由活动时间占非餐点时间的比重
教师行为	1. 教师在一日活动中对儿童亲切温和与尊重儿童人格的态度与用语 2. 教师听儿童说、关注儿童情绪态度变化的频度 3. 教师对儿童积极肯定的评价频度 4. 教师参与儿童学与玩的频度 5. 教师面向每一个儿童的行为取向
儿童活动的积极性	1. 儿童在园的语言伴随频度 2. 儿童在园时的伙伴交往频度 3. 儿童在园的无所事事的行为频度

① 庞建萍，柳倩．学前儿童健康教育[M]．上海：华东师范大学出版社，2011.

表 7-4 儿童体育活动教育指标

评价项目	儿童体育活动评价指标
情感态度指标	1. 喜欢参加体育活动，爱好体育游戏，在活动中感到很愉快，会自发练习动作；喜欢当众表现自己的身体本领，并有克服困难的愿望和自信 2. 喜欢听、看体育比赛及体育明星的事，萌发爱祖国的感情，初步形成为国争光的意识 3. 喜欢参加幼儿园组织的各类体育活动，建立同伴间的合作意识，并能克服困难，坚持锻炼，有坚持锻炼的愿望和集体荣誉感
认知发展指标	1. 知道走、跑、跳、钻爬、攀登等动作都能锻炼身体，它能代表基本动作发展的情况，是身体健康的一个重要标志 2. 认识各种体育器械、设备的名称以及玩法、有粗浅的自我保护意识 3. 了解一些常见的体育活动的测试内容及规则
动作技能指标	1. 会协调地进行：走、跑、跳、钻爬等各种形式的基本动作，能完成不同类型的体育游戏、体育活动，并能遵守游戏规则 2. 有一定的自我管理及相应的帮助能力 3. 积极参与整理运动器械和用具，能在活动结束后，将物品器械放回原处

【延伸阅读】

《上海市学前教育纲要》关于儿童健康教育评价内容①

为了构建一个完整的、整体的、科学的学前教育体系，更好地促进教育改革与发展，2000 年上海市教育委员会颁布了《上海市学前教育纲要》。对幼儿园教育目标、内容、要求、组织与实施等，作了明确的规定。为了更好地落实纲要，使学前教育机构的教育更适合儿童发展，以促进儿童身心和谐发展，《上海市学前教育纲要指导用书》还提出了“幼儿发展评价指标体系”。这一幼儿发展评价指标体系分为身体、动作、认知、语言、情感和社会能力六个方面，共包括 15 项评价内容，每项评价内容又分为 3～4 个评价层次，这几个层次大致反映了幼儿随着年龄上升而发展的要求，见表 7-5。

表 7-5 幼儿发展评价指标体系（部分）

评价内容	内容层次
身体健康	1. 身高、体重、血色素达到《上海市儿童保健所条理》规定要求 2. 适应气候环境的变化，对疾病能配合预防和治疗，发病少 3. 充分活动，逐步养成运动的习惯
自理能力	1. 乐意接受日常清洁事项，在成人指导下会进餐等 2. 具有独立进餐、喝水、睡眠、盥洗等能力 3. 有整理自己物品的能力，有良好的生活自理习惯 4. 独立自信地做力所能及的事
适应集体	1. 初步集体生活 2. 习惯幼儿园生活 3. 喜欢幼儿园生活，体验到与同伴共处的愉快 4. 喜欢主动地参加各类集体活动，在不同场合不怕陌生人

① 上海市教委学前教育课程改革办公室编．上海市学前教育纲要指导用书[M]．上海：上海教育出版社，2000.

续表

评价内容	内容层次
规则意识	1. 初步遵守一日生活中的固定常规 2. 能遵守简单的规则 3. 遵守公共秩序和规则,能控制自己的行为 4. 在生活、学习、游戏中有初步的规则意识,会商量提出规则,共同遵守
合作意识	1. 愿意与同伴一起玩 2. 愿意与同伴合作,商量着玩,能共同使用材料与玩具 3. 会与别人合作完成一件事
运动能力	1. 会一些基本运动技能,避开障碍物 2. 会上下楼梯,对完善运动技能感兴趣 3. 喜欢运动,动作协调,会有节奏地做动作 4. 动作灵敏,有一定耐力,有初步的自我保护能力

三、学前儿童健康教育评价的内容

(一) 学前儿童健康教育活动评价

学前儿童健康教育活动评价分为几个方面的内容:对健康教育活动目标的评价,对健康教育活动的准备工作的评价,对健康教育活动实施过程、活动反思等的评价。

1. 对活动目标的评价

(1) 对活动目标定位的全面、适宜性进行评价

根据不同年龄和发展水平的儿童的需要、兴趣、接受能力,以及儿童参与健康教育活动的程度等,制定活动目标;目标应该全面,包括情感、态度、知识三个维度,同时做到重点突出,防止出现片面性,只重知识和技能,忽略情感、社会性。只有当儿童积极参与活动、充分体验学习乐趣,并在愉快的学习中获得发展的学前儿童健康教育课程才是好的课程。

(2) 对活动目标表述的评价

活动目标表述应该清晰、准确、具有可操作性,表述的行为主体应该一致。需要突出学前儿童的主体性。

(3) 对活动目标达成情况的评价

活动结束要分析制定的目标是否实现,在评价达成情况时应该考虑活动的及时效应和发展的潜在性问题。需要从长远角度考虑,从学前儿童的健康发展考虑。

2. 对活动准备工作的评价

(1) 活动材料的选择、投放以及利用

材料是活动的物质支柱,是学前儿童活动的工具。材料投放是否得当,对学前儿童的发展起着决定性的作用。

① 选择多样化的投放方式,注重材料投放的动态性。适宜的投放方式可以使材料发挥更大的作用,应根据本班幼儿的实际情况以及活动区的特点,选择适合的投放方式,可以

采用单一的投放方式，也可以多种投放方式相结合，如图 7-2 和图 7-3 所示。

图 7-2 投掷（单一投准）

图 7-3 投掷区（多样化）

② 注重材料投放的层次性。材料内容的深浅程度既要符合儿童的原有水平，又能促进在原有基础上的发展。材料不仅要注意幼儿的普遍兴趣需要和结合生活经验，还要兼顾到个体儿童发展的要求和愿望（见图 7-4 和图 7-5）。

③ 明确材料的作用，探索材料的多种玩法。材料的投放功能关系到材料投放的自主性游戏中会起什么作用以及儿童对此会产生什么反应，因此，每投放一种材料，应分析其特点，明确材料的作用，探索材料的多种玩法，从而在观察儿童对材料操作的基础上，及时指导儿童游戏，引发儿童对自主性游戏材料的持续兴趣。比如圈类材料，它可以增强儿童对圆形概念的认识，发展儿童控制手腕运动的能力，发展儿童走、跑、跳等能力，发展身体动作的灵活性和协调性等，可以设计多种玩法，比如摇呼啦圈，把圈连在一起，把圈当靶环等，如图 7-6 和图 7-7 所示。

图 7-4 不同难度（走平衡）

图 7-5 不同高度（高处往下跳跃）

图 7-6 靶环

图 7-7 跳圈

（2）知识经验的准备

教师应把握学前儿童的“最近发展区”，进行教学活动前必须了解儿童前期已经掌握了哪些与本活动相关的知识或技能，具备了哪些能力。如进行“袋鼠跳”体育游戏活动，就应该了解儿童是否已经掌握了双脚向前跳这个动作，并具备连续跳跃的能力，如图 7-8 和图 7-9 所示。

图 7-8 双腿跳跃

图 7-9 “袋鼠跳”

（3）活动内容

对学前儿童健康教育活动内容的评价是选择、开展的活动是否适合儿童的现有水平，是否符合儿童的现实多种需要，能否引起儿童的兴趣，对儿童是否具有发展性；能否调动儿童学习的积极性，能否兼顾群体需要和个体差异，同时考虑活动领域内容的整合，内容重点突出，活动安排具有层次性，活动量安排适当能促进每个儿童的健康成长。例如，在体育活动中，内容的趣味性、适宜的活动空间以及合理的运动规则，有助于孩子获得足够的活动，获得充分的锻炼。一般来说，衡量儿童体育活动的标准是大密度（60%～70%）、低强度，时间不能太长。

3. 对教育活动实施过程的评价

（1）活动的设计质量

评价教育活动设计是否考虑到儿童的经验水平和学习特点，教育活动设计是否考虑教育材料的可获得性，教育活动设计是否考虑到与整个幼儿园课程的整合。

（2）活动组织的方式、方法

教学方法、手段、形式的选择和适应，是否符合内容需要和儿童实际。例如，多媒体运用儿童思维的具体形象性特点，能够激发儿童的学习兴趣，尤其适合形象性，动态性教学内容的呈现。

（3）活动实施过程中组织、分工和协调情况

学前儿童健康教育活动的实施往往需要教师、保育员协作完成。随着利用家庭、社区和幼儿园资源进行立体式健康教育模式的倡导，健康教育活动实施中的组织、领导、分工和协调，成为学前儿童健康教育活动目标实施的重要保障。例如，幼儿园营养教育方面，邀请家长品尝幼儿园的配餐，了解幼儿园的膳食状况，同时向家长普及有关科学育儿的膳食知识，从而实现家园共同提供科学膳食、改善儿童营养状况的目标，如图 7-10 和图 7-11 所示。

图 7-10　家长参观幼儿园

图 7-11　幼儿园美食

4. 对活动反思的评价

活动反思是促进教师成长的最有效途径之一，也是教师专业成长的必经之路。主要对活动的设计、目标的定位、教育策略的运用、儿童学习状况、活动效果等方面进行内省和剖析，从而进行自我调控，以此促进教师教学能力的发展和专业水平的提高。

（1）对目标定位的反思

反思目标定位是否贴切、准确，首先要看目标定位是否以幼儿的生活经验为基础，再根据幼儿的学习效果来确定活动目标的高低程度，不管活动的目标是重结果还是重过程，但目标都必须是清晰的，可达成的，而且具有可操作性，能即时检测。

（2）对教学策略的反思

教学策略的运用是体现在整个教学过程中的，它包括教学方法、手段的运用，活动呈现的方式，教师的过程指导等，具体体现在以下儿方面。

① 反思教学环节的设计和进程。反思教学环节的设计，主要是回想预设的步骤是否科学，哪一个环节出现的形式时间上有问题，环节之间是否紧紧相连，层层递进，在教的过程中条理是否清晰，能否根据幼儿的表现及时调整。

② 反思教学细节的设计和处理。

- 反思活动的引题，是否吸引了儿童的注意力，有没有为了引题而引题，引题是否具有针对性。
- 反思提问的艺术，恰当的提问能引发幼儿积极的思维，把活动层层推入，反思哪些问题提得好，哪些问题提得不恰当。
- 反思教师的教学机智和临场应变能力。例如准备好的材料突然坏了，儿童的回答出乎意料，该如何应对。

③ 反思教具的准备和使用。反思教具的准备和使用，首先要审视所准备的教具是否都用到了，使用频率如何，教具对教学活动是否有帮助，有没有哪件教具因制作的问题，引起了幼儿的误解或给儿童的操作带来不便。

④ 反思师幼互动中教师的回应策略。教学过程是师幼对话、互动的过程。互动质量的高低直接影响教学效果，因此，组织活动结束后教师应及时反馈，对师幼双向的表现与活动的质量作辩证的分析，以帮助教师在日后备课、上课时能对“师”与“幼”的情况做更全面的把握。

【案例 7-1】

幼儿园教师健康体育活动反思——我和小皮球做游戏(小班)

活动选材

陈鹤琴先生说过“幼儿以游戏为生命,多游戏,多快乐”。本活动正是以游戏贯穿始终,在猜一猜、看一看、说一说、学一学、做一做等活动中,使幼儿感受并体验滚球乐趣。为了更好地发展幼儿手臂肌肉的力量,发展幼儿手眼协调能力。以游戏情节贯穿活动始终,增加了活动的情趣。同时,此阶段的孩子已经渐渐萌发了一定的规则意识,因而活动中提出了一定的规则要求。

过去发展基本动作,增强体质的单一价值观逐步转向以健身为主,全面育人价值观。因此,我希望在本次活动结束后,孩子们不仅要掌握滚接球的动作技能,还能够激发幼儿团结友爱的情感体验。

活动目标

基于以上对教材的分析,制定了本次活动的教学目标。

(1) 幼儿能主动探索球的各种玩法,练习持物滚球的技能。

(2) 能积极主动地参加体育活动,激发幼儿的创造意识。

活动效果

围绕活动目标,我将活动分成了三个部分,即导入部分,幼儿自由玩球部分,“我和球宝宝做游戏”高潮部分。层次十分清晰,一环扣一环。一开始我以“玩皮球大赛”的形式导入,立刻引起了孩子的兴趣,纷纷回答我说:“我是玩皮球大王。”

引出活动主题,紧接着让孩子们自由玩球,发挥他们的主动性和创造性。孩子们发现了很多与球一起玩的方法。之后又以引导幼儿利用各种辅助材料玩皮球,孩子们能用一些辅助材料玩球,兴致更加高涨。最后在结束部分还设计了“快乐滚球”环节,让孩子们进行持物滚球比赛,引起了活动的又一次高潮。兴趣是幼儿学习的内动力,好教师能调动幼儿主动学习的愿望,让幼儿产生强烈的求知欲。游戏增加了活动的情趣,幼儿活动积极性很高。活动结束后,孩子们还意犹未尽地说:“今天玩得真开心。”基本达到了活动目标。

活动中的不足之处

活动难点不突出。我提供的辅助材料过多,导致活动的时间比较长。我觉得游戏活动应该是很轻松的,所以没有限制孩子的场地,让他们自由围在老师身边。可忽略了在后面的孩子,他们可能看不到我。下次活动可考虑让孩子围成半圆,效果会更好。

【案例 7-2】

幼儿园教师健康体育活动反思——好玩的圈圈(大班)

《纲要》中要求:培养幼儿对体育活动的兴趣是幼儿园体育活动的重要目标,要根据幼儿的特点组织有趣、形式多样的体育活动吸引幼儿主动参与。活动一开始,孩子们就被欢快的音乐和彩色的圈圈吸引了,不起眼的圈圈在孩子们手里活了起来,活动室充满了孩子们的笑声。

活动中，我甘愿扮演一个弱者，遇到问题想不出方法，却调动起了孩子们教我玩圈圈的兴趣，激发了孩子们的探索欲望，将幼儿的发散性思维都发挥出来，孩子们创造出的方法都比较科学，比较有趣。在合作玩的过程中，孩子们自主地和其他的小伙伴交流，不仅锻炼了口头语言表达能力，更重要的是小组合作的成果也体现了出来。

我觉得此次活动的亮点是我设计的游戏环节："我们来闯关！"大班孩子的竞争、探索欲望相对来说都较强，设计这个环节不但让孩子充分动脑，更发挥了他们的合作精神，愿意与同伴友好相处，共同协作完成任务。在每一次闯关前设置"发现盒子里的游戏规则"项目，孩子们注意力都很集中，愿意认真倾听。

活动中，我认为还有几个地方需要深思。

(1) 孩子们自由玩圈圈时，我没有给孩子们规划好玩圈圈的场地，有些幼儿甚至跑到我设置的游戏区域去了！

(2) 孩子们在自由玩圈圈结束，给大家示范自己玩法的时候，我发现有两个孩子玩出了不同的方法：钻山洞，他们俩示范的同时，所有孩子都跃跃欲试，但我为了进行下一环节，而忽略了这点。

(3) 孩子们一直处于兴奋状态，如何适时地让他们缓一缓情绪？虽然我运用了一些方法，如：圈圈累了，想休息一下了；圈圈已经排好队了，你们排好队了吗？但是效果不是很好，孩子们的秩序还是比较乱！

(4) 我设计活动的时候是在每关前都准备好足够的圈圈，但因为幼儿园的圈圈数量有限，孩子们必须在每次闯关之后，取回上一关用过的圈圈，这时候孩子们就赶忙去抢圈圈了，完全不顾我的指挥，有的孩子甚至踩到我设置的障碍"小河"里。

（二）对学前儿童生长发育的评价

学前儿童身体生长发育是衡量幼儿园保育质量的一个重要指标，选择反映人体生长发育的基本测量指标，运用正确的测量方法，通过与正常发育标准数的分析比较，能够对学前儿童身体发育状况作出正确的评价，进而作为评价和改善幼儿园保育质量的重要指标。

1. 身体生长发育评价指标的测量方法

(1) 体重

体重是衡量幼儿体格生长发育、营养状况的重要指标。常用的体重计算公式有以下几种。

① 按体重增长的倍数来计算：已知出生体重，幼儿 6 个月时体重为出生体重的 2 倍左右；周岁约为 3 倍；两岁时约为 4 倍；3 岁时约为 4.6 倍。

② 按体重增长的速度来算：幼儿在最初 3 个月内，每周体重增加 180～200 克；3～6 个月每周增加 150～180 克；6～9 个月每周增加 90～120 克；9～12 个月每周增加 60～90 克。

③ 按公式推算

出生后头半年体重(克)＝出生时体重(克)＋月龄×700(克)

7～12个月体重(克)=6000(克)+月龄×250(克)

1～10岁体重(千克)=年龄(岁)×2+7(或8)

体重常用的测量工具为杠杆秤,最大载重不超过50千克,准确读数不超过50克。测量前先检查0点,即把游锤放在“0”刻度上,进行校秤。测量前幼儿先排完大小便,测量时受测男孩穿短裤,女孩穿背心及短裤。1岁以内婴儿采取躺位;1～3岁幼儿取坐位;3岁以上幼儿站立秤台中央,注意两手自然下垂,不接触其他物体。读数以千克为单位,记录到小数点后两位。

用体重评价儿童的营养状况时一般用两种方法:第一种按年龄的体重,按儿童年龄分组,用体重的均值作为标准,以均值±10%作为正常范围,见表7-6。

表7-6 儿童体重状况表

均　值	体重状况
>10%	超重
>20%以上	肥胖
<10%	轻度营养不良
<20%～40%	中度营养不良
<40%	重度营养不良

第二种按身(长)高的体重。根据世界卫生组织的标准,用不同数值的身高所应有的体重为基准,不分年龄和性别,用百分位数法列表,使用时按照儿童的身高值查出标准体重,如果所测儿童的体重位于第20百分位数到第80百分位数,说明该儿童的体重属于正常范围。

(2) 身(长)高

身长是人体站立时头顶到脚跟的垂直高度,常被用来表示全身生长的水平和速度。身高方面表现的个体差异,比体重所表现的更大。儿童身长方面的异常,要考虑内分泌激素和骨、软骨发育不全的影响。我国新生儿出生时平均身长为50厘米,身长增加的总体趋势和体重一致。第一年增加最快,平均25厘米;2岁前增加的速度逐渐减慢,第2年平均增加10厘米,2岁至青春期前为稳速生长。

与出生时的身长相比,1岁时的身长约为1.5倍;4岁时为2倍。2～10岁儿童的平均身高可按下面公式估算:

身长≈年龄×5+75(厘米)

3岁以下的儿童使用标准的量床测量身长,要求头板与量板垂直成直角。3岁以上的儿童可用身高计测量身高(站立时,颅顶点到脚跟的垂直高度)。测量前脱去鞋、袜、帽。使用身高计测量身高时,受测儿童采取立正姿势站立在身高计的底板上,上肢自然下垂,足跟并拢,足尖分开。足跟、骶骨部和肩胛肩间三点靠在身高尺上,躯干自然挺直,两眼平视前方,头部保持正直,测量者将滑测板轻压受测者头顶,测量者的眼睛与滑测板呈水平位。读数时以厘米为单位,至小数点后1位,如图7-12和图7-13所示。

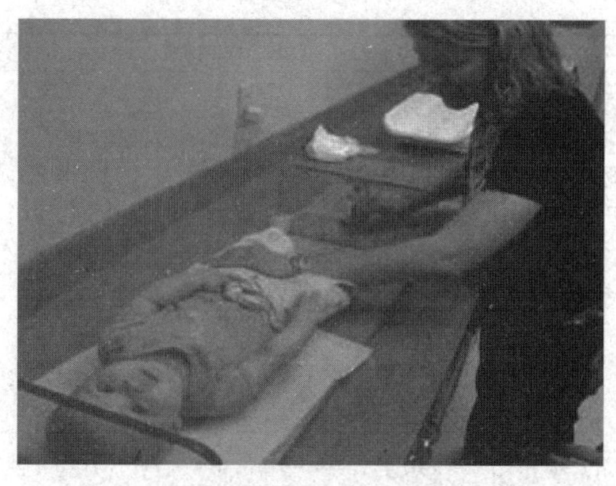

图 7-12　量床测量身高

图 7-13　身高计测量身高

图片来源：百度图片 http://image.baidu.com/.

我国卫生部规定，在评价儿童的体格发育时，采用“年龄别身长”、“年龄别体重”、“身长别体重”评价标准综合进行评价。“身长别体重”是相对于某一身长（高）来讲，应有的体重，身长（高）别体重更能反映儿童身材的匀称程度（见表 7-7）。

表 7-7　男童年龄别体重、身长（高）参考值

年龄	月份	体重（千克）			身长（厘米）		
		－2SD	中位数	＋2SD	－2SD	中位数	＋2SD
0	0	2.5	3.3	4.4	46.1	49.9	53.7
	1	3.4	4.5	5.8	50.8	54.7	58.6
	2	4.3	5.6	7.1	54.4	58.4	62.4
	3	5	6.4	8	57.3	61.4	65.5
	4	5.6	7	8.7	59.7	63.9	68
	5	6	7.5	9.3	61.7	65.9	70.1
	6	6.4	7.9	9.8	63.3	67.6	71.9
	7	6.7	8.3	10.3	64.8	69.2	73.5
	8	6.9	8.6	10.7	66.2	70.6	75
	9	7.1	8.9	11	67.5	72	76.5
	10	7.4	9.2	11.4	68.7	73.3	77.9
	11	7.6	9.4	11.7	69.9	74.5	79.2
1	0	7.7	9.6	12	71	75.7	80.5
	1	7.9	9.9	12.3	72.1	76.9	81.8
	2	8.1	10.1	12.6	73.1	78	83
	3	8.3	10.3	12.8	74.1	79.1	84.2
	4	8.4	10.5	13.1	75	80.2	85.4
	5	8.6	10.7	13.4	76	81.2	86.5
	6	8.8	10.9	13.7	76.9	82.3	87.7
	7	8.9	11.1	13.9	77.7	83.2	88.8
	8	9.1	11.3	14.2	78.6	84.2	89.8
	9	9.2	11.5	14.5	79.4	85.1	90.9
	10	9.4	11.8	14.7	80.2	86	91.9
	11	9.5	12	15	81	86.9	92.9

续表

年龄	月份	体重(千克)			身长(厘米)		
		－2SD	中位数	＋2SD	－2SD	中位数	＋2SD
2	0	9.7	12.2	15.3	81.7	87.8	93.9
	1	9.8	12.4	15.5	81.7	88	94.2
	2	10	12.5	15.8	82.5	88.8	95.2
	3	10.1	12.7	16.1	83.1	89.6	96.1
	4	10.2	12.9	16.3	83.8	90.4	97
	5	10.4	13.1	16.6	84.5	91.2	97.9
	6	10.5	13.3	16.9	85.1	91.9	98.7
	7	10.7	13.5	17.1	85.7	92.7	99.6
	8	10.8	13.7	17.4	86.4	93.4	100.4
	9	10.9	13.8	17.6	86.9	94.1	101.2
	10	11	14	17.8	87.5	94.8	102
	11	11.2	14.2	18.1	88.1	95.4	102.7
3	0	11.3	14.3	18.3	88.7	96.1	103.5
	1	11.4	14.5	18.6	89.2	96.7	104.2
	2	11.5	14.7	18.8	89.8	97.4	105
	3	11.6	14.8	19	90.3	98	105.7
	4	11.8	15	19.3	90.9	98.6	106.4
	5	11.9	15.2	19.5	91.4	99.2	107.1
	6	12	15.3	19.7	91.9	99.9	107.8
	7	12.1	15.5	20	92.4	100.4	108.5
	8	12.2	15.7	20.2	93	101	109.1
	9	12.4	15.8	20.5	93.5	101.6	109.8
	10	12.5	16	20.7	94	102.2	110.4
	11	12.6	16.2	20.9	94.4	102.8	111.1
4	0	12.7	16.3	21.2	94.9	103.3	111.7
	1	12.8	16.5	21.4	95.4	103.9	112.4
	2	12.9	16.7	21.7	95.9	104.4	113
	3	13.1	16.8	21.9	96.4	105	113.6
	4	13.2	17	22.2	96.9	105.6	114.2
	5	13.3	17.2	22.4	97.4	106.1	114.9
	6	13.4	17.3	22.7	97.8	106.7	115.5
	7	13.5	17.5	22.9	98.3	107.2	116.1
	8	13.6	17.7	23.2	98.8	107.8	116.7
	9	13.7	17.8	23.4	99.3	108.3	117.4
	10	13.8	18	23.7	99.7	108.9	118
	11	14	18.2	23.9	100.2	109.4	118.6
5	0	14.1	18.3	24.2	100.7	110	119.2
	1	14.4	18.5	24.2	101.1	110.3	119.4
	2	14.5	18.7	24.4	101.6	110.8	120
	3	14.6	18.9	24.7	102	111.3	120.6
	4	14.8	19	24.9	102.5	111.9	121.2
	5	14.9	19.2	25.2	103	112.4	121.8

续表

年龄	月份	体重(千克)			身长(厘米)		
		－2SD	中位数	＋2SD	－2SD	中位数	＋2SD
5	6	15	19.4	25.5	103.4	112.9	122.4
	7	15.2	19.6	25.7	103.9	113.4	123
	8	15.3	19.8	26	104.3	113.9	123.6
	9	15.4	19.9	26.3	104.8	114.5	124.1
	10	15.6	20.1	26.6	105.2	115	124.7
	11	15.7	20.3	26.8	105.7	115.5	125.2
6	0	15.9	20.5	27.1	106.1	116	125.8
	1	16	20.7	27.4	106.5	116.4	126.4
	2	16.2	20.9	27.7	107	116.9	126.9
	3	16.3	21.1	28	107.4	117.4	127.5
	4	16.5	21.3	28.3	107.8	117.9	128
	5	16.6	21.5	28.6	108.2	118.4	128.5
	6	16.8	21.7	28.9	108.7	118.9	129.1
	7	16.9	21.9	29.2	109.1	119.4	129.6
	8	17.1	22.1	29.5	109.5	119.8	130.2
	9	17.2	22.3	29.8	109.9	120.3	130.7
	10	17.4	22.5	30.1	110.3	120.8	131.2
	11	17.5	22.7	30.4	110.8	121.3	131.8

注:表中三组数字:－2SD 为最低限,＋2SD 最高限,最低限与最高限之间为正常范围。

资料来源:《7 岁以下儿童体重和身高评价标准手册》。

对营养不良的评价:评价儿童是否为营养不良,应采用“身长别体重”和“年龄别身长”综合衡量,见表 7-8。

表 7-8 营养不良评价表

年龄别身长	身长别体重	
	正常	低于正常
正常	正常	消瘦
低于正常	发育迟缓	严重慢性营养不良

如表所见,单纯年龄别身长低于正常者叫发育迟缓;单纯身长别体重低于正常者叫做消瘦。如果年龄别身长和身长别体重均低于正常,则为严重慢性营养不良。

(3) 坐高(顶臀长)

坐高是坐位时从颅顶点至臀部接触底座平面的垂直高度,可表示躯干的生长情况,与身高比较时可以说明下肢与躯干的比例关系。

3 岁以下儿童应卧位测量顶臀长。婴幼儿平卧于量板上,使之身体伸直、两腿并拢,用两手将儿童头贴紧固定于正中位置。测量者左手将儿童两脚提起,使小腿与大腿成直角,右手将活动板贴住臀部。

3 岁以上儿童坐位测量,称坐高。受测儿童坐于高度相宜的矮凳上,先令其身躯前倾,骶部紧贴至尺或墙壁,然后坐直,且两腿靠拢,两脚平放在地位,足尖向前。读数以厘米为单位,至小数点后 1 位,(见图 7-14)。

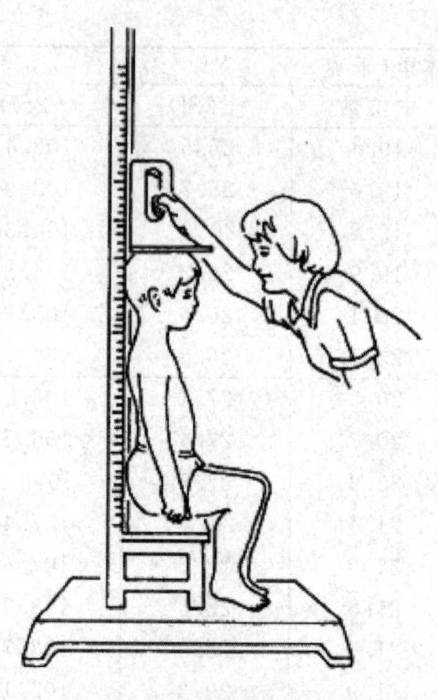

图 7-14　测量坐位高

(4) 头围

头围能反映颅和脑的大小以及发育情况，是判断大脑发育障碍，如脑积水、头小畸形等的主要诊断依据。儿童出生时，头围已达到成人头围的 65%左右，10 岁时则达到成人头围的 95%以上。新生儿头围平均值为 34 厘米；1 周岁时为 45 厘米；2 周岁时为 47 厘米；3～4 岁共增长 1.5 厘米，以后增长更少，所以对头围的检测在出生后 2 年尤为重要。

测量头围方法：测量者面对儿童，将布卷尺的始端固定于眉间最突出点，然后环绕头围，经过枕骨粗隆，再向眉间围拢，卷尺在头两侧的水平要一致，读数准确至 0.1 厘米（见图 7-15）。

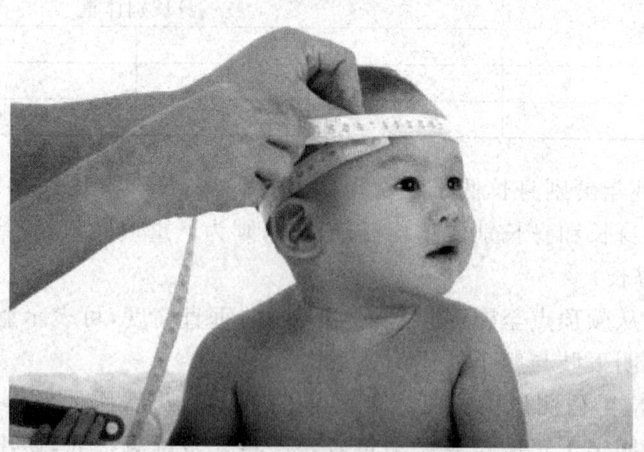

图 7-15　测量头围

图片来源：百度图片 . http://image. baidu. com.

(5) 胸围

胸围表示胸廓的容积以及胸部骨骼、胸肌、背肌的发育和脂肪层的蓄积状态的重要指标，一定程度上反映身体形态、呼吸器官的发育情况，以及体育运动的效果。新生婴儿胸围为 32 厘米左右；儿童的平均胸围在出生后的第一年增加 12 厘米，速度最快；第二年增加 3 厘米；以后每年约增加 1 厘米。

测量胸围方法：3 岁以下儿童取卧位；3 岁以上取立位，均不取坐位。要让儿童的呼吸处于平静状态下再测量胸围。在取立位测量时，受测者自然站立，两脚分开与肩同宽，双肩放松，两上肢自然下垂。测试者面对受测者，将带尺上缘经背部肩胛下角下缘至胸前，带尺下缘经过乳头上缘。读数以厘米为单位，至小数点后一位，见图 7-16。

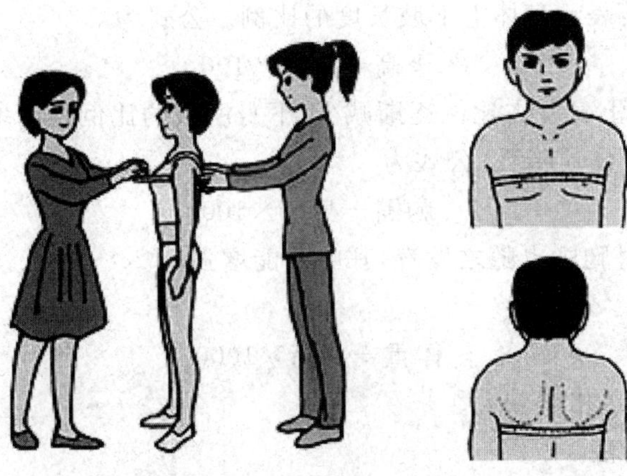

图 7-16 测量胸围

图片来源：百度图片．http://image.baidu.com.

(6) 视力

对于 3 岁以下儿童的视力可用客观观察的方法粗略地测知(见表 7-9)。3 岁以上儿童能配合做一定的视力检查，可用辨认形象的儿童视力表来测查。

表 7-9 3 岁以下儿童视力观察表

新生儿	出生后数小时即有光觉；对强光有闭眼反应，瞳孔遇光先缩小，过 2、3 秒后散大；有不协调目的的眼球运动；生后半个月，以手电光从半米处移动，有保护性瞬目反射
2 个月	眼可追随人或手，很容易引起辐辏反应
4 个月	能看自己的手，有时用手去触摸物体
6 个月	哺乳时，小儿双眼盯住母亲的脸；眼球运动协调，不再有生理性斜视
8 个月	可伸手去抓他想要的东西，有稳定的固视
1 岁	能拣出细的线
2 岁	对飞机、飞鸟以及电视有较强的兴趣，走路时能躲开障碍物

稍大的儿童，可对其进行视力检查。采用国际标准视力表制成的灯箱，见表 7-10。

表 7-10 学前儿童正常视力参考标准①

	年龄(岁)	标准
学前儿童	3	0.8
	4	1.0
	5	1.2

① 姚芳蔚．儿童眼病防治[M]．上海：上海文艺出版社，1996.

2. 身体生长发育的评价方法

儿童身体生长发育的评价应包括发育水平、发育速度以及发育匀称程度几个方面，需要建立多种评价方法。

(1) 身体指数评价法

身体指数评价法是根据人体各部位之间的比例关系，用数学公式将几项有关身体发育的指标联系起来，以了解儿童生长发育状况的一种方法。

① 身高坐高指数：表示身体上下肢长度的比例。公式为

$$坐高 \div 身高 \times 100$$

随着年龄的增加，上身所占比例逐渐减少，下身所占的比例逐渐增加。

② 身高胸围指数：体质指数，公式为

$$胸围 \div 身高 \times 100$$

当儿童身高增加时胸廓也随之发育，呼吸功能增强。

③ 身高体重指数。公式为

$$体重 \div 身高 \times 1000$$

指数越大，说明体重相对较大。

(2) 发育离差评价法

发育等级离差评价法是最常用的离差评价法之一，以均值($\bar{X}$)为基准，以标准差(S)为离散距，制成生长发育评价标准。评价时将个体各项发育指标的实测数值与当地发育标准中同年龄、同性别相应指标的均值作比较，将其差数除以标准差，以获得超过或低于均值的标准差数，然后再评定其的等级。国内常用五等级评价标准(见表 7-11)。

表 7-11　五等级评价标准表①

标　准	等级	营养评估
$\bar{X}+2S$ 以上	上等	正常
$\bar{X}+S$ 到 $\bar{X}+2S$	中上等	正常
$\bar{X}+S$ 到 $\bar{X}-S$	中等	正常
$\bar{X}-S$ 到 $\bar{X}-S$	中下等	正常/轻度营养不良
$\bar{X}-2S$ 以下	下等	可能营养不良

发育等级离差评定法可以评价以班为单位的集体儿童发育状况。例如，可先将一个班级的实测数值和该地区发育标准作对比，评定出每个儿童各项指数的发育等级，然后统计每项指标中各发育等级的人数和占集体总数的百分比，从而看出不同发育水平的比例，这对评价集体儿童的营养水平、健康和发育状况有一定的价值。

(3) 发育年龄评价法

发育年龄评价法是指用身体某些发育指标的水平制成标准年龄，来评价儿童身体发育

---

① 刘湘云．儿童保健学[M]．南京：江苏科学技术出版社，1999．

状况的方法，由于个体儿童之间在成熟类型和生长类型上存在个体差异，儿童的实际年龄不能准确地反映生长发育的程度，而形态年龄（如身高年龄、体重年龄等）、牙齿年龄和骨骼年龄等各种发育年龄，都可被用来评价儿童生长发育的状况。

【延伸阅读】

学前儿童消瘦问题的健康教育

① 定期健康检查（体格生长发育指标）：发现部分儿童存在肥胖问题。

② 诊断分析：将健康检查结果及其评估告知家长，共同寻找原因所在。如摄入过多的高脂肪，高热量食物，运动较少或疾病所致等。如果通过营养调查分析，发现主要是营养过剩，可以进一步调查家庭膳食，寻找引起营养过剩的原因。

③ 健康教育：向健康宣传营养科学知识，可以让儿童和家长一起讨论，帮助家长制定出合理食谱，并且引导儿童建立良好的饮食习惯。

④ 评估结果：3个月左右，通过体格生长发育指标的测量、评估，复查健康教育和干预效果。如果没有效果，需进一步找原因，并解决可能存在的问题。

（4）发育百分位数评价法

发育百分位数评价法是以某种发育指标的第50百分位数为基准值，以其余百分位数为离散距，制成生长发育标准，对个体或集体儿童的发育水平进行评价的一种方法。通常以3、10、25、50、75、90、97等几个百分数值划分发育等级。

（5）相关回归评价法

相关回归评价法是以离差法为基础的利用相关系数和相关回归表评价个体生长发育的方法。例如，儿童身高的增长，主要由骨骼生长所引起，但同时肌肉和其他组织也在增加，体重也会有相应的增加，因而可以用回归分析方法研究相互关系。可以反映个体的发育水平。

（三）对教师的评价

依据教育部教师工作司颁布的《幼儿园教师专业标准》（以下简称《专业标准》）对教师的评价主要从幼儿园教师的专业理念与师德、专业知识、专业能力三个方面进行。因此，健康教育活动对教师的评价，主要从教师的健康教育专业理念、健康教育专业知识、健康教育活动方面的专业能力等方面进行评价。

1. 健康教育专业理念与师德

专业理念与师德在幼儿园教师的专业素养中处于核心地位，包含四个领域——对职业的理解与认识、对幼儿的态度与行为，幼儿保育与教育的态度与行为、个人修养与行为等。①那么在健康教育活动中，也主要是从这几个方面来进行评价。

① 教育部教师工作司．幼儿园教师专业标准解读[M]．北京：北京师范大学出版社，2013.

2. 健康教育专业知识

《专业标准》指出，幼儿园教师的专业知识分为："幼儿发展知识"、"幼儿保育和教育知识"、"通识性知识"三个部分。

教师必须具备的幼儿发展知识可以归纳为四个方面：幼儿身心发展的一般规律、发展的年龄特征与个体差异、发展中的常见问题和有关儿童生存发展权利的法律法规。①

幼儿保育和教育知识方面，要求教师掌握幼儿健康教育的基本原理，比如健康教育的目标、内容、途径、方法、策略等基本知识。

通识性知识与幼儿园的健康教育活动有着密不可分的联系，常常能成为教师的"教学内容知识"。

3. 组织健康教育活动的专业能力

《专业标准》中幼儿园教师的专业能力部分是按照教师的主要职责和基本工资内容架构的，具体包括：环境的创设与利用、一日生活的组织与保育、游戏活动的支持与引导、教育活动的计划与实施、激励与评价、沟通与合作、反思与发展七个方面。其中，前六项是教师实施保育教育的能力，第七项是教师自我发展的能力。②

四、学前儿童健康教育的评价方法

学前儿童健康教育评价的方法有很多，一般要根据评价的任务和要求、实际需要选择适宜的评价方法。

（一）调查法

调查法是指评价者通过查阅、问卷、访谈等手段，有目的、有计划地搜集反映调查者实际情况健康态度和健康行为的方法。调查法常用的主要有资料调查、问卷、访谈等几种形式。

1. 资料调查

资料调查是一种查阅、整理有关评价对象已有的资料来了解事实的方法。如查阅儿童体重、身高生长标准值资料；近几年所在幼儿园儿童的身体形态统计数据资料（见表 7-12）。

表 7-12　0～7 岁儿童体重、身高的生长标准值

年龄	男						女					
	体重（千克）			身高（厘米）			体重（千克）			身高（厘米）		
	3th	50th	97th	3th	50th	97th	3th	50th	97th	3th	50th	97th
出生	2.62	3.32	4.12	47.1	50.4	53.8	2.57	3.21	4.04	46.6	49.7	53.0
3 个月	5.37	6.70	8.29	57.7	62.0	66.3	4.96	6.13	7.62	56.5	60.6	64.9

①② 教育部教师工作司．幼儿园教师专业标准解读[M]．北京：北京师范大学出版社，2013.

续表

年龄	男						女					
	体重(千克)			身高(厘米)			体重(千克)			身高(厘米)		
	3th	50th	97th	3th	50th	97th	3th	50th	97th	3th	50th	97th
6个月	6.80	8.41	10.37	64.0	68.4	73.0	6.34	7.77	9.59	62.5	66.8	71.2
9个月	7.56	9.33	11.49	67.9	72.6	77.5	7.11	8.69	10.71	66.4	71.0	75.9
12个月	8.16	10.05	12.37	71.5	76.5	81.8	7.70	9.40	11.57	70.0	75.0	80.2
15个月	8.68	10.68	13.15	74.4	79.8	85.4	8.22	10.02	12.33	73.2	78.5	84.0
18个月	9.19	11.29	13.90	76.9	82.7	88.7	8.73	10.65	13.11	76.0	81.5	87.4
21个月	9.71	11.93	14.70	79.5	85.6	92.0	9.26	11.30	13.93	78.5	84.4	90.7
2.0岁	10.22	12.54	15.46	82.1	88.5	95.3	9.76	11.92	14.71	80.9	87.2	93.9
2.5岁	11.11	13.64	16.83	86.4	93.3	100.5	10.65	13.05	16.16	85.2	92.1	99.3
3.0岁	11.94	14.65	18.12	89.7	96.8	104.1	11.50	14.13	17.55	88.6	95.6	102.9
3.5岁	12.73	15.63	19.38	93.4	100.6	108.1	12.32	15.16	18.89	92.4	99.4	106.8
4.0岁	13.52	16.64	20.71	96.7	104.1	111.8	13.10	16.17	20.24	95.8	103.1	110.6
4.5岁	14.37	17.75	22.24	100.0	107.7	115.7	13.89	17.22	21.67	99.2	106.7	114.7
5.0岁	15.26	18.98	24.00	103.3	111.3	119.6	14.64	18.26	23.14	102.3	110.2	118.4
5.5岁	16.09	20.18	25.81	106.4	114.7	123.3	15.39	19.33	24.72	105.4	113.5	122.0
6.0岁	16.80	21.26	27.55	109.1	117.7	126.6	16.10	20.37	26.30	108.1	116.6	125.4
6.5岁	17.53	22.45	29.57	111.7	120.7	129.9	16.80	21.44	27.96	110.6	119.4	128.6
7.0岁	18.48	24.06	32.41	114.6	124.0	133.7	17.58	22.64	29.89	113.3	122.5	132.1

资料来源:中国7岁以下儿童生长发育参照标准．首都儿科研究所生长发育研究室．

2. 问卷调查法

问卷调查是一种通过书面提问来获取信息资料的方法。问卷题目的形式主要有封闭式和开放式两种。李克特量表是一种带有顺序测量量度数字的量表,即首先要有一组与题目相符合的答案,比如"很好、好、一般、不好、很不好"。在一组答案中选择一个答案,每个答案对应一个数字点,比如5、4、3、2、1。总计结果时,要求将同一问题或主题的所有题目的得分总计起来。

还可以采用按重要程度排序,以"是"或"否"的选择方式设计封闭型问卷题目。开放型题目是指只提出问题不提供问题答案,由答卷人自由回答的形式。

幼儿健康发展评价问卷

一、健康方面

(一)良好营养

1. 孩子今年比去年长高多少?

(1) 没有长　　(2) 长了1寸

(3) 长了1寸半左右　　(4) 长了2寸以上

2. 孩子今年比去年体重增加了多少?

(1) 没有长　　(2) 长了1斤左右

(3) 长了 2～3 斤　　　　(4) 长了 4～5 斤以上，8 斤以下

3. 孩子的血色素是多少？

(1) 10 克以下　　　　(2) 10～11 克

(3) 12 克以上

4. 孩子体内的维生素 A、钙、锌、碘等微量元素正常吗？

(1) 严重缺乏　　　　(2) 中度不足

(3) 轻度不足　　　　(4) 正常

5. 孩子是不是经常吃零食？

(1) 经常吃零食，不好好吃饭

(2) 吃零食，但没规律，有时就会妨碍吃饭

(3) 偶尔吃零食，但有规律，一般不妨碍吃饭

(二) 个人及环境卫生习惯

6. 孩子是不是每天早晚洗脸(在用水便利地区)？

(1) 经常不洗　　　　(2) 隔天洗一次

(3) 每天早晨洗　　　　(4) 每天早晚洗

7. 平时孩子指甲的卫生情况

(1) 比手指尖长，且有泥

(2) 比手指尖长，但洗干净

(3) 和手指尖一样长，洗干净

8. 孩子吃东西前、大小便后洗手吗？

(1) 偶尔洗

(2) 吃东西前洗，大小便后不洗

(3) 吃东西前、大小便后都洗

9. 孩子喝什么水？

(1) 直接喝河水，喝非饮用水缸里的水

(2) 直接喝安全、卫生的井水

(3) 喝白开水

10. 孩子生吃瓜果、蔬菜时是洗干净后再吃吗？

(1) 拿来就吃　　　　(2) 用手巾擦擦就吃

(3) 用水冲冲就吃　　　　(4) 用水洗干净再吃

11. 孩子在家(幼儿园)里大小便时会到什么地方去？

(1) 随地大小便

(2) 不到厕所，也不到痰盂，但会找一个固定的地方

(3) 到厕所，或在痰盂里

12. 孩子在家(幼儿园)里把垃圾、废物扔在哪儿？

(1) 随处乱扔

(2) 扔在门背后、地上或床下、桌子下

(3) 扔在簸箕、垃圾堆里

（三）安全意识

13. 孩子随便尝家里瓶子、罐子里的东西吗？

（1）没经家长同意就会随便尝

（2）会告诉家长一声，有时家长没有同意，也忍不住要去尝

（3）家长不同意，就不会随便尝

14. 孩子会正确使用刀、剪刀、钳子等生活用具和劳动工具吗？

（1）不会　　（2）有的会

（3）会

15. 孩子随便动、摸电源插座、电线吗？

（1）经常随便动

（2）会告诉大人一声，但大人不同意，有时候也会去动

（3）很少随便动

16. 孩子和同伴走在马路上是什么表现？

（1）经常横穿马路

（2）在马路边打闹

（3）沿着马路边走，从不追跑打闹

17. 孩子不和家长（老师）说一声就随便跟别人到很远的地方去玩吗？

（1）会

（2）和老师或家长说一声，但不管大人是否同意，就跟别人走

（3）和大人说一声，大人不同意，就不会跟着别人走

（四）健康体质及身体锻炼

18. 孩子隔多长时间生一次病？

（1）隔1月　　（2）隔2～3个月

（3）隔3～5个月　　（4）隔半年以上

19. 孩子喜欢在户外跑、跳、爬高等体育活动吗？

（1）不喜欢，总是安静地站着、坐着，远达不到同龄孩子的活动量

（2）看不出来，平静地做教师、家长鼓励他做的活动，活动量比同龄孩子差些

（3）喜欢，总是积极地活动，活动量和同龄孩子一样，甚至更大

3. 访谈调查

访谈是指为收集评价信息与评价对象或相关人员进行的面对面的谈话，是一种直接收集评价信息的方法。比如通过与家长、幼儿、教师或其他相关人士的面谈，获得儿童是否已经形成某些健康行为的信息。

【案例7-4】

幼儿安全教育评估

旨在了解幼儿安全知识与技能掌握情况，请幼儿回答。

（1）发生火灾时，应该拨打哪个电话报警？小朋友可以参加火灾抢险吗？

(2) 如果你在一栋大楼里，大楼失火了，你选择坐电梯还是走楼梯快速向下跑？为什么？

(3) 未经爸爸妈妈同意，能吃陌生人的东西吗？

(4) 未经爸爸妈妈同意，能跟着陌生人走远吗？

(5) 如果你和爸爸妈妈在商场里走散了，你应该找谁帮助？

(二) 测验法

测验法是通过编制一些试题或设置特定的情境，从测验对象那里获取资料数据的方法。比如常用的测验方法有用中国儿童发展测验量表来测验。包含了四大类，共计 16 个儿童测验项目，其中包括儿童健康教育的身体素质和动作技能内容；为了解儿童的学习发展能力，采用“儿童感觉统合能力发展评定量表”测量。

儿童感觉统合能力发展评定量表

儿童感觉统合能力发展评定量表由父母填写，各条目按程度不同(从不这样、很少这样、有时候、常常如此、总是如此)进行分级评定(分别记为 5 分、4 分、3 分、2 分、1 分)，结果判断时根据儿童的年龄将原始分换算成标准分进行评定。(凡标准分≤40 分者说明存在感觉统合失调现象。一般来说，标准分在 30～40 分为轻度；20～30 分为中度，20 分以下为重度。)

1. 特别爱玩旋转的凳椅或游乐设施，而不会晕。

A. 从不这样　B. 很少这样　C. 有时候　D. 常常如此　E. 总是如此

2. 喜欢旋转或绕圈子跑，而不晕不累。

A. 从不这样　B. 很少这样　C. 有时候　D. 常常如此　E. 总是如此

3. 虽看到了仍常碰撞桌椅、旁人、柱子、门墙。

A. 从不这样　B. 很少这样　C. 有时候　D. 常常如此　E. 总是如此

4. 行动、吃饭、敲鼓、画画时双手协调不良，常忘了另一边。

A. 从不这样　B. 很少这样　C. 有时候　D. 常常如此　E. 总是如此

5. 手脚笨拙、容易跌倒、拉他时仍显得笨重。

A. 从不这样　B. 很少这样　C. 有时候　D. 常常如此　E. 总是如此

6. 俯卧地板或床上，头、颈、胸无法抬高。

A. 从不这样　B. 很少这样　C. 有时候　D. 常常如此　E. 总是如此

7. 爬上爬下、跑进跑出，不听劝阻。

A. 从不这样　B. 很少这样　C. 有时候　D. 常常如此　E. 总是如此

8. 不安地乱动，东摸西扯，不听劝阻，处罚无效。

A. 从不这样　B. 很少这样　C. 有时候　D. 常常如此　E. 总是如此

9. 喜欢惹人、捣蛋、恶作剧。

A. 从不这样　B. 很少这样　C. 有时候　D. 常常如此　E. 总是如此

10. 经常自言自语，重复别人的话，并且喜欢背诵广告语言。

A. 从不这样　B. 很少这样　C. 有时候　D. 常常如此　E. 总是如此

11. 表面左撇子，其实左右手都用，而且无固定使用哪只手。

A. 从不这样　B. 很少这样　C. 有时候　D. 常常如此　E. 总是如此

12. 分不清左右方向，鞋子衣服常常穿反。

A. 从不这样　B. 很少这样　C. 有时候　D. 常常如此　E. 总是如此

13. 对陌生地方的电梯或楼梯，不敢坐或动作缓慢。

A. 从不这样　B. 很少这样　C. 有时候　D. 常常如此　E. 总是如此

14. 自制力不佳，经常弄乱东西，不喜欢整理自己的环境。

A. 从不这样　B. 很少这样　C. 有时候　D. 常常如此　E. 总是如此

15. 对亲人特别暴躁，强词夺理，到陌生环境则害怕。

A. 从不这样　B. 很少这样　C. 有时候　D. 常常如此　E. 总是如此

16. 害怕到新场合，常常不久便要求离开。

A. 从不这样　B. 很少这样　C. 有时候　D. 常常如此　E. 总是如此

17. 偏食、挑食，不吃青菜等。

A. 从不这样　B. 很少这样　C. 有时候　D. 常常如此　E. 总是如此

18. 害羞，不安，喜欢孤独，不爱和别人玩。

A. 从不这样　B. 很少这样　C. 有时候　D. 常常如此　E. 总是如此

19. 容易黏妈妈或固定某人，不喜欢陌生环境，喜欢被搂抱。

A. 从不这样　B. 很少这样　C. 有时候　D. 常常如此　E. 总是如此

20. 看电视或听故事，容易大受感动，大叫或大笑，害怕恐怖镜头。

A. 从不这样　B. 很少这样　C. 有时候　D. 常常如此　E. 总是如此

21. 严重怕黑，不喜欢在空屋子，到处要人陪。

A. 从不这样　B. 很少这样　C. 有时候　D. 常常如此　E. 总是如此

22. 早上懒床晚上睡不着，上学时常拒绝到学校，放学后又不想回家。

A. 从不这样　B. 很少这样　C. 有时候　D. 常常如此　E. 总是如此

23. 容易生小病，生病后便不想上学，常常没有原因拒绝上学。

A. 从不这样　B. 很少这样　C. 有时候　D. 常常如此　E. 总是如此

24. 常吸吮手指或咬指甲，不喜欢别人帮忙剪指甲。

A. 从不这样　B. 很少这样　C. 有时候　D. 常常如此　E. 总是如此

25. 换床睡不着，不能换被子或换睡衣，出外常担心睡眠问题。

A. 从不这样　B. 很少这样　C. 有时候　D. 常常如此　E. 总是如此

26. 独占性强，别人碰他的东西，常会无缘无故发脾气。

A. 从不这样　B. 很少这样　C. 有时候　D. 常常如此　E. 总是如此

27. 不喜欢和别人谈天，不喜欢和别人玩碰触游戏，视洗脸和洗澡为痛苦。

A. 从不这样　B. 很少这样　C. 有时候　D. 常常如此　E. 总是如此

28. 过分保护自己的东西，尤其讨厌别人由后面接近他。

A. 从不这样　B. 很少这样　C. 有时候　D. 常常如此　E. 总是如此

29. 怕玩沙土，有洁癖倾向。

A. 从不这样　B. 很少这样　C. 有时候　D. 常常如此　E. 总是如此

30. 不喜欢直接视觉接触，必须用手来表达其需要。

A. 从不这样　B. 很少这样　C. 有时候　D. 常常如此　E. 总是如此

31. 对危险和疼痛反应迟钝或反应过于激烈。

A. 从不这样　B. 很少这样　C. 有时候　D. 常常如此　E. 总是如此

32. 听而不见，过分安静，表情冷漠又无故嬉笑。

A. 从不这样　B. 很少这样　C. 有时候　D. 常常如此　E. 总是如此

33. 过度安静或坚持奇怪玩法。

A. 从不这样　B. 很少这样　C. 有时候　D. 常常如此　E. 总是如此

34. 喜欢咬人，并且常咬固定的友伴，并无故碰坏东西。

A. 从不这样　B. 很少这样　C. 有时候　D. 常常如此　E. 总是如此

35. 内向，软弱，爱哭又常会触摸生殖器官。

A. 从不这样　B. 很少这样　C. 有时候　D. 常常如此　E. 总是如此

36. 穿脱衣裤、扣纽扣、拉拉链、系鞋带动作缓慢，笨拙。

A. 从不这样　B. 很少这样　C. 有时候　D. 常常如此　E. 总是如此

37. 玩固，偏执，不合群，孤僻。

A. 从不这样　B. 很少这样　C. 有时候　D. 常常如此　E. 总是如此

38. 吃饭时常掉饭粒，口水控制不住。

A. 从不这样　B. 很少这样　C. 有时候　D. 常常如此　E. 总是如此

39. 语言不清，发音不佳，语言能力发展缓慢。

A. 从不这样　B. 很少这样　C. 有时候　D. 常常如此　E. 总是如此

40. 懒惰，行动慢，做事没有效率。

A. 从不这样　B. 很少这样　C. 有时候　D. 常常如此　E. 总是如此

41. 不喜欢翻跟头，打滚，爬高。

A. 从不这样　B. 很少这样　C. 有时候　D. 常常如此　E. 总是如此

42. 上幼儿园，仍不会洗手、擦脸、剪纸及自己擦屁股。

A. 从不这样　B. 很少这样　C. 有时候　D. 常常如此　E. 总是如此

43. 上幼儿园(大、中班)仍无法用筷子，不会拿笔，攀爬或荡秋千。

A. 从不这样　B. 很少这样　C. 有时候　D. 常常如此　E. 总是如此

44. 对小伤特别敏感，依赖他人过度照料。

A. 从不这样　B. 很少这样　C. 有时候　D. 常常如此　E. 总是如此

45. 不善于玩积木、组合东西、排队、投球。

A. 从不这样　B. 很少这样　C. 有时候　D. 常常如此　E. 总是如此

46. 怕爬高，拒走平衡木。

A. 从不这样　B. 很少这样　C. 有时候　D. 常常如此　E. 总是如此

47. 到新的陌生环境很容易迷失方向。

A. 从不这样　B. 很少这样　C. 有时候　D. 常常如此　E. 总是如此

48. 看来有正常智慧，但学习阅读或做算术特别困难。

A. 从不这样　B. 很少这样　C. 有时候　D. 常常如此　E. 总是如此

49. 阅读常跳字。抄写常漏字，漏行，写字笔画常颠倒。

A. 从不这样　B. 很少这样　C. 有时候　D. 常常如此　E. 总是如此

50. 不专心,坐不住,上课常左右看。

A. 从不这样　B. 很少这样　C. 有时候　D. 常常如此　E. 总是如此

51. 用蜡笔着色或用笔写字都做不好,写字慢而且常超出格子外。

A. 从不这样　B. 很少这样　C. 有时候　D. 常常如此　E. 总是如此

52. 看书容易眼酸,特别害怕数学。

A. 从不这样　B. 很少这样　C. 有时候　D. 常常如此　E. 总是如此

53. 认字能力虽好,却不知其意义,而且无法组成较长的语句。

A. 从不这样　B. 很少这样　C. 有时候　D. 常常如此　E. 总是如此

54. 混淆背景中的特殊圆形,不易看出或认出。

A. 从不这样　B. 很少这样　C. 有时候　D. 常常如此　E. 总是如此

55. 对老师的要求及作业无法有效完成,常有严重挫败感。

A. 从不这样　B. 很少这样　C. 有时候　D. 常常如此　E. 总是如此

56. 使用工具能力差,对劳作或家事均做不好。

A. 从不这样　B. 很少这样　C. 有时候　D. 常常如此　E. 总是如此

57. 自己的桌子或周围无法保持干净,收拾上很困难。

A. 从不这样　B. 很少这样　C. 有时候　D. 常常如此　E. 总是如此

58. 对事情反应过强,无法控制情绪,容易消极。

A. 从不这样　B. 很少这样　C. 有时候　D. 常常如此　E. 总是如此

(三)观察法

观察法是指人们有目的、有计划地对自然状态下发生的现象和行为进行记录和考察,进而获得事实材料、掌握事实真相的一种方法。例如学前儿童日常健康行为进行观察和记录,记录时应尽量观察准确:如幼儿喝水的频率和多少;参与活动的主动性;活动中身体动作发展的情况等(见表 7-13)。中国台湾学者尝试从活动力、坚持度、注意力分散度等非智力因素出发对幼儿的气质做出观察与判断[①](见表 7-14)。

表 7-13　自由游戏中的儿童行为观察表

观察对象		
对象年龄		
观察地点		
观察时间		
活动内容		
时间分段	儿童行为	解释与评价
9:20～9:25		
9:25～9:30		
9:30～9:35		

① 黄美湄. 掌握宝宝气质——因材施教[J]. 学前教育 2002(06).

表 7-14　中国台湾幼儿气质观察评价表(部分)

评价维度＼强度	强度大	强度小
活动力	喜欢跑跑跳跳,节奏较快	动作较慢
坚持度	只要打定主意做一件事情,就会有始有终	毅力不足,容易被其他事情分散注意力,常常需要再三提醒
注意力分散度	易受外界事情吸引而分心,常无法顺利从头到尾做完一件事,或者需要花较长的时间	易专注于正在从事的活动中,然而对外界的刺激常常浑然不觉,被误解为不听话或不理人
对新鲜食物的反应	好奇心强,乐于接触新鲜的人、事、物,适应性不错	容易胆怯,害怕不确定的情况
适应力	面临改变时能很快适应,在各种状况下都能怡然自得	面临改变时需要较长时间适应
敏感度	很容易受刺激	需要很强的刺激,例如需要很大的声音才会有反应
情绪表现	个性乐观,对人、物、事友善亲近	动不动就难过,发脾气
情绪反应强度	容易大喜大怒,生气时反应明显	表面上似乎很乖、很好带,但其需求往往被低估或者忽略

(四)自我评价法

儿童、家长以及教师通过自我评价,了解调查者的健康信息;了解健康教育活动的开展情况。教师自我评价可以参考指标体系,见表 7-15。

表 7-15　教师自我评价的指标体系

一级指标	二级指标	三级指标
教育目标	1. 制定目标符合《纲要目标》 2. 幼儿发展的总目标和符合本班幼儿的学期、月、周目标 3. 教育目标注重长远价值	
教育内容	1. 内容涉及多个领域 2. 内容的选择依据总目标,符合幼儿的兴趣、需求和原有水平 3. 内容来源于幼儿一日生活及周围环境的事物	
教育环境	1. 物质环境	1. 设备材料充分利用当地资源,安全卫生,含教育目标与内容 2. 卫生设施安全、清洁 3. 环境布置就地取材,以幼儿参与为主
	2. 师幼交往	1. 积极的交往态度和方式 2. 积极的榜样作用 3. 幼儿感到轻松、愉快

续表

一级指标	二级指标	三级指标
教育组织	1. 引导幼儿主动学习	1. 以幼儿感兴趣的活动为主 2. 让幼儿通过操作、直接经验来学习 3. 启发、鼓励幼儿思考，结果反馈
	2. 教育渗透性	1. 各个领域的相互渗透 2. 教育渗透的一日生活
	3. 因人施教 4. 家园合作	

【案例 7-6】

教师自我评价(部分)

一、健康教育目标——有利于幼儿终身的学习和发展

1. 你是否有幼儿健康发展的总目标?

① 没有　　② 有

2. 你有适合本班孩子的学期目标吗?

① 没有　　② 有

3. 你在制订健康教育活动目标时,是否参考了省一级幼儿教育目标?

① 没有　　② 有

4. 你对幼儿进行的健康教育是注重增强幼儿的体质,培养幼儿健康生活的态度和习惯吗?

① 注重走、跑、跳、投等基本动作达标。

② 注重用教师组织的游戏和体育活动训练幼儿的基本动作。

③ 注重用幼儿感兴趣的、喜欢的活动培养幼儿锻炼身体的兴趣和健康生活的态度与习惯。

二、教育环境——有利于幼儿身心健康与和谐发展

物质环境——创设安全的、能有效地促进幼儿各方面发展的物质环境。

(一) 设备、材料

1. 室外活动场地平坦、安全、有树荫吗?

① 不够安全

② 基本平坦、安全

③ 平坦、安全且有树荫

2. 室外有足够的供幼儿进行攀爬、平衡、跳、钻等各种活动的材料吗?

① 没有　　② 有一种　　③ 有两种

④ 有三种　　⑤ 有四种以上

3. 在你的幼儿园(班)院内或院外附近,有幼儿可以自己种植的园地吗?

① 没有　　② 有

4. 在院内或院外附近,有幼儿玩沙、玩土、玩水的条件吗?

① 没有　　　② 有

5. 桌椅板凳的高度与幼儿的身材相适宜吗？

① 几乎没有相适宜的　　② 约有一半相适宜　　③ 全都适宜

案例来源：中央教育科学研究所幼教室．幼儿教育自我评价指导手册[M]．北京：教育科学出版社，2000.

（五）小组讨论法

让学前儿童在小组成员面前发表自己的想法，与他人讨论一些问题。比如：经常喝开水好不好？从中获得有关学前儿童健康认知的信息。

【案例 7-7】

“推娃娃车”活动

下面是学前儿童健康教育体育活动“推娃娃车”过程中的四个片段实录。

实录一：推车过“门洞”

教师在户外场地一角创设了一条由塑料圆棍连接成的小路，小路上用大小积木搭成了三个门洞，门洞的高度为 50～60 厘米。有三个孩子尝试着通过“门洞”：第一个女孩丢弃手中的娃娃车徒手爬过了“门洞”；第二个男孩推着小车通过“门洞”时发生了“门洞”倒塌的现象；第三个比较胖的男孩推着小车顺利通过了“门洞”。

实录二：推车过“桥”

教师创设小车场景（用大型积木搭成小桥，上面铺有地毯），提供娃娃推车等。一个女孩拿到娃娃推车时说道：“我来了，我来了！”在推车过程中说：“去玩喽”她在推车上下桥时发生了车轮被地毯卡住、小车折叠等情况，这些问题均被她一一解决。并且，当车发生折叠时，她连忙将小车拉好，边拍娃娃车边说：“哦，别哭，别哭！”同时，其他孩子也模仿这个女孩推车上下桥。

实录三：对不同车的选择及玩法

教师提供了各种小车与易推物品。有的孩子选择动物造型的手推拉玩具车，有的孩子选择仿真货物推车，有的孩子选择大型纸箱，有的孩子选择更大型的既可推又可乘坐的小车（如大型玩具汽车、三轮脚踏车等）。孩子们有的单手推，有的双手推，有的一手扛车、一手推车，有的左右手各推一辆车，有的将小车叠放在大车上推……

实录四：推车中的交往

三个孩子一起推娃娃车，他们将三辆小车并排停放到场地的一边，活动过程中没有说一句话。

讨论与分析

从案例所展示的几个片段中，您如何评价这个班孩子的发展水平？从这个评价过程中您得到什么启示？分组（4～6 人为一组）进行讨论，并进行分享交流。

评价一:动作发展水平

1. 控制能力的发展

我们可以从孩子推车的自如程度、速度、避开障碍物的能力、与前后车保持的距离、是否发生"翻车"现象等情况分析孩子控制(小车)能力的发展。例如,在实录一中第三个男孩虽然比较胖,但他能推娃娃车平稳地通过圆棍连接而成的小路并通过"门洞",没有发生翻车现象,反映出这个孩子控制能力的发展在该年龄阶段处于较高水平。

2. 平衡能力的发展

我们可以从孩子推车的平稳程度,过"小桥"时的身体状态等分析孩子平衡能力的发展。例如,在实录二中的女孩通过调整自己的推车动作与身体状态推车上下"小桥",说明她平衡能力的发展在该年龄段中处于较高水平。

评价二:认知发展水平

1. 空间感知能力的发展

我们可以从孩子推车时对场景的选择、在不同场景中的表现等分析孩子空间感知(预计、判断)能力的发展。例如,实录一中三个孩子通过"门洞"空间过小,预计小车难以通过,有了初步的空间感知能力;第二个男孩推着小车通过"门洞"时发生"门洞"倒塌现象,可见他空间感知能力尚未很好发展,有可能他对"门洞"空间进行预计和判断,也可能未及时根据空间感知调整自己与小车的位置,致使"门洞"倒塌;第三个男孩顺利通过,发生了令我们意想不到的事情,可见他的空间感知与调整能力较强,能在通行过程中不断调整身体与小车的位置。

2. 解决问题的能力

可以从孩子推车过程中遇到的问题、解决方式等来分析孩子解决问题的能力,从而为个别化教育提供依据。例如,实录二中的女孩在推车上桥过程中碰到小车折叠问题时,并未求助于教师、同伴或放弃,而是运用已有经验自己将车打开,可见她独立性较强,也反映了她解决问题的方式及已有经验。

评价三:情感与社会性的发展

我们可以从孩子推车时的各种模仿动作、情感表达及活动中的同伴交往等分析孩子情感与社会性的发展。例如,实录二中女孩推车上桥时发生小车折叠,忙将小车拉好,边拍娃娃边说:"哦,别哭,别哭!"这一模仿动作与语言的出现,表明她有了初步的角色装扮意识,并开始意识到他人的情感。另外,我们还可以从装扮行为的出现、替代物的运用来分析孩子自我意识和思维的象征性、变通性及抽象性的发展等等。实录四中,三个孩子一起推娃娃车,他们将三辆小车并排停放到场地的一边,活动过程中没有说一句话,反映了他们的交往意识还很弱,交往技能还很低或缺乏。

案例来源:袁爱玲. 幼儿园教育活动指导策略[M]. 北京:北京师范大学出版社,2010.

五、学前儿童健康教育的评价类型

(一) 按评价的基准划分

1. 相对评价

相对评价是在被评价对象的集合中选取一个或若干个对象作为基准,然后把各个评价对象与基准进行比较的评价方法。例如喝水时,有的儿童喝得快或喝得多,而有的儿童则喝得慢或喝得少,这里的"快"与"慢"、"多"与"少"都是因儿童而异的相对评价。相对评价标准常常在评价对象之间进行比较,有利于确定个体对象在集体中的相对位置,但由于只是评价对象内部的比较,容易出现标准的高低变化。

2. 绝对评价

绝对评价是在被评价对象的集合之外,预先确定一个客观标准,将被评价对象与该客观标准进行比较,判断其是否达到标准程度的评价。在学前儿童健康教育评价中,绝对评价的客观标准都有相应的科学规定。例如,对学前儿童身高、体重、围度、血压等反映学前儿童生长发育及生理功能的评价就是绝对评价。由于绝对评价具有科学准确,可以信赖的客观标准,因此较为公正合理,并且因揭示了评价对象与客观标准之间的绝对差距而有助于评价对象明确努力方向。

3. 个体间差异评价

个体间差异评价是将被评价对象中每个个体的过去和现在相比较。例如运用生长发育图,对个体生长发育状况进行今昔比较,能够看到个体的变化发展趋势;又如,评价一个学前儿童园的健康教育水平,可以从学前儿童健康行为的形成、健康知识的掌握及健康态度的改善等方面加以评定。

在学前儿童园健康教育评价中,需要将相对评价、绝对评价及个体内差异评价结合起来运用。

(二)按评价的功能及划分

1. 诊断性评价

诊断性评价是在开展健康教育活动之前进行的预测性的评价,或者对评价对象的发展基础和条件加以测定。诊断性评价的目的在于了解评价对象的基本情况,发现存在的问题。例如,制订健康教育计划前,要对学前儿童发展状况、健康需求及兴趣有所了解。

2. 形成性评价

形成性评价是指在学前儿童健康教育过程中进行的评价,目的是获取反馈信息,及时调整和改进健康教育活动。例如,安全制度评价过程中,形成性评价就是为了评价安全制度本身的完备性、合理性。

3. 终结性评价

终结性评价是在某一项教育活动告一段落后时,对最终结果进行的价值判断。例如对入园一个学期后的儿童进行身心发展的终结性评价,就是检验幼儿园健康教育工作的重要指标之一。

形成性评价应该与终结性评价相互结合,因为终结性评价既是最终的评价结果,也是

制订新的健康教育计划的依据，而评价的目的都是为了及时发现问题，改善健康教育工作，促进儿童身心发展。表7-16显示的是三种评价的异同。

表7-16　诊断性评价、形成性评价和总结性评价的异同

项目	诊断性评价	形成性评价	总结性评价
评级功能	确定有没有必要技能；确定预先所掌握的水平；根据所设想的各种教授方式之间关系的特性，确定学生的分类；确定影响持续性学习问题限度方面的某种原因	得到关于学生学习进展方面的师生之间的相互反馈信息；为了能够使治疗性的指导方针明确，在单元的构造中指出错误的位置	单元、学期、课时终了时，边确定资格，边记上成绩
评价时间	在单元、学期、学年课开始时；通常的教授不能达到预期的学习目的时，在教授活动的进行中	在教授活动的进行中	单元、学期、学年结束时
评价重点	认知、情感以及动作技能的能力；身体性、环境性、心理性的主要原因；相应的补救措施	认知能力，提供儿童进步的描述	一般是认知能力，按照学科也有动作技能和情感能力，关心最后结果

（三）按评价对象的复杂程度划分

1. 单项评价

单项评价是指对评价对象的某个侧面进行的评价判断，如对儿童生长发育的评价、对教学活动组织水平的评价、对学前儿童园膳食管理制度的评价等。可以为评价对象某一方面的健康教育工作的改进提供依据。

2. 综合评价

综合评价是指对于评价对象完整性的价值判断，学前儿童健康教育涉及多方面，因此综合评价可以获得更系统、更完善的资料。

在学前儿童健康教育评价中，单项和综合评价往往是相互补充的，因此两种评价需要相互结合进行。

（四）根据评价的主体划分

1. 自我评价

自我评价是评价者按照一定的标准，对自己作出的价值判断。例如教师对健康教育活动设计的目标、内容、环境、组织与实施等进行自我反思。

2. 他人评价

他人评价是指评价主体被非评价者的评价。例如园长、幼儿园教师对学前儿童生长发育情况的评价，家长对幼儿园环境安全性的评价，等等。

第三节 学前儿童健康教育评价的实施

学前儿童健康教育的组织与实施可以分为准备、实施、反馈三个阶段。

一、评价实施的准备阶段

（一）组织工作准备[①]

根据不同的评价类型和预期评价的内容，确定是否聘请幼教专家组成评价委员会，组织成员内部进行不同的分工，明确自己的职责，同时做好幼儿教师参与评价的动员工作。比如对幼儿园的饮食营养教育活动的评价，可以动员幼儿园园长、教师、保健医生等组织评价小组。

（二）评价方案准备

1. 明确评价的目的与指导思想

要制定合理的评价方案，首先要明确评价的目的与指导思想，解决“为什么要评”的问题。

2. 确定评价内容、对象

选择评价内容和对象要解决“评什么”的问题。可以从对学前儿童健康教育活动、儿童发展、教师、幼儿园卫生保健等方面来进行评价。

3. 选择合适的评价方法

选择合适的评价方法就是解决“怎么评”，因此需要建立科学合理的评价指标体系。

（三）文件准备

提前做好各种文件资料的准备。评价方案需要复印多份，使评价者人手一份，准备好所需要的评价工具、测量仪器、办公用品等。

---

① 王娟．学前儿童健康教育[M]．上海：复旦大学出版社，2012.

二、评价的实施阶段

(一) 资料的收集

资料是否全面、客观,关系到评价的可信度,因此,评价者应在资料的收集方面多下工夫,尽可能运用科学的工具、技术收集更多的资料。这需要评价者具有较高的素质和良好的工作态度。

(二) 处理评价信息

在获得大量相关信息的基础上,评价者根据评价者的实际情况与指标的符合程度,酌情予以判断等级和分数,并且对多个项目进行汇总。

(三) 撰写评价材料

汇总整理资料后,对评价者进行综合判断,并得出是否达到标准或优良程度的总结,写出评价工作的总结报告材料。

三、评价结果反馈阶段

学前儿童健康教育评价是为了进一步改善学前儿童健康教育工作,所以评价结果以恰当的方式反馈给相关人员。帮助被评价者全面总结取得的成绩和不足,共同分析问题存在的原因,并提出下一步改进的合理化建议。

【复习要点】

◆ 你会解释吗?

教育评价、学前儿童健康教育评价

◆ 你能回答吗?

1. 学前儿童健康教育评价的原则有哪些?
2. 学前儿童健康教育评价的内容有哪些?
3. 学前儿童健康教育评价的方法有哪些?
4. 学前儿童健康教育评价的类型有哪些?
5. 你能根据所学的知识对健康教育活动进行评价吗?

◆ 思考与练习

1. 观摩一次幼儿园的健康教育活动,对其设计和实施过程进行评价。
2. 设计一个家长访谈提纲(幼儿饮食方面)。

参考文献

1. 麦少美,孙树珍．学前儿童健康教育活动指导[M]. 上海:复旦大学出版社,2008.

2. 欧新明．学前儿童健康教育[M]. 北京:教育科学出版社,2003.

3. 刘馨．学前儿童体育[M]. 北京:北京师范大学出版社,1997.

4. 冯志坚．学前儿童体育[M]. 大连:东北师范大学出版社,2003.

5. 李君编．学前儿童健康教育(第 2 版)[M]. 北京:科学出版社,2012.

6. 王占春．幼儿园体育活动的理论与方法[M]. 北京:人民教育出版社,2009.

7. 顾荣芳．学前儿童健康教育论[M]. 南京:江苏教育出版社,2011.

8. 庞建萍,柳倩．学前儿童健康教育[M]. 上海:华东师范大学出版社,2011.

9. 上海市教委学前教育课程改革办公室．上海市学前教育纲要指导用书[M]. 上海:上海教育出版社,2000.

10. 刘湘云．儿童保健学[M]. 南京:江苏科学技术出版社,1999.

11. 教育部教师工作司．幼儿园教师专业标准解读[M]. 北京:北京师范大学出版社,2013.

12. 黄美湄．掌握宝宝气质——因材施教[J]. 学前教育,2002(06).

13. 中央教育科学研究所幼教室．幼儿教育自我评价指导手册[M]. 北京:教育科学出版社,2000.

14. 王娟．学前儿童健康教育[M]. 上海:复旦大学出版社,2012.

15. 朱家雄．学前儿童卫生学[M]. 上海:华东师范大学出版社,2006.

16. 姚本先,邓明．幼儿心理健康教育的目标、任务、内容与途径[J]. 教育科学研究,2004(1).

17. 陆芳,陈国鹏．学龄前儿童情绪调节策略的发展研究[J]. 心理科学,2007(30).

18. 文岩．幼儿体操教程[M]. 北京:人民教育出版社,2012.

19. 幼儿园快乐与发展课程编写组．幼儿园快乐与发展课程教师指导用书——小班 [M]. 北京:北京师范大学出版社,2009.

20. 李季湄,冯晓霞．3～6 岁儿童学习与发展指南解读[M]. 北京:人民教育出版社,2013.

21. 万钫．学前卫生学[M](第 3 版). 北京:北京师范大学出版社,2012.

22. 杜燕红．学前儿童心理健康教育[M]. 郑州:大象出版社,2009.

23. 周念丽．学前儿童发展心理学[M]. 上海:华东师范大学出版社,2011.

24. 梁子．儿童全方位教育读本——安全[M]. 北京:北方妇女儿童出版社,2010.

25. 康轩幼教研究中心．幼儿园安全教育——教师用书．小班(上)[M]. 福州:福建少年儿童出版社,2008.